海船船员交互式适任考试指南

（交互式）

船 舶 管 理

CHUANBO GUANLI

（二/三管轮）

主编 / 刘瑜　张堃

大连海事大学出版社
DALIAN MARITIME UNIVERSITY PRESS

2024版

图书在版编目(CIP)数据

船舶管理：二/三管轮 / 刘瑜，张堃主编. — 大连：
大连海事大学出版社，2023.12
海船船员交互式适任考试指南
ISBN 978-7-5632-4514-7

Ⅰ. ①船…　Ⅱ. ①刘… ②张…　Ⅲ. ①船舶管理—资
格考试—教材　Ⅳ. ①U692

中国国家版本馆 CIP 数据核字(2023)第 252554 号

大连海事大学出版社出版

地址：大连市黄浦路523号　邮编：116026　电话：0411-84729665(营销部) 84729480(总编室)
http://press.dlmu.edu.cn　E-mail:dmupress@dlmu.edu.cn

大连金华光彩色印刷有限公司印装　　　　　大连海事大学出版社发行
2023 年 12 月第 1 版　　　　　　　　　　2023 年 12 月第 1 次印刷
幅面尺寸:184 mm×260 mm　　　字数:459 千　　　印张:18.5

出版人:刘明凯

责任编辑:史云霞　　　　　　　　　　　　责任校对:任芳芳
封面设计:解瑶瑶　　　　　　　　　　　　版式设计:解瑶瑶

ISBN 978-7-5632-4514-7　　　　定价:56.00 元

前　言

为实施高素质船员队伍建设,进一步提升海船船员适任能力,加强考试管理,根据《中华人民共和国海船船员适任考试和发证规则》和《海船船员培训大纲(2021版)》,中华人民共和国海事局编制了《海船船员考试大纲(2022版)》并于2022年7月发布。

本套教材严格按照《海船船员考试大纲(2022版)》编写,符合培训大纲对船员适任培训的要求,具有权威、准确、交互、实用的特点,重点突出船员适任和航海实践需掌握的知识,旨在培养船员具备在实践中应用知识的能力,可作为船舶工具书使用。

为了更加有效地帮助考生理解和掌握《海船船员考试大纲(2022版)》中所列考点,船员通联合青岛远洋船员职业学院、山东交通职业学院、江苏海事职业技术学院、江苏航运职业技术学院的优秀专业教师,在深入解读《海船船员培训大纲(2021版)》、研究中华人民共和国海事局公布的海船船员培训大纲熟悉训练资源的基础上,针对海船船员适任考试的特点,共同编写了"海船船员交互式适任考试指南"。

本书由刘瑜、张堃担任主编,李树峰担任副主编。青岛船长协会、青岛兴亚国际海事服务有限公司、洲际船员联合管理培训中心、青岛韦立国际船舶管理有限公司在本书的编写过程中给予了大力支持,在此表示感谢。

"海船船员交互式适任考试指南"基于考生实际学习应用需求,利用数字信息技术,使教材、试题、考试大纲相互关联,并对内容动态更新,同时支持教师在线建立班级、抽题成卷,及时掌握学生的学习状况,使教师、学生、系统连接互动,进而有针对性地辅导教学,使学生学习效果事半功倍。

"海船船员交互式适任考试指南"包括:

《航海学》(二/三副)

《船舶操纵与避碰》(二/三副)

《船舶结构与货运》(二/三副)

《船舶管理》(二/三副)

《航海英语》(二/三副)

《主推进动力装置》(二/三管轮)

《船舶辅机》(二/三管轮)

《船舶电气与自动化》(二/三管轮)

《船舶管理》(二/三管轮)

《轮机英语》(二/三管轮)

山东中航海事技术服务有限公司

2023年10月日

扫码学习《深入学习贯彻党的二十大精神　加快建设交通强国　当好中国式现代化开路先锋》

使用说明

一、教师端（PC 端）

教师在线建立班级,抽题成卷,查看学生学习报告,实时掌握学生的学习状况。

第一步　建立班级

登录 PC 端:www.chuanyuantong.com。注册认证后,即可新建、编辑"我的班级信息"。

第二步　抽题成卷、查看报告

教师可根据章节、考点等分类自行选题,生成试卷并分发给班级学生。学生练习后自动生成学习分析报告(未答题、做错题、班级易错题等),及时掌握学生的学习状况,进而有针对性地对其辅导教学。

二、学生端（移动端）

第一步　下载船员通 APP

IOS、安卓系统均可下载。

第二步　加入班级

点击"班级建群",选择专业,按照操作提示,学生输入教师指定口令加入班级,即可查看教师分发的学习任务。

第三步　兑换权益

点击"二维码兑换",兑换学习权益。
本套丛书一书一码,贴码见封底。

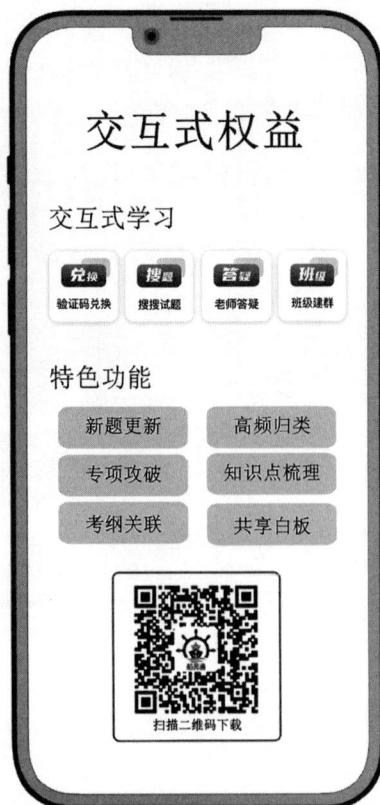

交互式权益

交互式学习

兑换 验证码兑换　搜题 搜搜试题　答疑 老师答疑　班级 班级建群

特色功能

新题更新　高频归类
专项攻破　知识点梳理
考纲关联　共享白板

扫描二维码下载

目　录

第一章　船舶构造与适航性 ……………………………………………………… 1
　第一节　船舶尺度和船型 ……………………………………………………… 1
　第二节　船舶强度 ……………………………………………………………… 5
　第三节　船体结构 ……………………………………………………………… 9
　第四节　船舶稳性控制 ………………………………………………………… 21
　参考答案 ………………………………………………………………………… 42
第二章　公约与法规 ……………………………………………………………… 44
　第一节　国际海上人命安全公约 ……………………………………………… 44
　第二节　国际载重线公约 ……………………………………………………… 56
　第三节　联合国海洋法公约 …………………………………………………… 58
　第四节　海员培训、发证和值班标准国际公约 ……………………………… 62
　第五节　国际船舶和港口设施保安规则(ISPS 规则) ……………………… 66
　第六节　商船海员安全工作守则 ……………………………………………… 71
　第七节　船舶防污染国际公约的相关规定 …………………………………… 72
　第八节　国内防污染相关法律法规的规定 …………………………………… 95
　参考答案 ………………………………………………………………………… 101
第三章　船舶运维管理 …………………………………………………………… 103
　第一节　国际安全管理规则 …………………………………………………… 103
　第二节　船舶检验和船舶证书 ………………………………………………… 113
　第三节　港口国监督 …………………………………………………………… 123
　第四节　中华人民共和国船舶安全监督规则 ………………………………… 127
　参考答案 ………………………………………………………………………… 135
第四章　船舶安全操作与管理 …………………………………………………… 137
　第一节　船舶安全应急/临时维修方法 ……………………………………… 137
　第二节　船舶安全工作环境 …………………………………………………… 151
　参考答案 ………………………………………………………………………… 167
第五章　船舶人员的安全管理 …………………………………………………… 169
　第一节　保持安全的轮机值班 ………………………………………………… 169
　第二节　船舶人员管理公约、法规 …………………………………………… 182
　参考答案 ………………………………………………………………………… 197
第六章　船舶应急反应计划 ……………………………………………………… 199
　第一节　安全及应急程序 ……………………………………………………… 199
　第二节　内部通信系统 ………………………………………………………… 209

  第三节 轮机值班时的快速反应 ··· 212
  参考答案 ·· 221
第七章 船用工具及测量仪表 ·· 222
  第一节 黏合塑料及黏合剂 ··· 222
  第二节 管路装配 ·· 227
  第三节 测量仪器 ·· 230
  第四节 密封剂及填料 ··· 230
  第五节 专用工具和测量仪器 ··· 233
  参考答案 ·· 235
第八章 防污染设备的管理 ·· 237
  第一节 生活污水处理系统 ··· 237
  第二节 焚烧炉 ··· 240
  第三节 压载水处理装置 ·· 242
  第四节 油水分离器 ··· 244
  第五节 防污染管理文件及操作记录 ·· 252
  第六节 保护海洋环境的积极措施 ·· 257
  参考答案 ·· 258
第九章 领导力和团队工作技能运用 ·· 260
  第一节 机舱资源管理 ··· 260
  第二节 船上人员管理及训练 ··· 273
  第三节 运用任务和工作量管理的能力 ·· 277
  第四节 运用有效资源管理的知识和能力 ····································· 282
  第五节 运用决策技能的知识和能力 ·· 285
  参考答案 ·· 287

第一章

船舶构造与适航性

第一节 船舶尺度和船型

1._____属于按造船材料分类的船舶。

  A.油船、液化气船   B.水泥船、玻璃钢船

  C.蒸汽机船、帆船   D.煤船、矿石船

2._____属于按航行状态分类的船舶。

  A.帆船   B.水翼船

  C.渡船   D.载驳船

3._____属于按推进动力分类的船舶。

  A.螺旋桨船   B.平旋推进器船

  C.喷水推进船   D.电力推进船

4._____属于按推进器形式分类的船舶。

  A.帆船   B.水翼船

  C.渡船   D.明轮

5.巡洋舰型船尾的优点包括_____等。

  ①增大了船体的浸水长度;②减小了船舶尾部水线的夹角;③提高了推进效率;④建造并不困难

  A.①③④   B.①②③

  C.①②③④   D.②③④

6.船体最上一层船舶首尾统称甲板,通常叫上甲板、主甲板、干舷甲板,对其结构的主要要求是_____。

  A.保证水密   B.能承装货物

  C.方便工作   D.抗风浪

7.球鼻型船首部的主要作用是减少船舶的_____。

  A.冲击阻力   B.风的阻力

  C.水流阻力   D.兴波阻力

8.船舶的型宽是指_____。

A.在船体最宽处船壳板内表面之间的水平距离

B.船体最大宽度

C.船中横剖面处,沿满载水线由一舷到另一舷的距离

D.船中上甲板左、右两侧边线的水平距离

9.船体基准面包括_____。

A.中横剖面、中纵剖面、设计水线面

B.中线面、中站面、设计水线面

C.中横剖面、中纵剖面、基平面

D.中线面、中站面、基平面

10.船舶的中横剖面是指_____。

A.中站面与船体相截所得的剖面　　B.中线面与船体相截所得的截面

C.水线面与船体相截所得的截面　　D.船体最大的横截面

11.用来度量船体横向尺度的基准面是_____。

A.中线面　　　　　　　　　　　B.中站面

C.基平面　　　　　　　　　　　D.水平面

12.船舶的型深是指_____。

A.平板龙骨表面到上甲板上缘的垂直距离

B.内底板上表面到甲板边线的距离

C.在船长中点处沿舷侧从平板龙骨上缘到上甲板下缘的垂直距离

D.平板龙骨上缘到上甲板下缘的垂直距离

13.根据机舱在船上所处的位置,船体可以分为船舶_____。

①首部;②中部;③中尾部;④尾部

A.①②④　　　　　　　　　　　B.②③④

C.①②③　　　　　　　　　　　D.①③④

14.21世纪造船模式将是"敏捷制造模式",该模式的核心是_____的智能化技术。

A.以船厂为中心　　　　　　　　B.以企业为中心

C.以人为中心　　　　　　　　　D.以货为中心

15.按各类运输船舶的用途分类,下列不属于特种货船的是_____。

A.汽车运输船　　　　　　　　　B.木材船

C.煤船　　　　　　　　　　　　D.冷藏船

16.下列关于船舶发展的说法中,错误的是_____。

A.散货船是最早的专业化船舶

B.船舶发展的突出特点是专业化、大型化、自动化

C.最大船型的惊人发展,是战后油船发展的最大特点

D.螺旋桨推进器是目前船用推进器发展的主要形式

17.常用的船舶尺度有_____三种。

A.船长、船宽和吃水　　　　　　B.船长、型宽和型深

C.船长、登记宽度和型深　　　　D.主尺度、最大尺度和登记尺度

18.一般用来衡量船舶能否进入某船闸或船坞所参考的尺度是_____。

①主尺度;②登记尺度;③最大尺度

A.② B.①

C.③ D.①②

19.按用途的不同,船舶尺度一般分为_____。

①主尺度;②登记尺度;③最大尺度;④最小尺度

A.②③④ B.①②④

C.①②③ D.①③

20.船体外形大小的尺度称为船舶主尺度,下列属于主尺度的参数有_____。

①垂线间长;②型宽;③型深;④吃水

A.①②④ B.②③④

C.①③ D.①②③

21.船舶主尺度是用_____三个尺度表示的。

A.方型系数、水线面系数和中横剖面系数

B.垂线间长 L_{BP}、型宽 B 和型深 D(或船长 L_{BP}、型宽 B 和型深 D)

C.船长、型宽和干舷

D.总长 L_{OA}、设计水线长和型深吃水

22.船舶大型化的目的是_____。

A.降低单位造价和运输成本 B.减少在航船舶数量

C.满足当今船舶发展的需要 D.便于计算船舶总吨位

23.大、中型杂货船一般采用的结构是_____。

①横骨架式结构;②纵骨架式结构;③混合骨架式结构

A.① B.②

C.③ D.①或②

24.按机舱在船长方向的位置划分船型,油船一般为_____。

A.首机型船 B.中机型船

C.中尾机型船 D.尾机型船

25._____是滚装船的特点。

A.纵向舱壁较多 B.横向舱壁较多

C.需要专门的起货设备 D.有多层甲板

26.当船舶横倾角略大于稳性消失角时,如果此时外力矩消失,船舶将_____。

A.回摇 B.左右摆动

C.静止不动 D.继续倾斜

27.许可舱长与可浸长度之间的关系是_____。

A.许可舱长大于可浸长度 B.许可舱长小于可浸长度

C.许可舱长小于或等于可浸长度 D.许可舱长等于可浸长度

28.通常需设置上下边舱的船是_____。

A.普通货船 B.集装箱船

    C.油船　　　　　　　　　　　　　　D.散货船

29.船舶最高一层甲板和船体最高一层全通甲板分别为_____。

    A.罗经甲板、上甲板　　　　　　　　B.艇甲板、平台甲板

    C.驾驶甲板、顶甲板　　　　　　　　D.艇甲板、游步甲板

30._____是船舶最高一层甲板,其上设有桅、雷达天线、探照灯等。

    A.艇甲板　　　　　　　　　　　　　B.起居甲板

    C.驾驶甲板　　　　　　　　　　　　D.罗经甲板

31._____与船舶种类、大小、机械和装备都是相称的。

    ①船长;②高级船员;③船员

    A.①②③　　　　　　　　　　　　　B.②③

    C.③　　　　　　　　　　　　　　　D.①②

32.在船舶的各参数中,F 表示干舷,d 表示吃水,D 表示型深,则它们之间的关系是_____。

    A.$D=F-d$　　　　　　　　　　　　B.$d=F-D$

    C.$F=D-d$　　　　　　　　　　　　D.$F=d-D$

33.主机用的滑油循环柜,通常位于_____。

    A.机舱前壁处　　　　　　　　　　　B.机舱两舷侧处

    C.机舱下面双层底内　　　　　　　　D.货舱区域双层底内

34.长宽比是指垂线间长与船宽的比值,该比值越大,则_____。

    A.船体越宽大　　　　　　　　　　　B.快速性越好

    C.港内操纵越灵活　　　　　　　　　D.航向稳定性越差

35.船舶同一层中,自船首至船尾纵向连续的,且从一舷伸至另一舷的平板称为甲板,下列_____属于下甲板。

    A.露天甲板　　　　　　　　　　　　B.强力甲板

    C.第一甲板　　　　　　　　　　　　D.第二甲板

36.船舶同一层中,自船首至船尾纵向连续的,且从一舷伸至另一舷的平板称为_____。

    A.平板　　　　　　　　　　　　　　B.甲板

    C.平台　　　　　　　　　　　　　　D.龙骨

37.水线下船体体积与其相对应的船长、船宽和型吃水乘积的长方体体积的比值称为_____。

    A.水线面系数　　　　　　　　　　　B.中横剖面系数

    C.方形系数　　　　　　　　　　　　D.棱形系数

38.通常所说的船长是指_____,与船舶航行性能密切相关。

    A.总长　　　　　　　　　　　　　　B.登记船长

    C.垂线间长　　　　　　　　　　　　D.水线长

39.按船舶的用途分类,木材船属于民用船中的_____。

    A.散货船　　　　　　　　　　　　　B.工程作业船

    C.渔业船　　　　　　　　　　　　　D.特种货船

40.若排水量保持一定,仅增加方形系数,则船舶主尺度_____。

    A.先减小后增大　　　　　　　　　　B.先增大后减小

C.相应减小   D.相应增大

41.下列影响船舶干舷的因素有_____。

①船长;②型深;③上层建筑;④舷弧;⑤船舶种类;⑥航区

A.①②③④⑤   B.①②⑤⑥

C.②③⑤⑥   D.①②③④⑤⑥

42.包括钢板厚度和永久性固定物在内的船首最前端到船尾最后端的水平距离称为_____。

A.总长   B.最大长度

C.登记长度   D.两柱间长

43.沿着设计夏季载重水线,从艏柱前缘至舵柱后缘的水平距离为_____。

A.垂线间长   B.登记船长

C.总长   D.水线长

44._____船尾设计水线向艉垂线后延伸得较长,增大了船体的浸水长度,减小了船尾水线的夹角,可降低船舶阻力,能压住螺旋桨的尾流使之不上升,提高推进效率。

A.椭圆形   B.巡洋舰型

C.长方形   D.方形

第二节 船舶强度

1.船舶振动所受的力有_____等。

①干扰力;②弹性恢复力;③惯性力;④阻尼力

A.①②③   B.①③④

C.②③④   D.①②③④

2.船中位于波谷时,船舶的变形使_____。

A.甲板和船底受拉伸   B.甲板和船底受压缩

C.甲板受拉伸,船底受压缩   D.甲板受压缩,船底受拉伸

3.甲板所受的总纵弯曲应力比船底所受的弯曲应力_____。

A.小   B.一样

C.大   D.大小不定

4.总纵弯曲力矩值,从船舶首尾两端向船中逐渐_____,最大的弯曲力矩一般位于船中_____倍船长范围内。

A.减小;0.4   B.增大;0.4

C.增大;0.6   D.减小;0.6

5.大型杂货船的上甲板多采用纵骨架式结构的目的是_____。

A.提高横向强度   B.提高总纵强度

C.提高扭转强度   D.提高局部强度

6.以下关于船舶总纵弯曲力矩、剪力的说法中,错误的是_____。

A.每一条船舶均有一个可以确定的最大弯曲力矩值和剪力值

B.最大的剪力位于距船舶首尾两端大约1/4船长附近

C.在船的最大弯曲力矩处剪力值等于零

D.船体总纵弯曲应力的大小沿着船长方向是呈线性分布的

7.船中处于波峰时,船舶处于_____状态。

A.中垂
B.中拱

C.扭曲
D.拉伸

8.总纵弯曲力矩沿船长方向的分布规律为_____。

A.弯曲力矩值向船舶首尾两端逐渐增大

B.弯曲力矩值向船舶首尾两端逐渐减小

C.弯曲力矩值向船舶首尾两端保持不变

D.弯曲力矩值向船舶首尾两端变化无规律

9.保证船体横向强度的构件是_____。

A.肋骨、肋板和横梁
B.强力甲板、龙骨和舭肘板

C.舭龙骨和舭肋骨
D.船底板、纵骨和横梁

10.当甲板受到拉应力,而船底受到压应力时,船体发生_____变形。

A.总纵弯曲
B.总扭转

C.中垂
D.中拱

11.以下_____部位的钢板厚度最大,以满足总纵弯曲强度的要求。

A.舷侧外板
B.船尾外板

C.舭部外板
D.上甲板边板

12.船舶尾部承受下列_____局部外力作用。

①较大的总纵弯曲力矩;②尾机型船由主机引起的振动力;③舵及螺旋桨的重力;④螺旋桨运转时的水动压力

A.①②④
B.①②③

C.①②③④
D.②③④

13.按照我国规定,在使用静水力曲线图查取漂心 F 至船中的距离 X_f 时,以下说法正确的是_____。

A.漂心 F 在船中前或船中后,X_f 均为正值

B.漂心 F 在船中前或船中后,X_f 均为负值

C.漂心 F 在船中前 X_f 为正值,在船中后 X_f 为负值

D.漂心 F 在船中前 X_f 为负值,在船中后 X_f 为正值

14.对于船长小于90 m 或装载均匀的中小型船舶,可以不校核静水剪力并认为最大弯矩位于船中时,利用强度曲线图校核装载状态的_____是一种简单、快速的方法。

A.总纵强度
B.局部强度

C.横向强度
D.扭转强度

15.船体发生中拱还是中垂,取决于船舶的重力和浮力沿着_____方向的分布。

A.船长
B.船深

C.船宽
D.船体

16.船舶在航行过程中,锚链舱外板被波浪拍打破裂,是由于该部位_____。

A.扭转强度不足　　　　　　　　　B.局部强度不足

C.总纵弯曲强度不足　　　　　　　D.横向强度不足

17.船舶首尾两端所受的总纵弯曲力矩较小,但是所受的局部作用力较大,其来源主要是_____。

①船在波浪上纵摇时船首底部受到的冲击作用;②波浪对船首两侧的冲击力;③在冰区航行时冰的挤压力以及碰撞力

A.①②　　　　　　　　　　　　　B.①②③

C.①③　　　　　　　　　　　　　D.②③

18.铸钢艉柱是由铸钢浇铸而成的,其_____,重量也较大,可以制成较复杂的断面形状,但制造费工。

A.刚性小而韧性好　　　　　　　　B.刚性大而韧性差

C.刚性小而韧性差　　　　　　　　D.刚性大而韧性好

19._____一般按复原力矩等于横倾力矩的平衡条件求得。

A.动横倾角　　　　　　　　　　　B.稳性消失角

C.横倾角　　　　　　　　　　　　D.静横倾角

20.若船体中部所受的_____而船舶首尾端所受的_____,将导致中拱。

A.浮力大、重力大;浮力小、重力大

B.浮力小、重力大;浮力大、重力小

C.浮力大、重力小;浮力小、重力大

D.浮力大、重力小;浮力大、重力小

21.船体中拱时,甲板受到_____,船底受到_____。

A.拉应力;拉应力　　　　　　　　B.压应力;压应力

C.拉应力;压应力　　　　　　　　D.压应力;拉应力

22.如果在艏尖舱、艉尖舱集中装载过多的货物,相对的船中部则出现空舱,就会产生较大的_____变形。

A.中垂　　　　　　　　　　　　　B.中拱

C.扭曲　　　　　　　　　　　　　D.拉伸

23.航行中,如果船舶发生中垂变形,船体受力情况为_____。

A.甲板受拉力,船底受压力　　　　B.甲板和船底同时受拉力

C.甲板受压力,船底受拉力　　　　D.甲板和船底同时受压力

24.过大的_____,使船中吃水大于船舶首尾吃水,根据载重线标志判断载重量,则使船舶装载量减小。

A.中垂　　　　　　　　　　　　　B.中拱

C.扭曲　　　　　　　　　　　　　D.拉伸

25.满载大型油船容易发生_____。

A.甲板受拉力,船底受压力　　　　B.甲板和船底都受拉力

C.甲板受压力,船底受拉力　　　　D.甲板和船底都受压力

26.甲板上货舱口角隅处产生裂缝,其原因可能是_____。

A.纵向强度不足   B.横向强度不足

C.扭转强度不足   D.应力集中

27.船舶首尾端所受的总纵弯曲力矩_____，所受的局部作用力_____。

A.较小；也较小   B.较大；也较大

C.较小；较大   D.较大；较小

28.金属腐蚀造成的损失大多是由_____引起的。

A.化学腐蚀   B.电化学腐蚀

C.高温腐蚀   D.低温腐蚀

29.船体甲板和船底的弯曲应力方向_____，两者的弯曲应力值_____。

A.相反；最大   B.相同；最大

C.相反；最小   D.相同；最小

30.下列有关电化学腐蚀的说法，错误的是_____。

A.电化学腐蚀是金属与电解质物质接触时产生的腐蚀

B.在腐蚀过程中产生电流

C.电化学腐蚀分为大气腐蚀、土壤腐蚀、在电解质溶液中的腐蚀、在熔融盐中的腐蚀

D.化学腐蚀比电化学腐蚀强烈得多

31.船体受剪力最大的部位是_____。

A.船首   B.船尾

C.1/2 船长处   D.距船舶首尾1/4 船长处

32.总纵弯曲应力的大小沿船深方向是呈_____分布的。

A.平面   B.曲线

C.立体   D.线性

33.船体抵抗总纵弯曲力矩和剪力作用的能力，称为_____。

A.横向强度   B.局部强度

C.扭转强度   D.总纵弯曲强度

34.腐蚀是指金属与周围介质发生化学、电化学作用或_____而产生变质和破坏的现象。

A.物理溶解   B.物理作用

C.电解作用   D.物理-化学作用

35.目前我国船体钢板防腐蚀的方法是_____。

①合理选材；②表面涂料保护；③阴极保护技术

A.①   B.②③

C.③   D.①②③

36.影响船机零件腐蚀的因素包括_____。

①金属电位；②环境介质；③环境温度；④表面粗糙度；⑤材料残余应力；⑥金属纯度

A.①②   B.②③④⑤

C.①②③④⑤   D.①②③④⑤⑥

37.金属腐蚀造成的损失大多数是由电化学腐蚀引起的，影响腐蚀的因素主要有_____。

①金属的特性；②金属的成分；③零件表面状况；④环境

A.①②   B.①③
C.①②④   D.①②③④

38.船体受到最大总纵弯矩的部位是_____。
　　A.主甲板   B.船底板
　　C.船中   D.离船首或船尾 1/4 船长处

39.船舶建造时加强船舶首尾两端的结构是为了提高船舶的_____。
　　A.总纵强度   B.扭转强度
　　C.横向强度   D.局部强度

40.防止化学腐蚀的措施是_____。
　　A.加锌块   B.覆盖保护层
　　C.进行阴极保护   D.进行介质处理

41._____的弯曲应力方向相反。
　　A.舱口盖和船底   B.甲板和船底
　　C.驾驶台和船底   D.船首和船尾

42.浮力的大小和沿着船长方向的分布,与_____的几何形状和大小有关。
　　A.船体   B.船体在水线以下
　　C.船体在水线以上   D.船舶上层建筑

第三节　船体结构

1.船舷侧板与船底板交接的弯曲部分叫作_____。
　　A.舭龙骨   B.舭列板
　　C.舭部   D.舭肘板

2.船舶货舱舱口盖的种类很多,若按密性来划分,有_____基本类型。
　　A.油密型、风雨密型、固定密型
　　B.水密型、油密型、风雨密型
　　C.水密型、油密型、风雨密型、非密性型
　　D.水密型、油密型、风雨密型、固定密型

3.舱底水系统在通至各干货舱的管路上应设置不少于_____个截止止回阀。
　　A.3   B.4
　　C.2   D.1

4.舱底水系统在通至各干货舱的管路上应设置不少于2个_____。
　　A.安全阀   B.蝶阀
　　C.截止止回阀   D.溢流阀

5.载重线勘绘在载重线标志向船尾一侧的是_____,需要在载重线的下方绘有分舱载重线的是_____。
　　A.集装箱船;油船   B.矿石船;汽车运输船
　　C.冷藏船;滚装船   D.木材船;客船

6.在船舷读取船舶水尺时,若水面刚好淹没"5.6"m的上边缘,则吃水为_____。

    A.5.6 m   B.5.65 m

    C.5.7 m   D.5.75 m

7.在船舷读取船舶水尺时,若水面刚好淹没"6.6"m的上边缘,则吃水为_____。

    A.6.6 m   B.6.65 m

    C.6.7 m   D.6.75 m

8.在船舷读取船舶水尺时,若水面刚好位于"5.6"m的下边缘,则吃水为_____。

    A.5.5 m   B.5.55 m

    C.5.6 m   D.5.65 m

9.读取船舶水尺时,若水面刚好淹没"8.6"m字体的一半,则水尺读数是_____。

    A.8.5 m   B.8.6 m

    C.8.65 m   D.8.7 m

10.水尺读数表示的是_____。

    A.水面至水底的深度   B.水面至船底的深度

    C.水底至船底的深度   D.水线至甲板的高度

11.某散货船满载时观测水尺,水面刚好淹没"18.2"m字体的一半,此时水尺读数为_____。

    A.18.3 m   B.18.2 m

    C.18.25 m   D.18.15 m

12.水尺是刻画在船壳板上的_____。

    A.载重线标志   B.吨位标志

    C.干舷标志   D.吃水标志

13.在以下构件中,承受横向强度的构件是_____。

    A.肘板   B.平板龙骨

    C.船底纵骨   D.舭龙骨

14.承受横向强度的构件有_____。

    ①龙骨;②肋骨;③肋板;④横梁;⑤横舱壁;⑥桁材

    A.①②③④   B.②③④⑤

    C.①②③⑤   D.②③⑤⑥

15.船体舭龙骨的主要作用是_____。

    A.防止舭部损坏   B.提高横向强度

    C.提高纵向强度   D.减缓摇摆

16.舷侧肋骨的主要作用是_____。

    A.提高总纵强度   B.保证扭转强度

    C.保证横向强度   D.提高总纵强度和扭转强度

17.机舱的前后端均设_____。

    A.普通舱壁   B.纵舱壁

    C.水密横舱壁   D.油密横舱壁

18.固体散货船在运输过程中,其主要危险在于_____。

①因化学反应而引起火灾、中毒等事故;②运输中稳性减小或丧失;③船舶结构损坏

A.①②
B.②③
C.①③
D.①②③

19.下列关于溢流管的说法中,错误的是_____。

A.所有用泵灌注的液舱均设有溢流管

B.在溢流管上应装有观察镜

C.在溢流管上应装有截止阀

D.溢流管的截面积应不小于注入管的1.25倍

20.不平衡舵与平衡舵相比,其舵力离舵叶轴中心线较_____,舵力矩较_____。

A.远;小
B.远;大
C.近;小
D.近;大

21.在轴隧与机舱的连壁上一般应设有_____。

A.铰链式水密门
B.水密型监视窗
C.滑动式水密门
D.天窗的透气口

22.腐蚀依据金属_____的特点分为化学腐蚀和电化学腐蚀。

A.腐蚀性质
B.腐蚀内容
C.腐蚀过程
D.腐蚀机理

23.钢质船舶均采用横骨架式结构的船体部分是_____。

A.机舱区域结构
B.船底结构
C.甲板结构
D.船舶首尾端区域结构

24.重燃油舱一般布置在机舱的前壁处、机舱的两舷侧处,以及机舱下面的双层底内,主要是为了_____。

A.增加货舱容积
B.便于装油和驳运
C.减少加热管系的布置
D.缩短燃油的管系

25.货船机器处所应设有两个脱险通道,脱险通道尽可能远离钢梯,通至该处所上部同样远离的门,并从该门至_____应设有通道。

A.开敞甲板
B.上甲板
C.艇甲板
D.驾驶甲板

26.重油舱柜的测量管可以引至_____上方的安全地点,并有适当的关闭装置。

A.开敞甲板
B.舱壁甲板
C.滑铁板
D.主甲板

27.下列_____不属于轮机工作舱室。

A.轴隧
B.油漆间
C.蓄电池室
D.舵机间

28.增加舵叶面积能使船舶回转直径_____。

A.影响不大
B.可增可减
C.明显增大
D.明显减小

29.散货船设置顶边舱的作用是_____。

①提高甲板强度;②作压载舱用;③可限制货物向一边移动;④存放杂货;⑤增加舱室数量;
⑥增加稳性

A.①②   B.②③

C.④⑤   D.①⑥

30.二氧化碳灭火系统适用于_____。

A.船上凡是有可燃物的处所   B.货舱、机舱、货油泵舱、油漆间

C.货舱、机舱、起居处所   D.货舱、机舱

31.目前海船上广泛使用球鼻型船首,_____不是球鼻型船首的优点。

A.减小形状阻力和兴波阻力   B.减小形状阻力

C.减小兴波阻力   D.制造工艺简单

32.海底门进水口一定要位于_____。

A.空船吃水线以下   B.满载吃水线以上

C.满载吃水线以下   D.空船吃水线以上

33.采用舵杆中心线在舵叶之内,其目的是_____。

A.减小阻力   B.增加舵面积

C.减小舵机功率   D.提高舵效

34.舵杆中心线在舵叶之内的舵叫_____。

A.普通舵   B.多支承舵

C.平衡舵   D.平板舵

35.用来分隔不同用途双层底舱的肋板是_____。

A.主肋板   B.实肋板

C.框架肋板   D.水密或油密肋板

36.承担主机重力作用的主要构件是主机基座中的_____。

A.三道纵桁   B.两道纵桁

C.横隔   D.肘板

37.油船设置纵向水密舱壁的目的是_____。

A.提高纵向强度   B.分隔舱室

C.提高局部强度   D.减少自由液面影响

38.散货船的主要特点包括_____。

①水下线型较瘦,方形系数小;②常设置多层甲板;③货舱比较方整,具有较大的型深;④甲板
开口大,一般为双层船壳;⑤船型肥大,常在货舱内设有上下边舱;⑥货舱口大,舱口围板高;
⑦船型肥大,常在货舱内设置连续的纵舱壁;⑧多设有舱底加温管系

A.⑦⑧   B.⑤⑥

C.①②   D.③④

39.大型散货船满载过度中垂产生的不利影响有_____。

①船舶最大吃水可能出现在船中,使船舶载重量减少;②使轴系和管系发生弯曲变形;③可能
导致舱盖水密不良;④上层建筑和甲板连接处作用力增大

A.①②③   B.①③④

C.②④ D.①②③④

40.船体钢板上安装锌块防止腐蚀是_____法。

A.阳极保护 B.阴极保护

C.电极保护 D.化学保护

41.艏垂线是指_____。

A.过船体最前端所作的垂线

B.过艏柱前缘与夏季载重线的交点所作的垂线

C.过艏柱后缘与夏季载重线的交点所作的垂线

D.过上甲板与艏柱前缘的交点所作的垂线

42.在单桨船上,轴隧的中心线一般偏向_____,轴隧强度较好的形式为_____。

A.右舷;平顶 B.左舷;平顶

C.右舷;拱顶 D.左舷;拱顶

43.在单桨船上,艉轴轴隧的中心线一般_____。

A.与船舶中心线重合 B.偏向左舷

C.偏向右舷 D.偏向左舷或偏向右舷

44.船舶摇荡运动的形式有_____。

①横摇;②纵摇;③首摇;④垂荡;⑤纵荡;⑥横荡

A.①②③④ B.①②③⑤⑥

C.②③④⑤ D.①②③④⑤⑥

45.下列关于储备浮力的说法,错误的是_____。

A.凡满载水线以上的水密空间所提供的浮力皆为储备浮力

B.储备浮力主要包含满载水线以上的水密甲板间容积及上层建筑内具有规范要求的部分容积提供的浮力

C.干舷越大,储备浮力越大

D.油船储备浮力比干散货船大

46.船舶设压载水系统的目的是_____。

A.增加排水量 B.提高抗沉性

C.增加载重量 D.调整吃水、浮态、稳性

47.侧推器的使用是海船动力装置的发展趋势之一,船上设侧推器起不到的作用是_____。

A.减少主机启动次数 B.减少主机换向次数

C.延长主机寿命 D.提高动力装置的经济性

48.下列关于船舶水消防系统的主要要求,说法错误的是_____。

A.所有消防泵应为独立机械系统,通常采用离心泵;卫生水泵、压载水泵、通用泵等不可用作消防泵

B.消火栓的布置和数量应满足船舶灭火要求的有关规定,消火栓或阀的位置应便于船员使用

C.水消防系统的工作应可靠,其布置应能满足消防泵向一舷或两舷同时供水;锚链冲洗水一般取自水消防系统,应设置隔离阀,以便灭火时切断锚链水供给

D.消防泵应具有单独的海底门

49.舱底水泵应为_____式泵。

    A.自吸   B.离心

    C.喷射   D.空气驱动

50.关于压载管系和舱底管系的互用性,下列说法中_____是正确的。

    A.压载水泵可代替舱底水泵,压载水管不可代替舱底水管

    B.压载水泵可代替舱底水泵,压载水管也可代替舱底水管

    C.压载水泵不可代替舱底水泵,压载水管可代替舱底水管

    D.压载水泵不可代替舱底水泵,压载水管也不可代替舱底水管

51.日用淡水系统主要由泵、水柜、管系及附件组成,其主要作用是_____。

    A.向主机提供冷却淡水

    B.向锅炉供应工作用水

    C.向船舶压载舱注入压载水

    D.向全船供应饮用、洗涤等生活用淡水

52.舱底水系统管路布置必须满足_____的要求。

    A.只进不出   B.只出不进

    C.无特殊要求   D.既进又出

53.艏尖舱压载水管在穿过船首防撞舱壁时,应在_____设置截止阀,以便船首发生海损时可立即在甲板上关闭该阀,防止海水进入压载水系统。

    A.艏楼   B.船中

    C.甲板   D.机舱

54.船舶首端骨架结构一般采用_____。

    A.横骨架式结构   B.横骨架式结构和纵骨架式结构

    C.混合骨架式结构   D.纵骨架式结构

55.油船的船底结构一般采用_____。

    A.横骨架式结构   B.纵骨架式结构

    C.混合骨架式结构   D.横骨架式或混合骨架式结构

56._____是用来固定伸出船体外部的螺旋桨轴的结构,因推进器具有很长一段轴暴露在海水中,易损坏和被腐蚀,或被绳索等物缠住等缺点,一般多用在小型船舶和瘦削的高速船上。

    A.具有桨穴的艉柱   B.轴包套

    C.无舵柱艉柱   D.艉轴架

57.下列_____属于船舶纵向构件。

    A.肘板   B.肋骨

    C.船体外板   D.水密横舱壁

58.锚链冲洗水一般取自水消防系统,应设置_____,以便失火时切断锚链水的供给。

    A.安全阀   B.单向阀

    C.隔离阀   D.止回阀

59.船舶的干舷是指在船长中点处,沿舷侧从夏季载重线量至_____。

    A.干舷甲板上表面的垂直距离   B.上甲板横梁下缘的距离

C.干舷甲板下表面的垂直距离　　　　　D.都不正确

60.生活用水的管路系统是船舶的_____。

A.舱底管系　　　　　　　　　　　　　B.压载管系

C.消防水管系　　　　　　　　　　　　D.日用水管系

61.舱底水系统主要由_____及有关附件组成。

①舱底水泵;②舱底水管;③舱底水吸口;④阀件;⑤水位自动控制系统

A.②③④⑤　　　　　　　　　　　　　B.①②③⑤

C.①②④⑤　　　　　　　　　　　　　D.①②③④

62.纵骨架式结构适用于_____。

A.客船　　　　　　　　　　　　　　　B.干货船

C.油船　　　　　　　　　　　　　　　D.杂货船

63.舵设备的主要作用是_____。

A.保证船舶具有抗沉性　　　　　　　　B.保证船舶具有操纵性

C.保证船舶具有初稳性　　　　　　　　D.保证船舶具有动稳性

64.正式开泵加油前,轮机人员应做好各项准备,下列正确的有_____。

①核对燃油规格、数量;②核实供油单据上的硫含量;③索取燃油化学品安全技术说明书(MSDS);④填写油样瓶标签;⑤确定双方的联络信号

A.①②③⑤　　　　　　　　　　　　　B.①②⑤

C.①②③④⑤　　　　　　　　　　　　D.①③④⑤

65.任何海洋运输船舶均需设置的舱壁有_____。

A.防火舱壁　　　　　　　　　　　　　B.防撞舱壁

C.油密舱壁　　　　　　　　　　　　　D.制荡舱壁

66.下列船舶构件中,不准在上面开孔的是_____。

A.实肋板　　　　　　　　　　　　　　B.舭肘板

C.中底桁　　　　　　　　　　　　　　D.旁底桁

67.我国远洋船舶载重线标志上与满载设计水线相重合的水平线是_____。

A.热带载重线　　　　　　　　　　　　B.夏季载重线

C.淡水载重线　　　　　　　　　　　　D.冬季载重线

68.加强机舱舷侧结构的措施是增设_____。

A.肋骨　　　　　　　　　　　　　　　B.强肋骨

C.肋板　　　　　　　　　　　　　　　D.横梁

69.舵按舵杆轴线位置的不同分类,有_____。

①平衡舵;②半平衡舵;③不平衡舵;④流线型舵;⑤平板舵;⑥悬挂式舵

A.①②③　　　　　　　　　　　　　　B.①③④⑤

C.①②③④⑤⑥　　　　　　　　　　　D.②③⑤⑥

70.在以下结构中,承受纵向强度最大的构件是_____。

A.肋板和肋骨　　　　　　　　　　　　B.舭龙骨

C.横梁和船底板　　　　　　　　　　　D.强力甲板和龙骨

71.属于船体横向构件的是_____。
　　A.甲板纵骨　　　　　　　　　　　B.肋板
　　C.舷侧纵桁　　　　　　　　　　　D.中底桁

72.机舱振动较大,舷侧结构需要加强,为此该区域与其他舱室舷侧结构的主要区别在于_____。
　　A.采用波形舱壁　　　　　　　　　B.增加肋板
　　C.仅采用纵骨架式结构　　　　　　D.增加了强肋骨和舷侧纵桁

73.在舱底水系统中,管路中的分配阀箱、舱底水管和直通舱底水支管上的阀门均应为_____,以保证舱底水系统管路中的水流_____。
　　A.截止止回阀;只出不进　　　　　B.截止止回阀;只进不出
　　C.截止阀;可进可出　　　　　　　D.截止阀;只进不出

74.我国远洋船舶载重线标志上圆圈中央水平线对准_____。
　　A.热带载重线　　　　　　　　　　B.夏季载重线
　　C.淡水载重线　　　　　　　　　　D.冬季载重线

75.船舶在任何情况下,装载的重量都不得使干舷小于_____所规定的最小干舷。
　　A.船舶建造规范　　　　　　　　　B.稳性规范
　　C.抗沉性规范　　　　　　　　　　D.载重线规范

76.冬季载重线位于夏季载重线之_____,船舶使用冬季载重线时的储备浮力比使用夏季载重线时_____。
　　A.上;小　　　　　　　　　　　　B.上;大
　　C.下;小　　　　　　　　　　　　D.下;大

77.现代主柴油机机座活动垫块常用的材料是_____。
　　A.铸铁　　　　　　　　　　　　　B.钢质
　　C.环氧树脂　　　　　　　　　　　D.弹性支承

78.船舶干舷值与航行船舶的性能有很大关系,干舷越大,代表船舶的_____越好。
　　A.操纵性　　　　　　　　　　　　B.强度
　　C.抗沉性　　　　　　　　　　　　D.稳性

79.船舶在加装燃油过程中,下列关于取样操作叙述错误的是_____。
　　A.取样量以刚好装满取样瓶为最佳　　B.油样瓶标签应双方签字
　　C.必须全程连续取样　　　　　　　　D.应在本船取样器上取样

80.船舶抗沉性可以用船舶干舷衡量,干舷是指_____。
　　A.在船长中点处,沿舷侧从夏季载重线量至干舷甲板上表面的垂直距离
　　B.在船长中点处,沿舷侧从夏季载重线量至干舷甲板下表面的垂直距离
　　C.在船长中点处,沿舷侧从夏季载重线量至上甲板横梁上缘的距离
　　D.在船长中点处,沿舷侧从夏季载重线量至上甲板横梁下缘的距离

81.在船体结构的构件中,属于主要构件的是_____。
　　①强横梁;②肋骨;③主甲板;④甲板纵桁;⑤纵骨;⑥舷侧纵桁
　　A.①②③④　　　　　　　　　　　B.①②③⑤

C.①③④⑥　　　　　　　　　　　D.①②⑤⑥

82.某船读取水尺时,水面与"9"m 中间相切,表示吃水为_____。
　　A.8.9 m　　　　　　　　　　　　B.8.95 m
　　C.9 m　　　　　　　　　　　　　D.9.05 m

83.我国夏季载重线用字母_____表示,国际夏季载重线用字母_____表示。
　　A.X;F　　　　　　　　　　　　　B.Q;F
　　C.X;S　　　　　　　　　　　　　D.Q;S

84.在船体型线图的横剖线图上,表示船体真实形状的是_____。
　　A.纵剖线　　　　　　　　　　　　B.横剖线
　　C.水线　　　　　　　　　　　　　D.甲板边线

85.在舷侧竖向布置的角钢构件称为_____。
　　A.甲板纵骨　　　　　　　　　　　B.甲板横梁
　　C.肋骨　　　　　　　　　　　　　D.舱壁扶强材

86.在横骨架式双层底结构中,机舱和锅炉的底座下应在每个肋位上设置_____。
　　A.短底纵桁　　　　　　　　　　　B.内底板
　　C.主肋板　　　　　　　　　　　　D.强横梁

87.下列船体舱室中,需要在两舷侧纵桁之间设有强胸横梁的有_____。
　　①机舱;②艏尖舱;③艉尖舱
　　A.①　　　　　　　　　　　　　　B.①②③
　　C.①③　　　　　　　　　　　　　D.②③

88.船舶水密横舱壁的作用是_____。
　　①承受液体压力;②保证邻舱间的水密;③隔热;④保证船体纵向强度
　　A.①②　　　　　　　　　　　　　B.①②③
　　C.②③④　　　　　　　　　　　　D.①②③④

89.船体结构中的实肋板一般布置在_____。
　　A.舷侧　　　　　　　　　　　　　B.甲板下
　　C.船底　　　　　　　　　　　　　D.货舱壁上

90.我国船舶夏季淡水载重线的字母符号用_____表示。
　　A.X　　　　　　　　　　　　　　B.Q
　　C.D　　　　　　　　　　　　　　D.R

91.要求中型以上油船设置双层船壳的主要目的是_____。
　　A.增加船体强度
　　B.增加压载水舱
　　C.防止船舶发生海损事故后造成海洋油污染
　　D.增加船体横向强度

92.在装油过程中必须采用专用取样设备_____,将油样分装在三个瓶中并铅封,除供、受方各留一瓶外,还有一瓶送_____。
　　A.不定时取样;船级社化验　　　　　B.不定时取样;保险公司备案

C.点滴取样;保险公司备案　　　　　　D.点滴取样;公证检验部门

93.船进坞需要修理水舱时,通过_____放净舱底水。
A.海底阀门　　　　　　　　　　　B.船底塞
C.舱底水泵　　　　　　　　　　　D.污水泵

94.应急消防泵应布置在_____。
A.艏尖舱　　　　　　　　　　　　B.主甲板
C.机舱内部　　　　　　　　　　　D.机舱之外的水密舱室内

95.集装箱船设置双层船壳的主要原因是_____。
A.提高抗沉性　　　　　　　　　　B.作为压载舱
C.作为货舱　　　　　　　　　　　D.提高船体扭转强度

96.通常需要设置制荡舱壁的船舱有_____。
①机舱;②货舱;③艏尖舱;④艉尖舱
A.①②③④　　　　　　　　　　　B.②③④
C.③④　　　　　　　　　　　　　D.①②

97.在大型船舶上,消防干管一般做_____布置。
A.十字形　　　　　　　　　　　　B.H形
C.平行形　　　　　　　　　　　　D.环形

98.提高转船力矩的方法有_____。
①降低航速;②增加舵面积;③使用最大舵角;④增加舵叶数;⑤提高船速;⑥减少舵叶数
A.①③④⑤　　　　　　　　　　　B.②③④⑤
C.①②③④　　　　　　　　　　　D.②③⑤⑥

99.国内航行船舶的载重线标志与国际航行的船舶相比,最小干舷_____且无_____。
A.小;冬季载重线　　　　　　　　B.大;热带载重线
C.相等;夏季淡水载重线　　　　　　D.小;夏季载重线

100.燃油申请与加装的依据是_____。
①实际存量;②载货量及航线;③船用油品与当地油品的特点;④供油商的加装能力
A.①②③　　　　　　　　　　　　B.①②
C.①③④　　　　　　　　　　　　D.②③

101.船舶的龙骨线是指_____。
A.中站面与船体型表面底部的交线　　B.中线面与船体型表面底部的交线
C.基平面与中站面的交线　　　　　　D.基平面与中线面的交线

102.关于船体外板结构,以下说法错误的是_____。
A.中部外板要加厚,向两端逐渐减薄
B.平板龙骨的厚度从中间向两端逐渐减薄
C.艏艉端外板要加厚
D.有开口的外板要加厚

103.船舶最小干舷,其值最小和最大时对应的载重线分别是_____。
A.夏季载重线和冬季载重线

B.热带淡水载重线和冬季载重线

C.热带载重线和北大西洋冬季载重线

D.热带淡水载重线和北大西洋冬季载重线

104.将两种不同种类的燃油油品混装后,使用时会导致燃油系统_____。

①燃油滤器堵塞;②大量泥渣沉淀;③加速管路低温腐蚀

A.①②　　　　　　　　　　B.①③

C.②③　　　　　　　　　　D.①②③

105.加油开始前,主管轮机员检查加油船上的_____。

①油舱数量及分布情况;②各油舱油位、油温和油密度;③加油泵的加油速率和压力;④流量计的初始读数

A.①②③④　　　　　　　　B.①②③

C.②③④　　　　　　　　　D.①③④

106.大、中型杂货船的骨架结构,一般_____。

A.上、下甲板都用纵骨架式结构

B.上、下甲板都用横骨架式结构

C.上甲板用纵骨架式结构,下甲板用横骨架式结构

D.上甲板用横骨架式结构,下甲板用纵骨架式结构

107.从机舱通往轴隧的水密门,一般是_____水密门。

A.三级　　　　　　　　　　B.二级

C.一级　　　　　　　　　　D.四级

108.舱底水系统中,应急舱底水吸口_____。

A.不得设置滤网　　　　　　B.必须设置滤网

C.可有可无　　　　　　　　D.无要求

109.加油时,开始泵油后,可通过_____证实油确已装入指定的油舱中。

①注意倾听装油管的油流声;②检查装油舱透气管的透气情况;③及时测量受油舱液面的变化情况;④检查船舶吃水变化;⑤询问驾驶员;⑥询问供油船或码头方

A.②③④　　　　　　　　　B.②③⑤

C.①②③　　　　　　　　　D.①③⑥

110.油船的货油舱和居住舱室之间应设置_____。

A.淡水舱　　　　　　　　　B.深舱

C.杂物舱　　　　　　　　　D.隔离舱

111.艏尖舱区域内,在_____处设置制荡舱壁。

A.强横梁　　　　　　　　　B.中横剖面

C.中纵剖面　　　　　　　　D.中内龙骨

112.为满足应急、安全要求,在船舶燃油系统中,燃油柜的出口阀应是_____。

A.应急截止阀　　　　　　　B.遥控截止阀

C.速闭阀　　　　　　　　　D.电动截止阀

113.艏尖舱、艉尖舱的舱壁必须设置成_____。

　　A.防火舱壁　　　　　　　　　　　B.普通舱壁

　　C.水密舱壁　　　　　　　　　　　D.槽型舱壁

114.组成船体纵向强度的主要构件是_____。

　　A.肋骨　　　　　　　　　　　　　B.肋板

　　C.舭肋板　　　　　　　　　　　　D.桁材

115.在横骨架式船体结构中,船体底部中心线上的纵向构件是_____。

　　A.旁底桁　　　　　　　　　　　　B.中底桁

　　C.扶强材　　　　　　　　　　　　D.内底板

116.船舶货舱舱口盖按密性不同可分为_____等。

　　①气密舱口盖;②风雨密舱口盖;③非水密舱口盖;④水密和油密的小型专用舱口盖

　　A.①②③　　　　　　　　　　　　B.①③④

　　C.②③④　　　　　　　　　　　　D.①②④

117.在设置船舶液舱中的测深管时,_____部位不宜设置。

　　A.液舱底最深处　　　　　　　　　B.液舱前壁处

　　C.液舱左右两舷　　　　　　　　　D.液舱后壁处

118.干舷的大小可反映船舶的_____。

　　A.操纵性好坏　　　　　　　　　　B.强度大小

　　C.抗沉性好坏　　　　　　　　　　D.稳性好坏

119.机舱内双层底高于货舱内双层底的主要目的是_____。

　　A.提高机舱的局部强度

　　B.提高抗沉性

　　C.提高重心高度

　　D.使主机和轴配合,减小机座高度

120.运输船舶采用的船尾形状主要有_____等。

　　①圆形艉;②椭圆形艉;③巡洋舰型艉;④方形艉

　　A.①③④　　　　　　　　　　　　B.②③④

　　C.①②④　　　　　　　　　　　　D.①②③

121.钢质海船机械舵角的极限是_____。

　　A.25°　　　　　　　　　　　　　B.30°

　　C.35°　　　　　　　　　　　　　D.40°

122.艏尖舱是位于艏部_____的船舱。

　　A.防撞舱壁之前、舱壁甲板之上　　B.防撞舱壁之后、舱壁甲板之下

　　C.防撞舱壁之后、舱壁甲板之上　　D.防撞舱壁之前、舱壁甲板之下

123.在实际工作中,以舱内所装货物_____中心作为该舱货物的计算重心。

　　A.重量　　　　　　　　　　　　　B.体积

　　C.总体积　　　　　　　　　　　　D.高度

124.当机舱内的主肋骨的跨距大于 6 m 时,要设置_____。

　　A.舷侧纵桁　　　　　　　　　　　B.撑杆

C.舷侧纵骨

D.强肋骨

125.某船按吃水差和排水量计算艉吃水,已知平均吃水为 9.723 m,漂心至船中距离为 -0.529 m,两柱间长为 139.2 m,吃水差为 -1.588 m,则该船的艉吃水为_____ m。

A.10.71

B.11.6

C.9.82

D.8.92

126.船舶货舱舱口盖按结构形式和开关方式的不同可分为_____等。

①滚翻式;②折叠式;③侧移式;④顶升式

A.①③④

B.①②④

C.①②③

D.②③④

127.机舱前后的舱壁采用_____,艏尖舱、艉尖舱的舱壁采用_____。

A.水密舱壁;防火舱壁

B.防火舱壁;纵舱壁

C.油密舱壁;普通舱壁

D.水密舱壁;水密舱壁

128.舱底水系统的布置原则包括_____等。

①舱底水吸入口应布置在舱底的最低处;②应设有两个以上的机舱舱底水吸入口;③舱底水泵应具有自吸能力;④舱底水应急吸口不得设滤网

A.②③④

B.①②③④

C.①②③

D.①③④

129.目前常见的机舱位置设于_____。

①船舶中部;②船舶尾部;③船舶中尾部

A.②③

B.①③

C.①②

D.①②③

130.艏尖舱可储存_____。

A.滑油

B.淡水

C.燃油

D.其他易燃油类

131.船舶固定式消防系统主要分为_____。

①水消防系统;②气体消防系统;③泡沫消防系统;④干粉消防系统;⑤船舶通风系统;⑥船舶惰性气体系统

A.①②③④

B.①③④⑥

C.②③④⑤

D.①②⑤⑥

第四节　船舶稳性控制

1.船舶横倾时,其_____的横向坐标不等。

A.垂心和浮心

B.重心和浮心

C.重心和垂心

D.船心和浮心

2.由于_____的不平衡,产生船舶的弯曲变形,从而在船长方向上各点产生总纵弯曲力矩和剪力。

A.剪力和重力

B.弯曲力矩和剪力

C.舷外水对船体的压力 　　　　　　　　　D.重力和浮力

3.载重量包括_____等重量。

①淡水；②油料；③货物和旅客；④船员

A.①③④ 　　　　　　　　　　　　B.①②③④

C.①②③ 　　　　　　　　　　　　D.②③④

4.总载重量包括_____。

①淡水；②油料；③货物和旅客的重量；④空船重量

A.①③④ 　　　　　　　　　　　　B.①②③④

C.①②③ 　　　　　　　　　　　　D.②③④

5.若液体装满舱柜，当船舶横倾时，舱柜内液体不会随着船舶的倾斜而流动，不存在_____。

A.压强影响 　　　　　　　　　　　B.温度影响

C.自由液面影响 　　　　　　　　　D.压力影响

6.船舶空载排水量是指_____。

①空船排水量；②燃料的排水量；③淡水的排水量；④船员和行李的排水量；⑤供应品的排水量；⑥货物的排水量

A.②③④⑤⑥ 　　　　　　　　　　B.①③④⑤⑥

C.①②③⑤⑥ 　　　　　　　　　　D.①②③④⑤

7.船舶排水量可分为_____。

①空船排水量；②满载排水量；③装载排水量；④货物排水量

A.①②③ 　　　　　　　　　　　　B.②③④

C.①②④ 　　　　　　　　　　　　D.①③④

8.船舶装载后由于重心纵向位置与正浮时浮心纵向位置不在同一垂线上，浮力与重力形成一力偶，产生一_____。

A.弯曲力矩 　　　　　　　　　　　B.纵倾力矩

C.剪切力矩 　　　　　　　　　　　D.横倾力矩

9.若船舶装载后重心纵向位置与正浮状态的浮心纵向位置不在同一垂线上，则船舶将产生一_____，迫使船舶纵倾，从而产生吃水差。

A.纵倾力矩 　　　　　　　　　　　B.横倾力矩

C.稳性力矩 　　　　　　　　　　　D.恢复力矩

10.减小自由液面影响的最有效方法是减小液体舱柜的_____。

A.长度 　　　　　　　　　　　　　B.高度

C.体积 　　　　　　　　　　　　　D.宽度

11.船舶由淡水水域驶入海水水域，浮力_____。

A.增大 　　　　　　　　　　　　　B.减小

C.不变 　　　　　　　　　　　　　D.变化不定

12.船舶由淡水水域驶入海水水域，吃水的变化是_____。

A.减小 　　　　　　　　　　　　　B.增大

C.不变 　　　　　　　　　　　　　D.变化不定

13.船舶由海水水域驶入淡水水域时,_____。
   A.排水量不变,吃水减小　　　　B.排水量不变,吃水增大
   C.排水体积不变,吃水增大　　　　D.排水体积不变,吃水减小

14.船舶由淡水驶入海水,每厘米吃水吨数(TPC)_____。
   A.增大　　　　B.减小
   C.不变　　　　D.不能确定

15.船舶由淡水驶入海水,将_____。
   A.下沉　　　　B.不一定
   C.不变　　　　D.上浮

16.载重线标志表示的是船舶的_____。
   A.载重能力　　　　B.储备浮力
   C.吃水　　　　D.容积

17.船舶横倾角小于_____时对应的稳性为初稳性。
   A.25°　　　　B.10°
   C.15°~20°　　　　D.10°~15°

18.船体的局部强度是指船体结构抵抗_____的能力。
   A.船体沿船长方向变形　　　　B.上舷甲板发生变形
   C.船体局部变形或损坏　　　　D.船体沿船宽方向变形

19.船舶横倾时,艏艉吃水_____,左右吃水_____。
   A.不同;相同　　　　B.相同;不同
   C.不同;不同　　　　D.相同;相同

20.船舶横倾时,_____。
   A.艏艉吃水一致,左右吃水不同　　　　B.艏艉吃水一致,左右吃水一致
   C.艏艉吃水不同,左右吃水不同　　　　D.艏艉吃水不同,左右吃水一致

21.船舶横倾时,左舷吃水大于右舷吃水时称为_____。
   A.右倾　　　　B.前倾
   C.左倾　　　　D.艉倾

22.船舶横倾时,右舷吃水大于左舷吃水时称为_____。
   A.艉倾　　　　B.船倾
   C.左倾　　　　D.右倾

23.船舶重心为G,浮心为B,则当船舶横倾时,_____。
   A.$X_G = X_B$　　　　B.$Y_G = Y_B$
   C.$Y_G = Y_B = 0$　　　　D.$Y_G \neq Y_B \neq 0$

24.船舶由海水航行至淡水,_____必然改变。
   A.重量　　　　B.排水量
   C.载重量　　　　D.吃水

25.船舶产生吃水差是由于沿船舶纵向的_____与正浮时的浮力作用点不在同一条垂线上。
   A.纵稳性　　　　B.漂心

C.重力作用点 D.纵倾点

26.船舶在密度为 1 t/m³ 的淡水中吃水为 9 m,驶入密度为 1.02 t/m³ 的海水后其吃水为_____。

A.9 m B.9.18 m

C.8.82 m D.8 m

27.船舶在密度为 1 t/m³ 的淡水中吃水为 8 m,驶入密度为 1.02 t/m³ 的海水后其吃水为_____。

A.7.64 m B.8.16 m

C.8.36 m D.7.84 m

28.当船舶有数个舱存在自由液面时,总的自由液面修正值是各个舱柜自由液面修正值的_____。

A.差 B.和

C.商 D.积

29.船舶浮心移动轨迹曲线的曲率中心称为_____。

A.重心 B.浮心

C.漂心 D.稳心

30.通常把船舶各种装载状态时船舶重量的作用中心称为_____。

A.重心 B.浮心

C.稳心 D.漂心

31.船舶在各种漂浮状态下排开水的体积的中心称为_____。

A.重心 B.浮心

C.稳心 D.漂心

32.水线下船体体积的几何中心称为_____。

A.漂心 B.浮心

C.重心 D.稳心

33.每厘米纵倾力矩(MTC)的用途主要是供计算及调整船舶的_____。

A.平均吃水 B.静稳性力臂

C.局部强度 D.吃水差

34.船体横剖面水下部分面积与其相切的矩形面积之比称为_____。

A.水线面系数 B.方形系数

C.中横剖面系数 D.棱形系数

35.以下船型系数中能够体现船体水平剖面肥瘦程度的是_____。

A.方形系数 B.水线面系数

C.垂向棱形系数 D.棱形系数

36._____表征排水体积沿船长的分布,其值的大小对船舶的快速性、耐波性等有影响。

A.水线面系数 B.中横剖面系数

C.方形系数 D.棱形系数

37.一般用于船舶排水量计算的船型系数是_____。

A.方形系数　　　　　　　　　　　　B.中横剖面系数

C.垂向棱形系数　　　　　　　　　　D.棱形系数

38.船舶由淡水水域驶入半淡水水域时,船舶所受浮力_____。

A.减小　　　　　　　　　　　　　　B.增大

C.不变　　　　　　　　　　　　　　D.变化不定

39.下列各类船舶中,对稳性、抗沉性和快速性要求最高的是_____。

A.客船　　　　　　　　　　　　　　B.普通货船

C.散货船　　　　　　　　　　　　　D.集装箱船

40.满载排水量是反映船舶大小的一个重要量度,等于_____。

A.空船排水量加上总载重量　　　　　B.空船排水量加上净载重量

C.总载重量　　　　　　　　　　　　D.净载重量

41.船舶稳性衡准可不考虑_____因素。

A.最小倾覆力矩　　　　　　　　　　B.风压倾侧力矩

C.航速　　　　　　　　　　　　　　D.航区

42.使船舶具有稳性的原因是_____。

A.浮力的作用　　　　　　　　　　　B.重力的作用

C.重力和浮力产生的力矩作用　　　　D.惯性力矩的作用

43.船舶回转圈较小,说明它的_____。

A.回转性能好　　　　　　　　　　　B.航向稳定性好

C.航向稳定性差　　　　　　　　　　D.回转性能差

44.下列船舶类型中,抗沉性最差的是_____。

A.客船　　　　　　　　　　　　　　B.杂货船

C.散货船　　　　　　　　　　　　　D.滚装船

45.矿砂船设置大容量压载边舱,其主要作用是_____。

A.提高总纵强度　　　　　　　　　　B.提高局部强度

C.保证空载时的吃水和稳性　　　　　D.减轻摇摆程度

46.初稳性高度变小,静稳性的变化是_____。

A.变好　　　　　　　　　　　　　　B.变差

C.不变　　　　　　　　　　　　　　D.无法确定

47.船舶少量装载货物后,其稳性高度的变化是_____。

A.一定增大　　　　　　　　　　　　B.一定减小

C.不会改变　　　　　　　　　　　　D.变化趋势不确定

48.在初稳性高度计算公式 $GM = KM - KG$ 中,KM 表示_____。

A.稳心半径　　　　　　　　　　　　B.横稳心至船中距离

C.横稳心距基线高度　　　　　　　　D.纵稳心距基线高度

49.已知某船漂心的纵向坐标 $X_f = 2.4$ m,现将一重物 $P = 200$ t 置于 $X_p = 2$ m 处,此时纵向浮态会

产生_____。

A.平行下沉　　　　　　　　　　　　B.艏倾,下沉

C.艉倾,下沉　　　　　　　　　　　　D.没有变化

50.储备浮力是满载水线以上_____所具有的浮力,一般用_____来衡量。

A.船体容积;吃水　　　　　　　　　　B.船体水密部分容积;干舷

C.舱室容积;干舷　　　　　　　　　　D.干舷;吃水

51.以下_____的说法是错误的。

A.油船储备浮力较一般干货船大

B.储备浮力是满载水线以上水密空间所具有的浮力

C.储备浮力大,抗沉性好

D.干舷越大,储备浮力越大

52.满载水线以上水密空间所具有的浮力称为_____。

A.满载浮力　　　　　　　　　　　　B.空载浮力

C.理论浮力　　　　　　　　　　　　D.储备浮力

53.储备浮力是指_____。

A.满载水线以上的体积所具备的浮力

B.满载水线以上水密空间所具备的浮力

C.满载排水量与总载重量之差

D.满载排水量与实际排水量之差

54.在海面上,实际风速约为地转风风速的_____。

A.1/4　　　　　　　　　　　　　　B.2/3

C.1/3　　　　　　　　　　　　　　D.1/2

55.船舶由海水驶入淡水,其吃水的增加量 Δd 的大小与下列哪项船体参数的大小有关?_____。

A.船长　　　　　　　　　　　　　　B.船宽

C.方形系数　　　　　　　　　　　　D.垂向棱形系数

56.如果船舶在密度为 1 018 kg/m³ 的海水中的吃水为 10 m,则驶入密度为 1 000 kg/m³ 的海水后,其吃水约为_____。

A.9 m　　　　　　　　　　　　　　B.9.82 m

C.10.8 m　　　　　　　　　　　　　D.10.18 m

57.如果船舶在密度为 1 000 kg/m³ 的淡水中的吃水为 10 m,则驶入密度为 1 018 kg/m³ 的海水后,其吃水约为_____。

A.10.18 m　　　　　　　　　　　　B.10 m

C.9.18 m　　　　　　　　　　　　　D.9.82 m

58.下列不是船舶漂浮时平衡必需的条件的是_____。

A.重力与浮力相等　　　　　　　　　B.重力与浮力方向相反

C.重力小于浮力　　　　　　　　　　D.重力与浮力在同一条直线上

59.船舶重心的位置与_____有关。

A.吃水　　　　　　　　　　　　　　B.干舷

C.浮心　　　　　　　　　　　　　　D.货物装载情况

60.提高船舶静稳性的方法有_____。

　　①提高重心;②降低重心;③减少自由液面;④固定悬挂物,防止摇摆;⑤调整重物的水平位置;⑥垂直向上移动重物

　　A.①③④　　　　　　　　　　　　　B.②③④

　　C.①③④⑤　　　　　　　　　　　　D.②③⑤⑥

61.加压载水可使船舶的 *GM* 值_____。

　　①增大;②减小;③不变

　　A.①　　　　　　　　　　　　　　　B.②

　　C.③　　　　　　　　　　　　　　　D.不确定

62.加压载水可使船舶的 *GM* 值_____。

　　A.增大　　　　　　　　　　　　　　B.减小

　　C.不变　　　　　　　　　　　　　　D.无法判断其变化趋势

63.为减少自由液面对船舶稳性的影响,油船通常采取的措施是_____。

　　A.多设双层底油水柜　　　　　　　　B.加大油水柜容积

　　C.增加纵向水密隔板　　　　　　　　D.减少纵向水密隔板

64.按我国定义,船舶吃水差是指船舶_____。

　　A.左右舷吃水之差　　　　　　　　　B.首尾吃水之差

　　C.装货前后吃水之差　　　　　　　　D.满载与空载吃水之差

65.利用流体的重力作用以产生对船舶摇摆的稳定力矩的是_____。

　　A.舭龙骨　　　　　　　　　　　　　B.减摇鳍

　　C.减摇水舱　　　　　　　　　　　　D.减摇回转仪

66.船舶操纵性不包括_____。

　　A.耐波性　　　　　　　　　　　　　B.回转性

　　C.改向性　　　　　　　　　　　　　D.航向稳定性

67.船内重物垂直下移,以下说法正确的是_____。

　　A.初稳性高度不变　　　　　　　　　B.初稳性高度减小

　　C.初稳性高度增大　　　　　　　　　D.浮心改变

68.船内重物垂直上移,以下说法正确的是_____。

　　A.浮心改变　　　　　　　　　　　　B.初稳性高度增大

　　C.初稳性高度不变　　　　　　　　　D.初稳性高度减小

69.当船上重物垂直下移时,_____。

　　A.吃水不变,初稳性高度不变　　　　B.吃水不变,初稳性高度增大

　　C.重心不变,初稳性高度不变　　　　D.重心改变,初稳性高度减小

70.船舶分舱的目的是满足船舶_____要求。

　　A.抗沉性　　　　　　　　　　　　　B.稳性

　　C.快速性　　　　　　　　　　　　　D.浮性

71.船舶正浮时,手动完全关闭滑动式水密门的时间应不超过_____。

　　A.120 s　　　　　　　　　　　　　　B.60 s

C.100 s   D.90 s

72.防止船舶发生谐摇的有效方法是_____。

   A.增大排水量   B.降低重心高度

   C.停止航行   D.改变航向或航速

73.堵船体水线下部分的较大破洞进水时常用_____。

   A.堵漏毯   B.堵漏木塞

   C.堵漏板   D.堵漏箱

74.提高船舶抗沉性的主要方法不包括_____。

   A.增设水密舱室   B.设双层底或双层船壳

   C.增大干舷   D.增设尽可能多的横隔舱壁

75.渗透率越大,则允许两水密横舱壁之间的距离_____。

   A.不定   B.越大

   C.不变   D.越小

76.自由液面面积越大,对船舶稳性的影响_____。

   A.越大   B.越小

   C.不变   D.不定

77.悬挂点不变,悬挂重物重量不变,若悬挂长度越大,则对稳性的影响_____。

   A.越大   B.越小

   C.不变   D.不定

78.装载的液体越多,对稳性的影响_____。

   A.越大   B.越小

   C.不变   D.不定

79.在船舶向左或向右倾斜_____时,能保证将水密门关闭。

   A.35°   B.22.5°

   C.15°   D.45°

80.船舶重心过高,遇到风浪时会发生_____。

   A.剧烈的纵摇   B.轻微的纵摇

   C.剧烈的横摇   D.缓慢的横摇

81.在船舶倾斜过程中考虑角速度和角加速度影响的稳性是_____。

   A.静稳性   B.动稳性

   C.初稳性   D.大倾角稳性

82.船舶微倾,前、后两浮力作用线的交点称为_____。

   A.稳心   B.重心

   C.浮心   D.漂心

83.衡量静稳性的标志是横倾力矩不大于_____。

   A.最大静稳性力矩   B.稳性力矩所做的功

   C.最小倾覆力矩   D.最大稳性力矩

84.矩形液舱用纵向水密舱壁从中间一分为二,分隔后自由液面对初稳性高度的影响是不设纵舱壁时的_____。
  A.1/4　　　　　　　　　　　　B.1/9
  C.1/2　　　　　　　　　　　　D.1/6

85.在船舶静水力曲线图中查不到_____。
  A.每厘米吃水吨数　　　　　　B.漂心高度
  C.排水量　　　　　　　　　　D.浮心高度

86.船舶在横倾力矩的作用下横倾时,其动平衡的条件是_____。
  A.横倾力矩所做的功等于稳性力矩所做的功
  B.稳性衡准数 $K=1$
  C.重力等于浮力
  D.横摇力矩等于复原力矩

87.船舶在航行中所处的各种漂浮状态中,其平衡的条件是_____。
  A.重心和浮心重合,浮力小于重力
  B.重心和浮心重合,浮力大于重力
  C.重心和浮心位于同一条垂线上,浮力大于重力
  D.重心和浮心位于同一条垂线上,浮力等于重力

88.如图所示为船舶三种浸水情况,对船舶浮态和稳性影响最小的是_____;最大的是_____。

  A.c;a　　　　　　　　　　　　B.b;c
  C.a;b　　　　　　　　　　　　D.a;c

89.当船舶重心的 X 坐标与浮心的 X 坐标不相等时,船舶处于_____。
  A.纵倾　　　　　　　　　　　　B.横纵倾
  C.正浮　　　　　　　　　　　　D.横倾

90.当船舶重心的 Z 坐标与浮心的 Z 坐标不相等时,船舶会_____。
  A.横倾加纵倾　　　　　　　　　B.纵倾
  C.横倾　　　　　　　　　　　　D.浮态不变

91.初稳性高度指的是_____。
  A.浮心至稳心的距离　　　　　　B.浮心和稳心的高度
  C.重心至浮心的距离　　　　　　D.重心至稳心的距离

92.关于船舶自由液面对稳性影响的大小,下列说法正确的是_____。(液体密度为 ρ,液面面积惯性矩为 I,液体体积为 V,船体排水量为 D)
  A.与 ρ 成正比,与 I 成正比,与 D 成正比,与 V 成正比
  B.与 ρ 成反比,与 I 成正比,与 D 成正比,与 V 无关

C.与 ρ 成反比,与 I 成反比,与 D 成反比,与 V 成正比

D.与 ρ 成正比,与 I 成正比,与 D 成反比,与 V 无关

93.自由液面对船舶稳性的影响,相当于船舶的_____提高。

    A.重心   B.浮性

    C.初稳性高度   D.稳性

94.船舶在水面达到静平衡时,重心与浮心的位置为_____。

    A.重心在浮心的上方   B.重心在浮心的下方

    C.重心与浮心在同一铅垂线上   D.重心与浮心保持水平

95.以下_____情况的浸水,浸水后不存在自由液面对船舶稳性的影响。

    A.舱室顶部水密且位于水线以下,船体破损后整个舱室充满水

    B.舱室顶部位于水线以上,舱内与舷外水不相通,水未充满整个舱室

    C.舱室顶部位于水线以上,舱内与舷外水相通

    D.舱室顶部水密且位于水线以下,船体破损后水未充满整个舱室

96.液舱一般都对称于船舶纵向中心线设置的原因是_____。

    A.强度需要   B.船员工作方便

    C.破舱稳性需要   D.建造时方便

97.若所装货物重心高于船舶重心,则装货后船舶的重心高度值将_____。

    ①减小;②不变;③增大

    A.①   B.②

    C.③   D.无法确定

98.稳心在重心之上的船舶平衡称为_____。

    A.不稳定平衡   B.中性平衡

    C.静平衡   D.稳定平衡

99.船舶做小角度横倾摇摆时,稳心的运动轨迹是_____。

    A.弧线   B.直线

    C.无规则   D.原点不动

100.船舶做小角度横倾摇摆时,浮心的运动轨迹是_____。

    A.直线   B.弧线

    C.波浪线   D.无规则

101.船舶每厘米吃水吨数与水线面面积_____。

    A.成正比   B.成反比

    C.的平方成正比   D.的平方成反比

102.船舶卸载少量货物之后的吃水平行的变量与每厘米吃水吨数_____。

    A.成正比   B.成反比

    C.的平方成正比   D.的平方成反比

103.船舶航行中,如果漂浮状态为正浮状态,则_____。

    A.重心和浮心重合

    B.重心在船长的中点

C.重心和浮心的纵向坐标与横向坐标分别相等

D.重心和浮心到船中的距离不相等

104.船舶受到外力倾斜,在同样大小的横倾力矩的作用下,动横倾角比静横倾角_____。

A.大 　　　　　　　　　　B.小

C.一样大 　　　　　　　　D.无法确定

105.船舶处于稳定平衡状态时其稳心和重心相互间的位置是_____。

A.稳心在重心之下 　　　　B.稳心在重心之上

C.稳心与重心重合 　　　　D.在同一水平面上

106.对主操舵装置进行效用试验时,要求船舶的状态为_____。

A.空载吃水,最高航速 　　B.空载吃水,中等航速

C.满载吃水,最高航速 　　D.满载吃水,慢速

107.船舶的稳性按船舶倾斜方向的不同,可分为_____。

A.初稳性 　　　　　　　　B.大倾角稳性

C.静稳性和动稳性 　　　　D.横稳性和纵稳性

108.当船舶的静稳性力矩与外界风压倾侧力矩相同时,船舶将达到_____。

A.静平衡 　　　　　　　　B.动平衡

C.GZ 极限值 　　　　　　D.随遇平衡状态

109.船舶稳心距基线的高度随吃水的增大而_____。

A.减小 　　　　　　　　　B.增大

C.无关 　　　　　　　　　D.不确定

110.按相关的国际公约和我国的规范规定,船舶破舱浸水后的最终平衡水线不能超过_____。

A.上甲板 　　　　　　　　B.下甲板

C.舱壁甲板 　　　　　　　D.安全限界线

111.船舶由海上进入巴拿马运河船闸时,其排水量将_____,平均吃水将_____。

A.变大;变小 　　　　　　B.变大;变大

C.不变;变小 　　　　　　D.不变;变大

112.船舶由比重大的水域进入比重小的水域,吃水的变化是_____。

A.减少 　　　　　　　　　B.增加

C.不变 　　　　　　　　　D.变化不定

113.船舶能保持或改变航向、航速和位置的性能,称为_____。

A.船舶浮性 　　　　　　　B.船舶稳性

C.船舶抗沉性 　　　　　　D.船舶操纵性

114.船舶抗横倾系统的实质是通过调节_____对由负荷不对称引起的船舶横倾进行补偿。出于安全原因,_____在公海上运行抗横倾系统。

A.压载水;不允许 　　　　B.货物;不允许

C.压载水;允许 　　　　　D.货物;允许

115.船舶的动平衡条件是_____。

A.稳性力矩所做的功等于外力矩所做的功

B.稳性力矩所做的功大于外力矩所做的功

C.稳性力矩所做的功小于外力矩所做的功

D.稳性力矩等于外力矩

116.航行中船舶漂浮的平衡条件是_____。

    A.重力等于浮力,方向相反,重心与浮心不在同一条垂线上

    B.重力小于浮力,重心在浮心之下

    C.重力大于浮力

    D.重力等于浮力,方向相反,重力与浮力在同一条直线上

117.船舶破舱进水,水线以下破洞的浸水量与_____无关。

    A.破洞位置至水线的垂直距离   B.破洞面积的大小

    C.破洞的形状   D.破洞中心在舱内水面下的深度

118.船舶破舱进水,水线以下破洞的进水量与_____有关。

    ①破洞位置至水线的垂直距离;②破洞面积的大小;③破洞的形状;④破洞中心在舱内水面下的深度;⑤流量系数

    A.②③④   B.①②③⑤

    C.①②④⑤   D.①③④⑤

119.船舶在大量卸货后,若保持重心高度不变,卸货后的初稳性高度比卸货前_____。

    A.增大   B.减小

    C.不变   D.不确定

120.船舶保持直线航行的性能称为_____。

    A.操纵性   B.回转性

    C.航向稳定性   D.转艏性

121.船内重物水平横移将使船舶_____。

    A.重心降低   B.重心升高

    C.产生横倾角   D.稳性增大

122.船舶在等容微倾情况下,其任意倾斜的倾斜轴必过_____。

    A.重心   B.浮心

    C.稳心   D.漂心

123.船舶航行中通常艉吃水略大于艏吃水,原因是_____。

    A.造船方面的原因   B.为了充分保证螺旋桨的推进效率

    C.配载上的习惯做法   D.无法消除的吃水差

124.船舶在航行时遭遇波浪的周期与_____无关。

    A.波长   B.波速

    C.船速   D.船舶横倾角

125.舵叶面积系数的大小直接影响船舶_____的好坏。

    A.稳性   B.抗沉性

    C.摇荡性   D.操纵性

126.船舶的水线面系数越大,则_____。

A.稳性越好   B.稳性越差

C.快速性越好   D.抗沉性越差

127.船舶由于负载不对称产生侧倾时,对风机驱动的抗横倾系统工作过程理解不正确的是_____。

A.风机启动,空气至相应的边舱中,当船舶平衡时风机停止

B.边舱中的空气层起到气垫作用,水在位移时不会产生动态冲击

C.运转中风机使空气至相应的边舱中,船舶平衡后空气旁通

D.舱室之间的连通阀在运行中始终处于常开状态

128.船舶的每厘米纵倾力矩是指船舶_____。

A.吃水差变化 1 cm 时所需要的纵倾力矩值

B.吃水变化 1 cm 时所需要加减货物的吨数

C.吃水变化 1 cm 时所需要的纵倾力矩值

D.吃水差变化 1 cm 时所需要加减货物的吨数

129.纵倾力矩 $M_L =$ _____。

A.$\Delta \cdot$(船舶重心距船中距离−船舶浮心距船中距离)

B.$\Delta \cdot$(船舶重心距船中距离+船舶浮心距船中距离)

C.$\Delta \cdot$(船舶重心距船中距离×船舶浮心距船中距离)

D.$\Delta \cdot$(船舶浮心距船中距离−船舶重心距船中距离)

130.纵倾力矩 M_{SL} 式中的_____取 1 cm 时,即为每厘米纵倾力矩。

A.船长   B.船舶吃水

C.纵稳性高度   D.船舶吃水差

131.船舶的每厘米纵倾力矩与船舶_____有关。

A.纵稳性   B.大倾角稳性

C.动稳性   D.横稳性

132.船体产生中拱变形的原因是_____。

①船体中部所受的浮力大而船体首尾端所受的浮力小;②船体中部所受的浮力小而船体首尾端所受的浮力大;③重力在船体中部小而在船体首尾端大;④重力在船体中部大而在船体首尾端小

A.②③   B.①④

C.①③   D.②④

133.关于船内重物横移使船舶稳性产生的变化的说法中,正确的是_____。

①船向重物移动方向产生了一个固定横倾角;②增大了稳性范围;③静稳性力臂的最大值变小;④动稳性变差

A.①②④   B.①②③

C.①②③④   D.①③④

134.在静稳性曲线图上,_____不是静稳性力臂曲线的几何特性参数。

A.稳性消失角   B.最大复原力臂

C.稳心半径   D.静平衡角

135. 船内重物向下移动时，_____。
   A.初稳性高度减小，稳性变好　　　　B.初稳性高度增大，稳性变好
   C.初稳性高度减小，稳性变差　　　　D.初稳性高度增大，稳性变差

136. 谷物的_____对船舶的稳性影响很大。
   ①吸附性；②下沉性；③吸湿性；④散落性
   A.②③④　　　　　　　　　　　　　　B.①④
   C.①③④　　　　　　　　　　　　　　D.①②

137. _____表征船体的肥瘦程度，是表示船体形状的重要系数，其值的大小对船舶的排水量、舱室容积、快速性、耐波性等均有影响。
   A.水线面系数　　　　　　　　　　　　B.中横剖面系数
   C.方形系数　　　　　　　　　　　　　D.棱形系数

138. 关于船舶空船排水量，下列说法中错误的是_____。
   A.空船排水量等于空船重量
   B.指民用船舶装备齐全，但无载重时的船舶排水量
   C.除了船体和机器设备等的重量之外，空船重量还包括固定压载、备件等
   D.除了船体和机器设备等的重量之外，空船重量还包括船员、粮食、淡水等

139. 通过静稳性曲线原点作曲线的切线，则该切线的斜率等于_____。
   A.静平衡角　　　　　　　　　　　　　B.最大复原力臂
   C.稳心半径　　　　　　　　　　　　　D.初稳性高度

140. 对船体总纵强度最起作用的是_____。
   A.舷侧　　　　　　　　　　　　　　　B.舱壁
   C.甲板和船底　　　　　　　　　　　　D.上层建筑

141. 船舶航行中如果处于艏倾状态，则_____。
   A.艉吃水大于艏吃水　　　　　　　　　B.艉吃水小于艏吃水
   C.左舷吃水大于右舷吃水　　　　　　　D.左舷吃水小于右舷吃水

142. 在船舶的静稳性曲线图上，曲线斜率为零的点对应的船舶横倾角为_____。
   A.甲板浸水角　　　　　　　　　　　　B.静平衡角
   C.极限静倾角　　　　　　　　　　　　D.稳性消失角

143. 为了减少自由液面的影响，可以通过在液舱内_____的办法来减少其面积惯性矩值。
   A.增加液体　　　　　　　　　　　　　B.减少液体
   C.设置若干水密纵舱壁　　　　　　　　D.设置若干水密横舱壁

144. 为了保证船舶的稳性，船舶在回转时必须注意避免_____。
   A.低船速，大舵角回转　　　　　　　　B.高船速，大舵角回转
   C.低船速，小舵角回转　　　　　　　　D.高船速，小舵角回转

145. 保证液体舱在注入或排出液体时，舱内空气能自由地从管中排出或进入舱中的是_____。
   A.通风管　　　　　　　　　　　　　　B.通风机
   C.空气管　　　　　　　　　　　　　　D.水密门

146. 从稳性要求出发，船舶静稳性曲线中反曲点所对应的倾角可作为_____。

A.极限静倾角 　　　　　　　　　B.甲板边缘进水角

C.静倾角 　　　　　　　　　　　D.稳性消失角

147.艏吃水减小 0.6 m,艉吃水增大 0.1 m,则吃水差改变量为_____m。

A.0.7 　　　　　　　　　　　　B.-0.7

C.-0.5 　　　　　　　　　　　　D.0.5

148.某油船船宽 30 m,装油后左倾 1.5°,则左舷吃水增大_____m。（注：tan1.5° = 0.026 1;

cos1.5° = 0.999）

A.0.39 　　　　　　　　　　　B.0.79

C.0.56 　　　　　　　　　　　D.0.23

149.船舶方形系数的说法中,错误的是_____。

A.方形系数大对机舱布置有利

B.方形系数越接近 1 的船舶越肥大

C.军舰的方形系数一般比较小

D.方形系数小、船体丰满,风浪天横摇角增加

150.下列哪种说法是错误的? _____。

A.储备浮力的大小用干舷大小来衡量

B.干舷通常是指船舶的夏季最小干舷

C.满载水线以上的船体空间所提供的浮力都为储备浮力

D.用于计算最小干舷的基准甲板称为干舷甲板

151.外力消除后,船舶具有恢复到原平衡位置的能力为_____。

A.浮性 　　　　　　　　　　　B.抗沉性

C.稳性 　　　　　　　　　　　D.摇摆性

152.船舶在同一个航次中,出港时能满足稳性要求,到港时_____。

A.也能满足稳性要求 　　　　　B.不一定能满足稳性要求

C.肯定不能满足稳性要求 　　　D.稳性变得更好

153.下列关于船舶风压侧倾力矩的说法中,错误的是_____。

A.一般船舶离岸越远,风力越大,风压侧倾力矩越大

B.吃水越大,风压侧倾力矩越大

C.受风面积中心距海平面越高,风压侧倾力矩越大

D.因动态横倾力矩主要是由海上突风引起的横倾力矩,故在稳性规范中称为风压侧倾力矩

154.满足《海船稳性规范》基本标准的条件是_____。

A.$K = M_q/M_f \geq 1$ 　　　　　　B.$K = M_q/M_f = 1$

C.$K = M_q/M_f \leq 1$ 　　　　　　D.$K = M_f/M_q \geq 1$

155.在船的_____,弯曲力矩和剪力总是等于零。

A.主甲板 　　　　　　　　　　B.船底板

C.船中 　　　　　　　　　　　D.首尾两端

156.双层底舱、边舱、顶边舱与深舱等作为压载水舱,艏尖舱、艉尖舱对调整船舶的_____最有

效,边舱对调整船舶的_____最有效,而深舱对调整船舶的_____较有效。

A.横倾;纵倾;稳心高度   B.纵倾;稳心高度;横倾

C.纵倾;横倾;稳心高度   D.稳心高度;横倾;纵倾

157.双层底舱、边舱、顶边舱与深舱等作为压载水舱，_____对调整船舶的纵倾最有效，_____对调整船舶的横向平衡最有效，而调节_____压载水量可有效地调整船舶的稳心高度。

A.艏尖舱、艉尖舱;深舱;边舱   B.边舱;艏尖舱、艉尖舱;深舱

C.艏尖舱、艉尖舱;边舱;深舱   D.深舱;边舱;艏尖舱、艉尖舱

158.下列说法正确的是_____。

A.甲板是船体最上面一层,是纵向连续的,自船首至船尾是全通的

B.平台是沿着船长方向连续的甲板

C.上甲板就是露天甲板

D.上甲板之下的甲板统称为下甲板

159.下列说法正确的是_____。

A.船中附近船体的裂纹通常是由弯曲应力作用引起的

B.船中附近船体的裂纹通常是由总纵弯曲力矩作用引起的

C.船中附近船体裂纹通常是由剪力引起的

D.船中附近船体裂纹通常是由扭转强度不足引起的

160.储备浮力的大小常以_____。

A.满载排水量的百分数表示   B.空船排水量的百分数表示

C.空载排水量的百分数表示   D.排水体积的百分数表示

161.关于船舶稳性,下列说法错误的是_____。

A.船舶横摇时,重力和浮力都垂直于水线面

B.船舶横摇时,重力和浮力大小相等

C.船舶横摇时,重力和浮力在同一条垂直于水线面的直线上

D.船舶纵稳性通常都是足够的

162.在船舶静稳性曲线图上,外力矩和复原力矩相等时对应的横倾角是_____。

A.静倾角   B.动倾角

C.极限动倾角   D.极限静倾角

163.船舶平均吃水是指_____。

A.艏艉吃水平均值   B.艏艉吃水之差

C.艏艉吃水之和   D.艏艉吃水之比

164.衡量船舶载运能力时,表示船舶重量方面的量度有_____。

A.总吨位、净吨位   B.载重量、总吨位

C.排水量、总吨位   D.排水量、载重量

165.衡量船舶载运能力时,表示船舶重量方面的量度有_____。

①排水量;②载重量;③总吨位;④净吨位

A.①②③   B.②③④

C.①②   D.①②③④

166._____是船舶的浮态为纵倾时独有的。
A.船舶中前部分和中后部分的重量相等
B.船舶中前部分和中后部分所受的浮力不相等
C.船舶的重心和浮心到船中的距离不相等
D.重心和浮心没有重合

167.下列说法中,能判断船舶处于纵倾的是_____。
A.船舶中前部分和中后部分的重量相等
B.船舶的重心和浮心到船中的距离不相等
C.船舶中前部分和中后部分所受的浮力不相等
D.重心和浮心没有重合

168.若将少量载荷装卸在船舶的_____的垂线上,船舶将会发生平行沉浮。
A.重心　　　　　　　　　　　　B.浮心
C.稳心　　　　　　　　　　　　D.漂心

169.船舶小角度横摇时,_____。
A.浮心不变　　　　　　　　　　B.重心不变
C.稳心不变　　　　　　　　　　D.排水量改变

170.假定稳心距龙骨的高度(KM)不变,少量卸货时货物的重心低于船舶的重心,则卸货后船舶的初稳性高度值将_____。
A.减小　　　　　　　　　　　　B.不变
C.增大　　　　　　　　　　　　D.变化趋势不定

171.少量卸货时,忽略稳心距龙骨的高度(KM)变化,则当货物的重心高于船舶的重心时,卸货后船舶的初稳性高度值将_____。
A.减小　　　　　　　　　　　　B.不变
C.增大　　　　　　　　　　　　D.变化趋势不定

172.船舶双层底舱破损浸水,属于下列_____形式的破损浸水。
A.舱室顶部是水密的且位于水线以下,船体破损后整个舱室充满水
B.舱室的顶部在水线以下,舱内水与舷外水不相通,水未充满整个舱室
C.舱室的顶部在水线以上,舱内水与舷外水不相通,水未充满整个舱室
D.舱室的顶部在水线以上,舱内水与舷外水相通

173.船舶甲板开口漏水引起舱内浸水,属于下列_____形式的破损浸水。
A.舱室顶部是水密的且位于水线以下,船体破损后整个舱室充满水
B.舱室的顶部在水线以下,舱内水与舷外水不相通,水未充满整个舱室
C.舱室的顶部在水线以上,舱内水与舷外水不相通,水未充满整个舱室
D.舱室的顶部在水线以上,舱内水与舷外水相通

174.自由液面的存在使船舶的初稳性高度_____。
A.增大　　　　　　　　　　　　B.减小
C.不变　　　　　　　　　　　　D.不能确定

175.下列哪种情况可以增大船舶的初稳性高度?_____。

A.使船内重物垂直向下移动　　　　　　B.使船内重物垂直向上移动

C.使船内重物水平纵向移动　　　　　　D.使船内重物水平横向移动

176.船上货物垂直移动时,_____将会发生变化。

A.船舶浮心　　　　　　　　　　　　　B.船舶稳心

C.船舶漂心　　　　　　　　　　　　　D.船舶重心

177.当船舶_____时,吃水差为正。

A.重心在浮心之后　　　　　　　　　　B.重心在垂心之前

C.重心在浮心之前　　　　　　　　　　D.重心在垂心之后

178.当船舶处于纵倾稳定状态时,复原力矩值始终是_____。

①正值;②负值;③零值

A.①　　　　　　　　　　　　　　　　B.②

C.③　　　　　　　　　　　　　　　　D.①②③

179.要保证船舶在航行中能够漂浮于水面上,必须满足_____。

A.船舶的重量大于排水量　　　　　　　B.船舶的重量小于排水量

C.船舶的重量等于排水量　　　　　　　D.船舶的重心高于浮心

180.船舶稳心半径与船舶宽度_____,船舶稳心半径与船舶吃水成_____。

A.成正比;反比　　　　　　　　　　　B.成反比;正比

C.的平方成正比;反比　　　　　　　　D.的平方成反比;正比

181.船内重物分布不同将会影响_____。

A.稳性　　　　　　　　　　　　　　　B.强度

C.机动性　　　　　　　　　　　　　　D.快速性

182.静横倾角一般按_____相等的条件求得。

A.动态力矩和复原力矩在同一横倾过程中所做的功

B.复原力矩和横倾力矩在同一横倾过程中所做的功

C.动态力矩和复原力矩

D.复原力矩和横倾力矩

183.自由液面影响的大小与_____有关。

①舱内液体的密度;②自由液面的面积惯性矩;③舱内液体的体积;④排水量

A.①③④　　　　　　　　　　　　　　B.①②③

C.①②④　　　　　　　　　　　　　　D.②③④

184.为了减少自由液面对船舶稳性的影响,建造船舶常用的措施是_____。

A.将矩形液舱用横向水密舱壁分隔成几个部分

B.将矩形液舱用纵向水密舱壁分隔成几个部分

C.增大液舱容量

D.增大液舱表面积

185.将不同的船舶相比较,抗沉性好的船_____。

A.排水量大　　　　　　　　　　　　　B.排水量小

C.储备浮力小　　　　　　　　　　　　D.储备浮力大

轮机专业

186.船舶初稳性指的是_____。
A.船舶在开始倾斜时的稳性
B.船舶在小角度倾斜时的稳性
C.船舶在平衡状态时的稳性
D.船舶在空载状态时的稳性

187.在船体结构上,为减少自由液面对横稳性的影响,常采用的方法是_____。
A.加设纵向舱壁
B.增加干隔舱
C.将液舱布置在船体最低处
D.减小液舱舱容

188.如果将船舶舱内货物由底舱移到甲板,则_____。
A.初稳性高度值减小
B.初稳性高度值增大
C.初稳性高度值不变
D.初稳性高度值变化趋势不定

189.对船舶稳性不利的措施是_____。
①把底舱的重货移到二层柜;②平均使用各燃油舱;③把双层底压载舱排空;④把未装满的散装谷物货舱的货物上压包
A.①②③
B.①④
C.②③④
D.①②③④

190.船舶在航行中调整吃水差时,下列说法正确的是_____。
①主要利用注、排压载水来调整吃水差;②排出压载水时由于受压载舱所在位置的限制,可能未达到调整吃水差的目的;③注入压载水时须考虑船舶是否还有富余载重能力;④制定吃水差调整方案时必须兼顾纵向强度的要求
A.①②③④
B.①②③
C.②③④
D.①③④

191._____是船体水线下型排水体积与由对应的水线长 L、中横剖面处的水线面宽 B 和型吃水 d 构成的长方体体积之比。
A.水线面系数
B.方形系数
C.垂向棱形系数
D.棱形系数

192.船舶静浮于水面上时,作用于船长方向各区段上的重力总是_____。
A.大于浮力
B.小于浮力
C.等于浮力
D.与浮力的大小不一定相等

193.衡量船舶静态稳性好坏的标志是_____。
A.船舶具有的复原力矩的大小
B.复原力矩做功的大小
C.倾覆力矩的大小
D.船舶储备浮力的大小

194.船舶进出港及航行中,初稳性高度会有_____。
A.1 个
B.2 个
C.3 个
D.许多个

195.当船舶_____过小时,会使船舶在较小横倾力矩作用下,产生较大横倾角。
A.稳性
B.重心高度
C.浮性
D.浮心高度

196.对于具体船舶,其进水角随船舶吃水的增大而_____。
A.增大
B.不变

C.变化趋势不定 D.减小

197.受自由液面影响的稳性主要是_____。

A.纵稳性 B.横稳性

C.动稳性 D.静稳性

198.在船长相同的情况下,回转半径越大,表示船舶的_____。

A.回转性能越差 B.倒退性越好

C.航向稳定性越差 D.转艏性越好

199.当舵角超过最大舵角时,若船长、舵叶面积、船速一定,则转船力矩随舵角的增大_____。

A.而增大 B.而减小

C.不变 D.不一定

200.艏尖舱、艉尖舱通常用来装载_____,有利于船舶调整_____。

A.饮用淡水;纵倾 B.炉水;横倾

C.压载水;纵倾 D.压载水;吃水

201.未装满液体舱柜的自由液面减小了_____高度。

A.重心 B.稳性

C.浮心 D.初稳性

202.为减少自由液面对船舶稳性的影响,下列_____措施比较恰当。

A.平均使用各舱油、水 B.封堵甲板排水孔

C.逐个使用各舱油、水 D.空货舱压载时不要装满水

203.船舶处于艏倾状态时,_____。

A.艉吃水大于艏吃水 B.艉吃水小于艏吃水

C.左舷吃水大于右舷吃水 D.左舷吃水小于右舷吃水

204.船舶在布置条件满足的情况下均取较大的_____。

A.方形系数 B.垂向棱形系数

C.棱形系数 D.中横剖面系数

205.船舶航行于海水、淡水之间,船舶的_____必然发生改变。

A.重量 B.载重量

C.排水量 D.吃水

206.船舶在排水量一定的条件下,稳性力矩的大小取决于船舶_____到倾斜后浮力作用线的垂直距离。

A.垂心 B.中心

C.重心 D.浮心

207.营运船舶重力的大小与沿船长的分布,主要取决于船舶的_____状态。

A.航行 B.装载

C.受浪 D.受风

208.堵漏木塞在船上可以用来堵漏_____。

A.大型破洞 B.小型破洞

C.长缝形破洞 D.中型破洞

209.满载排水量是船舶的_____等计算的主要依据。

①性能;②结构;③速度;④载重能力

A.①③④　　　　　　　　　　B.①②④

C.②③④　　　　　　　　　　D.①②③

210.第三类形式船体破损进水(舱室的顶部在水线以上,舱内水与舷外水相通)计算比较麻烦,一般通过_____计算。

A.装载固体重量　　　　　　　B.装载液体重量

C.逐次近似　　　　　　　　　D.装载固体或液体重量

211.船舶平行沉浮的条件是装卸重物 P 的重心 g 必须位于原水线面的_____之垂线上。

A.漂心　　　　　　　　　　　B.稳心

C.浮心　　　　　　　　　　　D.圆心

212.船舶处于横倾加纵倾时,船舶具有的特点是_____。

A.重心和浮心同时在中纵剖面内

B.重心和浮心同时不在中纵剖面内

C.重心和浮心同时在中横剖面内

D.重心和浮心既不同时位于中纵剖面内,也不同时位于中横剖面内

213.下列有关复原力臂 GZ 的说法中,正确的是_____。

A.GZ 是指船舶重心至倾斜后浮力作用线的垂直距离

B.GZ 是指船舶重心到船舶漂心的距离

C.GZ 是指倾斜前后浮心间的距离

D.GZ 是指倾斜前船舶重心到船舶浮心的距离

214.有关船舶动稳性力臂的说法,正确的是_____。

A.动稳性力臂在数值上等于最小倾覆力臂值

B.动稳性力臂在数值上等于最大复原力臂值

C.动稳性力臂在数值上等于外力臂所做的功

D.动稳性力臂在数值上等于复原力矩所做的功与排水量之比

215.悬挂物对稳性的影响相当于重物_____。

A.下移　　　　　　　　　　　B.上移

C.纵移　　　　　　　　　　　D.横移

216.船舶在营运过程中,当液体舱柜的装载量达到整个舱容的_____%以上时,可以不考虑自由液面的影响。

A.95　　　　　　　　　　　　B.90

C.85　　　　　　　　　　　　D.80

217.当海水吸入阀发生进水时,必要时须调整船的_____,以改变存水的位置。

A.航速　　　　　　　　　　　B.纵倾

C.横倾　　　　　　　　　　　D.纵倾或横倾

218.舱内谷物的移动使船舶出现横倾角,将导致_____。

A.重心降低,稳性变好　　　　B.重心降低,稳性变差

C.重心升高,稳性变好   D.重心升高,稳性变差

参考答案

第一节　船舶尺度和船型

1.B	2.B	3.D	4.D	5.C	6.A	7.D	8.A	9.D	10.A
11.A	12.D	13.B	14.C	15.C	16.A	17.D	18.C	19.C	20.D
21.B	22.A	23.C	24.D	25.D	26.D	27.C	28.D	29.A	30.D
31.D	32.C	33.C	34.B	35.D	36.B	37.C	38.C	39.D	40.C
41.D	42.B	43.A	44.B						

第二节　船舶强度

1.D	2.D	3.C	4.B	5.B	6.D	7.B	8.B	9.A	10.D
11.D	12.D	13.C	14.A	15.A	16.B	17.B	18.B	19.D	20.C
21.C	22.B	23.C	24.A	25.C	26.D	27.C	28.B	29.A	30.D
31.D	32.D	33.D	34.A	35.D	36.D	37.D	38.C	39.D	40.B
41.B	42.B								

第三节　船体结构

1.C	2.C	3.C	4.C	5.D	6.C	7.C	8.C	9.C	10.B
11.C	12.D	13.A	14.B	15.D	16.C	17.C	18.D	19.C	20.B
21.C	22.C	23.D	24.C	25.A	26.B	27.B	28.D	29.B	30.B
31.D	32.A	33.C	34.C	35.D	36.B	37.D	38.B	39.D	40.B
41.B	42.C	43.C	44.D	45.D	46.B	47.D	48.A	49.A	50.A
51.D	52.B	53.C	54.A	55.B	56.D	57.C	58.C	59.A	60.D
61.D	62.C	63.B	64.C	65.B	66.C	67.B	68.B	69.A	70.D
71.B	72.D	73.A	74.B	75.D	76.D	77.C	78.C	79.A	80.A
81.C	82.D	83.C	84.B	85.C	86.C	87.D	88.A	89.C	90.B
91.C	92.D	93.B	94.D	95.D	96.C	97.D	98.A	99.A	100.A
101.B	102.B	103.D	104.A	105.A	106.C	107.B	108.A	109.C	110.D
111.C	112.C	113.C	114.D	115.B	116.C	117.C	118.C	119.D	120.B
121.C	122.D	123.C	124.A	125.D	126.C	127.D	128.B	129.D	130.B
131.A									

第四节 船舶稳性控制

1.B	2.D	3.B	4.C	5.C	6.D	7.A	8.B	9.A	10.D
11.C	12.A	13.B	14.A	15.D	16.A	17.D	18.C	19.B	20.A
21.C	22.D	23.B	24.D	25.C	26.C	27.D	28.B	29.D	30.A
31.B	32.B	33.D	34.C	35.B	36.D	37.A	38.C	39.A	40.A
41.C	42.C	43.A	44.D	45.C	46.B	47.B	48.C	49.C	50.B
51.A	52.D	53.B	54.B	55.D	56.D	57.D	58.C	59.D	60.B
61.D	62.D	63.C	64.B	65.C	66.A	67.C	68.D	69.B	70.A
71.D	72.D	73.A	74.D	75.D	76.A	77.A	78.D	79.C	80.D
81.B	82.A	83.A	84.A	85.B	86.A	87.D	88.D	89.A	90.D
91.D	92.D	93.A	94.C	95.A	96.C	97.C	98.D	99.D	100.B
101.A	102.B	103.C	104.A	105.B	106.C	107.D	108.A	109.A	110.D
111.D	112.B	113.D	114.A	115.A	116.D	117.C	118.C	119.A	120.C
121.C	122.D	123.B	124.D	125.D	126.A	127.A	128.A	129.A	130.A
131.A	132.C	133.D	134.C	135.B	136.A	137.C	138.D	139.D	140.C
141.B	142.C	143.C	144.B	145.C	146.B	147.B	148.A	149.D	150.C
151.C	152.B	153.B	154.C	155.D	156.C	157.C	158.D	159.B	160.A
161.C	162.A	163.A	164.D	165.C	166.C	167.C	168.D	169.C	170.A
171.C	172.A	173.C	174.B	175.A	176.D	177.C	178.A	179.C	180.C
181.A	182.D	183.C	184.B	185.D	186.B	187.A	188.A	189.A	190.A
191.B	192.D	193.A	194.D	195.A	196.D	197.B	198.A	199.B	200.C
201.D	202.A	203.B	204.D	205.D	206.C	207.B	208.B	209.B	210.C
211.C	212.D	213.A	214.D	215.B	216.A	217.D	218.D		

第二章

公约与法规

第一节　国际海上人命安全公约

1.世界海事法规生效方式多采用_____方式。

　　A.书面接受　　　　　　　　　　　　B.默认接受

　　C.少数服从多数　　　　　　　　　　D.命令

2.关于1948年通过的第三个SOLAS公约,下列说法正确的是_____。

　　A.该公约是现行的公约

　　B.实践证明,该公约规范了船舶建造技术,提高了海上交通安全水平

　　C.该公约对船舶构造、救生、消防、无线电设备、航行安全、谷物装运、危险货物装运和核能安全等做了更加详细的规定,许多原来适用于客船的规定也被扩大到货船

　　D.将稳性标准、必要的应急设备维护、防火结构等要求引入公约要求,增加了谷物装运和危险货物装运及核能船舶的章节,同时规定500总吨及以上的货船需要持有国际设备安全证书

3.《商船海员安全工作守则》的主要内容包括_____等。

　　①安全责任/船只管理;②个人健康与安全;③工作;④特定类型船只

　　A.①②③④　　　　　　　　　　　　B.②③④

　　C.①②③　　　　　　　　　　　　　D.①③④

4.国际标准化组织亦称_____。

　　A.ISM　　　　　　　　　　　　　　B.NSM

　　C.ISO　　　　　　　　　　　　　　D.ILO

5.在涉及海上人命安全的所有国际公约中,_____是最重要,也是最古老的公约之一。

　　A.海员培训、发证和值班标准国际公约

　　B.海事劳工公约

　　C.国际海上人命安全公约

　　D.国际防止船舶造成污染公约

6.根据1974年SOLAS公约第Ⅲ章救生设备与装置中的相关规定,在船舷救生艇及降落操纵器上或附近应张贴设备的须知要求,下列关于对须知的要求说法错误的是_____。

　　A.须知应说明此操纵器的工作原理和结构组成

B.须知应说明此操纵器的操作注意事项

C.须知应说明此操纵器的操作程序

D.须知应能在船舶应急照明情况下看清

7.根据1974年SOLAS公约第Ⅲ章救生设备与装置中的相关规定,下列关于船舶救生设备周检的要求说法错误的是_____。

A.检查救生艇齿轮箱和齿轮箱传动系统是否运行正常

B.非自由降落的救生艇在不载人的情况下从其存放位置做必要的移动

C.只要环境温度在发动机启动和运转所要求的最低温度以上,所有救生艇和救助艇的发动机均应进行运转试验

D.根据船舶救生设备检查表检查救生设备

8.危险货物是指_____中所述的物质、材料和物品。

A.IBC 规则 B.IMDG 规则

C.IGC 规则 D.FSS 规则

9.1974年SOLAS公约规定,每次弃船演习的内容应包括_____。

①救生艇每3个月降落入水;②自由降落式每6个月降落入水,特殊情况下可延长至12个月;③短途国际航行,每3个月下降/每年降落入水一次;④救助艇每月,最多每3个月降落入水一次;⑤在遮蔽水域;⑥集合和弃船应急照明测试;⑦救生筏每12个月抛投入水

A.①②③⑦ B.①②③④⑤⑥

C.①②③④ D.①②③⑤⑥⑦

10.根据1974年SOLAS公约第Ⅱ-2章与FSS规则的规定,所有船舶上应急逃生用呼吸装置(EEBD)的数目和位置应在_____。

A.消防控制图上标出 B.船舶公共场所张贴

C.驾驶台和机舱张贴 D.每层甲板张贴

11.1974年SOLAS公约第Ⅱ-2章与FSS规则的消防安全目标是_____。

①预防火灾和爆炸的发生;②减少火灾造成的生命危险;③减少火灾对船舶、货物和环境破坏的危险;④将火灾和爆炸抑制、控制和扑灭在火灾起源处所;⑤为乘客和船员提供充分和易到达的脱险通道;⑥救生艇在静水中航速至少为6 kn

A.①②③④ B.①②③④⑤

C.①②③④⑤⑥ D.①②③

12.1974年SOLAS公约第Ⅱ章救生设备与装置的 B 部分,关于船舶和救生设备的要求包含_____。

①客船与货船;②客船附加要求;③货船附加要求;④救生设备和装置的要求;⑤其他事项

A.①③ B.②④⑤

C.①②③④⑤ D.①②③④

13.按照1974年SOLAS公约的要求,船舶应在哪些处所张贴操舵装置的遥控系统和动力装置转换程序的操作说明和方框图?_____。

①驾驶室;②机舱;③舵机室;④引航员房间;⑤船长房间和轮机长房间

A.①②③⑤ B.②③④

C.②③④⑤　　　　　　　　　　　　D.①③

14.按照 1974 年 SOLAS 公约的要求,船上每 3 个月需进行一次应急操舵演习,演习应包括的内容有_____。

①在操舵室内的直接控制;②在驾驶室控制舵机的远操控制;③操舵装置室与驾驶室的通信程序;④转换动力供应的操作

A.①②③④　　　　　　　　　　　　B.①②③

C.①②④　　　　　　　　　　　　　D.①③④

15.下列关于 1974 年 SOLAS 公约中"应急培训与演习"的说法,错误的是_____。

A.每艘救生艇应在弃船演习中每 3 个月至少有一次搭载被指派的操艇船员降落下水,并在水上进行操纵

B.对于从事短程国际航行的船舶,所有这些救生艇应至少每 3 个月下降一次并每年至少降落下水一次

C.救生艇自由降落下水,在弃船演习中每 3 个月至少有一次船员应登上救生艇,在其座位上正确系固并开始降落下水程序直至但不包括实际释放救生艇(即释放钩不应松开)

D.自由降落式救生艇应按不超过 3 个月的间隔期,仅搭载操艇船员自由降落下水,或按 IMO 制定的指南进行模拟降落下水

16.1974 年 SOLAS 公约规定,每_____个月进行一次应急操舵演习。

A.4　　　　　　　　　　　　　　　B.3

C.2　　　　　　　　　　　　　　　D.1

17.1974 年 SOLAS 公约第Ⅱ-2 章与 FSS 规则规定,消防操作性要求包括_____。

①船上培训、演习;②操作要求;③操作设备的状态和维护须知

A.①②　　　　　　　　　　　　　　B.③

C.②③　　　　　　　　　　　　　　D.①②③

18.1974 年 SOLAS 公约(《国际消防安全系统规则》)规定,驱动应急消防泵的柴油机的任何启动方式应能够在 30 min 内至少使柴油驱动的动力源启动 6 次,并在前_____内至少启动_____。

A.10 min;2 次　　　　　　　　　　B.15 min;2 次

C.10 min;1 次　　　　　　　　　　D.15 min;1 次

19.1974 年 SOLAS 公约(《国际消防安全系统规则》)规定,驱动应急消防泵的柴油机的任何启动方式应能够在_____内至少使柴油驱动的动力源启动_____,并在前 10 min 内至少启动两次。

A.15 min;6 次　　　　　　　　　　B.15 min;3 次

C.30 min;6 次　　　　　　　　　　D.30 min;3 次

20.1974 年 SOLAS 公约(《国际消防安全系统规则》)规定,驱动应急消防泵的柴油机燃油供应柜所装盛的燃油,应能使泵在安全状态下至少运行_____h;同时在机器处所外应储备足够的燃油,能使该泵在全负荷下再运行_____h。

A.6;18　　　　　　　　　　　　　　B.3;18

C.3;24　　　　　　　　　　　　　　D.3;15

21.1974 年 SOLAS 公约(《国际消防安全系统规则》)规定,驱动应急消防泵的柴油机的燃油供应柜及储备燃油,至少可以保证应急消防泵全负荷运转_____h。

A.3　　　　　　　　　　　　　　B.15

C.18　　　　　　　　　　　　　　D.24

22.不符合 1974 年 SOLAS 公约对每艘船舶应配备符合要求操舵装置规定的是_____。

A.驾驶室与舵机室之间应设有通信设施

B.有两台或两台以上相同动力的主操舵装置,可不设辅助操舵设置

C.配有主操舵装置和辅助操舵装置

D.在驾驶室和舵机室内应布置结构安装图

23.为了加强海上安全,1974 年 SOLAS 公约采取港口国监督(PSC)这一特别措施,其目的是_____。

A.要求主管机关选择符合标准的授权组织

B.强化对散货船和油船的检查

C.对每一船舶提供船舶识别号作为永久性标识

D.保证船舶出海时,不会严重危及海上人命财产安全和海洋环境

24.按 1974 年 SOLAS 公约的规定,货船和载客不超过 36 人的国际航行客船,在机器处所内,在每一机舱、轴隧和锅炉舱应设有_____脱险通道。

A.1 个　　　　　　　　　　　　　B.3 个

C.4 个　　　　　　　　　　　　　D.2 个

25.1974 年 SOLAS 公约附则第Ⅲ章《国际救生设备规则》规定,救生艇机燃料储备的要求是:应具备适用船舶营运航运区预期温度范围内足够的燃料以供满载救生艇以 6 kn 的航速运转不少于_____,发动机还应能在救生艇离水冷态下运转不少于_____。

A.12 h;5 min　　　　　　　　　　B.24 h;3 min

C.24 h;10 min　　　　　　　　　　D.24 h;5 min

26.1974 年 SOLAS 公约对船舶操舵装置规定,在驾驶室和舵机室内应布置永久显示操舵装置的_____。

A.机旁操作程序

B.遥控系统和动力供应转换程序的操作说明及方框图

C.结构安装图

D.管路系统原理图

27.按 1974 年 SOLAS 公约附则第Ⅲ章对救生设备的规定,每一艘救生艇均应以连续可用状态存放,以便_____名船员可在_____内做好登乘和降放准备。

A.2;5 min　　　　　　　　　　　B.3;3 min

C.3;8 min　　　　　　　　　　　D.2;10 min

28.1974 年 SOLAS 公约第Ⅱ-2 节的消防安全目标有_____。

①防止火灾和爆炸的发生;②减少火灾造成的生命危险;③减少火灾对船舶、船上货物和环境的破坏危险;④将火灾和爆炸抑制、控制和扑灭在火源舱室内;⑤为乘客和船员提供充分和随时可用的脱险通道

A.③④   B.①③④⑤

C.①②③   D.①②③④⑤

29.1974 年 SOLAS 公约修正案和《国际船舶和港口设施保安规则》（ISPS 规则）的目的是_____。

A.针对采用准军事手段对军事目标进行袭击的行为制定文件

B.制止以纯粹获取财物等经济利益为目标的传统海盗行为

C.确保船舶和港口及货物的安全

D.建立一个加强海上运输安全、防止和抵制恐怖主义行为的综合性海上保安体系的规章和文件

30.有关消防设备、消防布置的技术标准已从 1974 年 SOLAS 公约中分离出来,形成了一个附属于附则的但独立的_____,它的法律地位是_____。

A.《救生设备规则》;强制性的

B.《国际消防安全系统规则》;强制性的

C.《国际消防安全系统规则》;建议和指导,非强制性的

D.《救生设备规则》;建议和指导,非强制性的

31.根据 1974 年 SOLAS 公约第Ⅱ-2 章与 FSS 规则的要求,通过对船上人员进行培训和演习以便在紧急情况下_____来减轻火灾的影响。

①能照顾乘客撤离;②能按正确程序操作;③能正确报警

A.①②③   B.②③

C.③   D.②

32.1974 年 SOLAS 公约规定,船舶识别号应永久性标记在_____。

A.船头最深核定载重线以上 B.上层建筑背面的可见位置

C.上层建筑左舷或右舷的可见位置 D.任何位置

33.SOLAS 74/78 公约第Ⅱ-2 章构造——防火、探火和灭火,主要内容包括_____。

①适用范围、消防安全目标和功能要求、名词定义,火灾和爆炸的防止,火灾的抑制,脱险,操作性要求;②防火、探火、灭火系统与设备的安装要求,以及对客船、货船、液货船在构造方面的防火措施和设备方面的灭火措施;③分舱与稳性

A.①②③   B.②③

C.①③   D.①②

34.属于 1974 年 SOLAS 公约规定的船上培训项目的是_____。

①应急操舵演习;②使用救生设备的培训;③使用消防设备的培训;④消防救生演习;⑤密闭舱室演习

A.①③④⑤   B.①②③④⑤

C.②③④⑤   D.①④⑤

35.下列关于国际海事条约在我国适用,表述错误的是_____。

A.目前我国对国际海事条约采用转化与纳入并用的适用方式

B.转化只是国际海事条约在我国适用的辅助方式,纳入即直接适用才是国际海事条约的主要适用方式,这不仅是相关的立法和司法精神的体现,也是由海事条约自身的特性所决定的

C.与海洋环境保护相关的国际条约应不区分国内或涉外关系、缔约国或非缔约国而统一适用

D.与海上交通安全有关的国际海事条约也适用于国内或涉外关系处理

36.按照规定,海上交通事故报告书的内容应包括_____。

①船舶代理的名称及主要船员名单;②船舶概况及主要数据;③事故发生的时间、地点、气象和海况;④碰撞事故的相对运动示意图

A.①②③ B.②③

C.①②③④ D.②③④

37.海上交通事故报告书的内容应包括_____。

①船舶所有人或经营人的名称、地址;②船舶概况及主要数据;③索赔要求的意见;④事故发生的详细经过

A.①②③④ B.①③④

C.①④ D.①②④

38.根据《海上交通事故调查处理条例》的规定,下列叙述哪些是正确的? _____。

①船舶的海上交通事故报告书在特殊情况下可以适当延迟递交;②海事局在进行事故调查时可以通知有关机关和社会组织参加;③当事船舶在任何情况下,未经海事局同意,均不得离开事故现场;④船舶发生火灾、爆炸等事故,船长必须申请公安消防监督机关鉴定

A.②③④ B.①②

C.①②④ D.①②③④

39.1974 年 SOLAS 公约规定,凡属自动启动的应急发电机组,除能证明人工启动有效外,还应设有在_____ min 内再启动_____次的第二能源。

A.10;2 B.30;6

C.10;3 D.30;3

40.弃船信号的发出是指船舶在海上出现紧急情况,驾驶台连续向机舱发出_____信号,通知机舱人员迅速撤离。

A.停车 B.备车

C.完车 D.倒车

41.下列关于 1974 年 SOLAS 公约第Ⅶ章有关危险品运输的说法,错误的是_____。

A.本章包括了包装形式,散装固体形式,散装化学液体和液化气体危险货物的分类、包装、标志和积载的条款

B.其内容分为 A、A-1、B、C、D 五个部分:A 部分是关于包装危险货物的装运;A-1 部分是固体散装危险货物运输

C.B 部分是散装运输危险液体化学品船舶的构造和设备;C 部分是散装运输液化气体船舶的构造和设备

D.D 部分是船舶运输散装辐射性核燃料、钚和强放射性废料的特殊要求

42.STCW 公约马尼拉修正案第Ⅰ章"总则"的主要修正内容包括_____。

①新增适任证书等新定义,明确证书分为 3 层;②新增证书的签发和登记条款,对海上服务资历的认可、培训课程的确认、登记的电子查询、证书注册数据库的开发者都做了明确的规定;③明确了海员健康标准及健康证书的签发要求;④增加了独立评价报告内容的要求,对最初

资料交流（履约报告）、后续报告（独立评价报告）及有资格人员的小组等做了明确规定；⑤增加了公司的责任；⑥关于值班人员休息时间的规定

A.①②④⑤⑥   B.①②③⑤⑥

C.①②③④⑤   D.①②③④

43.安全管理体系由_____等五大要素构成。

①组织机构；②人员责任；③工作程序；④活动过程；⑤人力财力资源；⑥公司安全与环保方针

A.②③④⑤⑥   B.①③④⑤⑥

C.①②③④⑥   D.①②③④⑤

44.IMO 的船舶安全管理途径是通过船旗国实施对_____的管辖。

①船公司；②船员；③船舶；④主管机关

A.①③④   B.①②④

C.①②③   D.②③④

45.船舶滞留指南中,根据 1974 年 SOLAS 公约,_____可导致船舶滞留。

①应急发电机、应急照明、应急蓄电池组和开关不能正常工作；②主、辅操舵装置不能正常工作；③机舱不能清洁、舱底油污水过多；④稳性不足；⑤航行设备没有或不能正常工作

A.①③④⑤   B.①②④⑤

C.①②③⑤   D.①②③④

46.1974 年 SOLAS 公约规定,_____在载足全部乘员与属具后能安全降落水中,当船舶在平静水中以_____航速前进时,能降落水中并被拖带。

A.救生筏；5 kn   B.救生筏；3 kn

C.救生艇；5 kn   D.救生艇；3 kn

47.1974 年 SOLAS 公约缔约国政府应当保持船体检验的完整性和有效性,检验包括_____。

①初次检验；②定期检验；③附加检验；④期间检验

A.①②③   B.①②④

C.①③④   D.①②③④

48.1974 年 SOLAS 公约描述的操舵装置控制系统由_____组成。

①发送器；②接收器；③液压控制泵及其电动机；④电动机控制器；⑤管系和电缆

A.①②③④⑤   B.②③④⑤

C.①③④⑤   D.①②③④

49.1974 年 SOLAS 公约相关要求规定,主推进装置以及船舶推进和安全必需的所有辅机须满足_____。

A.能在船舶正浮时以及静态工况下向任一舷横倾至 15°和动态工况下向任一舷横摇至 22.5°并同时艏或艉纵摇 7.5°时工作

B.能在船舶正浮时以及动态工况下向任一舷横倾至 15°和静态工况下向任一舷横摇至 22.5°并同时艏或艉纵摇 7.5°时工作

C.能在船舶正浮时以及静态工况下向任一舷横倾至 15°和动态工况下向任一舷横摇至 22.5°并同时艏或艉纵摇 15°时工作

D.能在船舶正浮时以及静态工况下向任一舷横倾至 15°和动态工况下向任一舷横摇至 25°并

同时艏或艉纵摇 7.5°时工作

50.下列关于 1974 年 SOLAS 公约中的"正常操作和居住条件"描述全面且准确的是_____。

A.船舶机器、设施、确保推进的设备和辅助装置以及设计要求的舒适居住条件,均处于工作状态并正常发挥效用

B.船舶主推进的设备以及设计要求的舒适居住条件,均处于工作状态并正常发挥效用

C.机器、设施、确保推进的设备和辅助装置、操舵能力、安全航行、消防安全和防止进水、内外通信和信号、脱险通道、应急救生艇绞车以及设计要求的一般简易的居住条件,均处于工作状态并正常发挥效用

D.船舶作为一个整体,其机器、设施、确保推进的设备和辅助装置、操舵能力、安全航行、消防安全和防止进水、内外通信和信号、脱险通道、应急救生艇绞车以及设计要求的舒适居住条件,均处于工作状态并正常发挥效用

51.下列关于 ILO 组织机构,说法正确的是_____。

①ILO 主要有三个部门,负责制定基本政策的国际劳工大会、管理 ILO 的理事会和 ILO 的秘书处(国际劳工局);②国际劳工大会是国际劳工组织的最高权力机构;③理事会是国际劳工组织的执行机构,讨论决定国际劳工组织的政策;④国际劳工局是国际劳工组织的常设秘书处和所有活动的联络处,受理事会的监督并接受局长的领导

A.②　　　　　　　　　　　B.①②

C.①③④　　　　　　　　　D.①②③④

52.1974 年 SOLAS 公约 2000 年 12 月修正案将_____从公约中分离出来,成为独立的强制性规则,即《国际消防安全系统规则》(FSS 规则)。

A.有关消防设备和消防布置的技术标准

B.有关消防设备

C.有关消防布置的技术标准

D.有关消防设备或消防布置的技术标准

53.SOLAS 74/78 公约的主要目的是_____。

A.更好地总结第二次世界大战期间发生事故的教训

B.首次对客船提出了安全要求,其中对船舶构造、分舱、救生及防火和救生设备做出了严格要求,并要求配备无线电设备

C.规定与安全相关的船舶构造、设备及操作的最低标准,由船旗国负责确保悬挂其国旗的船舶达到这一要求,船舶必须持有公约规定的证书,作为该船舶已达到公约标准的证明

D.首次将稳性标准、必要的应急设备维护、防火结构等要求引入公约要求,增加了谷物装运和危险货物装运及核能船舶的章节

54.下列关于弃船时轮机部应急预案,说法不正确的是_____。

A.拉下主要设备的电气开关,关闭水密门窗,关闭各油柜速闭阀

B.离开机舱前应关停所有在运转中的机电设备,停炉放汽

C.轮机长待机舱善后工作完成后,携带轮机日志、副机日志、车钟记录簿及其他重要文件,待全部人员离开机舱后最后撤离机舱

D.应急发电机与应急蓄电池必须关闭

55.关于1974年SOLAS公约中的分舱与稳性、机电设备,下列说法错误的是_____。

　　A.本章共分为A、B、C、D、E五个部分

　　B.A部分是通则(适用范围、定义、船舶结构);B部分是分舱与稳性

　　C.C部分是机器设备;D部分是电气装置

　　D.E部分是24 h无人值班机器处所的附加要求

56.关于SOLAS 74/78公约第Ⅲ章救生设备与装置,下列说法错误的是_____。

　　A.本章规定了对通用救生设备与装置的要求以及专用于客船、货船上的救生设备与装置的要求

　　B.本章分为A、B和C三个部分

　　C.A部分是关于适用范围、免除、定义,救生设备和装置的鉴定、试验与认可以及生产试验的一般性规定

　　D.B部分是关于船舶和救生设备的要求,共有五节

57.下列关于SOLAS 74/78公约第Ⅵ章货物装运,说法错误的是_____。

　　A.本章内容涉及因对船舶或船上人员的特别危害而需采取特别预防措施的货物的装运(包括散装液体、散装气体货物)

　　B.本章分为A、B和C三个部分

　　C.A部分是一般规定,包括适用范围、货物资料、氧气分析和气体探测设备、船上使用杀虫剂、堆装和系固

　　D.B部分是谷物以外的散装货物的特别规定;C部分是谷物装运的要求

58.1974年SOLAS公约第Ⅵ章"谷物"一词包括_____。

　　A.小麦、玉米、燕麦、稞麦、大麦、大米、豆类、种子,不包括由其加工而成并在自然状态下具有类似特征的制品

　　B.仅是小麦、玉米、燕麦、稞麦、大麦、大米、豆类

　　C.各种植物种子

　　D.小麦、玉米、燕麦、稞麦、大麦、大米、豆类、种子,以及由其加工而成并在自然状态下具有类似特征的制品

59.IMO文件在法律地位上属于非条约文件,具有_____特点。

　　①建议性的,非强制的,没有法律约束力;②文件可以被全部否认,也可以被部分引用;③文件的效力并非一成不变,有一些规则在初始阶段是以非条约文件的性质通过的,后通过公约修正案成为强制性规则;④文件具有强制性,一经生效,即对缔约国产生法律效力

　　A.①②③④　　　　　　　　　　　B.②③④

　　C.①②③　　　　　　　　　　　　D.④

60.国际公约一般通过_____形式来完善和修订。

　　A.规则(Codes)以及决议(Resolutions),通函(Circulars)和建议案(Recommendations)

　　B.议定书(Protocols)和修正案(Amendments)

　　C.规则(Codes)和通函(Circulars)

　　D.通函(Circulars)和建议案(Recommendations)

61.IMO文件按用途通常可分为_____。

A.公约、议定书、规则和通函

B.条约性文件和非条约性文件

C.海上安全类、海洋环境保护类、责任与赔偿类和其他类

D.海上安全类和海洋环境保护类

62.下列关于1974年SOLAS公约的说法,错误的是_____。

A.其宗旨是保障船舶、海上人命安全

B.公约的主要目的是规定与安全密切相关的船舶构造、设备及其操作的最高安全标准,由悬挂各缔约国的船旗国强制执行

C.公约中对于船舶结构、稳性、设备、消防、救生、无线电、航行安全、货物运输等方面有着详细而明确的规定

D.其是涉及船舶海上安全的最为重要的一部国际公约

63.SOLAS 73/78公约第Ⅱ-1章构造——结构、分舱与稳性、机电设备的主要内容包括_____。

①规定了客船分舱的水密程度应能保证船舶在假定船壳破损的情况下保持正浮和稳性的要求;②规定了客船水密完整性和污水泵系统布置的要求以及客船和货船的稳性要求;③分舱等级;④机器和电气装置

A.①②③④   B.①②③

C.①②④   D.②③④

64.属于STCW公约要求的培训是_____。

①见习三管轮换证培训;②见习大管轮换证培训;③消防设备和救生设备的使用培训;④提职三管轮的见习培训

A.①②③④   B.③④

C.①③④   D.①②

65.1974年SOLAS公约附则第Ⅲ章及SOLAS规则2004年修正案放宽了对救生艇载员试验的要求,规定在弃船演习中,降落救生艇时_____,但应至少_____进行一次降落下水,并进行水上演习。

A.可以只搭载2名操作人员;每3个月

B.可以不搭载操作人员;每3个月

C.可以只搭载2名操作人员;每6个月

D.可以不搭载操作人员;每6个月

66.1974年SOLAS公约要求船员必须参加船上每_____个月举行一次的封闭舱室进入和救助的演习。

A.3   B.1

C.6   D.2

67.船舶的营运分别受到国际公约、船旗国法规和国家法规的控制,下列说法错误的是_____。

A.作为一艘船舶,要投入和保持正常的营运,受到各种国际和国内法规的要求和制约

B.船舶必须持有的证书可分为两大类:一类是由船旗国主管机关颁发的相关法律证书;另一类是由各国政府授权的相关船舶检验机构颁发的技术证书

C.每一种证书仅由一定国内的法律法规作为背景

D.无论从运营的合法性,还是从船舶的安全结构角度,其设备配备都必须符合各项相关法律法规的要求,都必须持有符合各种相关法律法规要求的、有效的相应证书

68.包括 IMO 和 ILO 在内,联合国的专业机构的特点有_____。

①在专门领域从事活动;②与联合国建立法律关系;③有独立法律体系

A.①   B.①②③

C.①②   D.②③

69.1974 年 SOLAS 公约规定,_____总吨及以上的船舶应设_____应急消防泵。

A.500;可携式   B.5 000;固定式动力

C.2 000;可携式   D.2 000;固定式动力

70.1974 年 SOLAS 公约中关于"手动报警按钮",说法错误的是_____。

A.符合《国际消防安全系统规则》的手动报警按钮应遍布起居处所、服务处所和控制站

B.每一出口都应装有手动报警按钮点

C.在每一层甲板的走廊内,手动报警按钮的位置应便于到达,且走廊的任何部位至手动报警按钮的距离都不超过 20 m

D.在每一层甲板的走廊内,手动报警按钮的位置应便于到达,且走廊的任何部位至手动报警按钮的距离都不超过 10 m

71._____的目标是保证海上安全、防止人员伤亡,避免对环境,特别是海洋环境造成危害以及对财产造成损失。_____的目标尤其应该是:提供船舶营运的安全做法和安全工作环境;针对已认定的所有风险制定防范措施;不断提高岸上及船上人员的安全管理技能,包括安全及环境保护方面的应急准备。

A.NSM 规则;公司的安全管理

B.公司的安全管理;NSM 规则

C.船东;公司的安全管理

D.公司的安全管理;船东

72.某悬挂美国船旗的船舶停靠在中国某港口,船上两名船员发生冲突导致双方受伤,原则上行使管辖权的应是_____。

A.港口国   B.船旗国

C.联合国   D.沿海国

73.SOLAS 74/78 公约的发展动态是_____。

①更加注重新科技的应用;②就船舶设计和建造更加注重全球统一规范的标准;③更加注重对公约的实施和履约监督;④更加注重对人的因素负面影响的抑制;⑤更加注重以人为本

A.②③④⑤   B.①②③④⑤

C.①③④⑤   D.①②③④

74.ILO147 号公约规定了一系列在任何船旗国登记的商船均需要遵守的关于_____等的最低标准。

①安全;②社会保障;③船上工作条件;④船上生活条件

A.①②③④   B.①③④

C.①②③   D.②③④

75.在有关海运包装危险货物的所有单证中,货物名称应使用货物的_____。
    A.包装名称   B.运输名称
    C.商品名称   D.化学名称

76.根据 1974 年 SOLAS 公约第Ⅱ-1 章构造——结构、分舱与稳性、机电设备的规定,下列不属于
    A 类机器处所的是_____。
    A.发电柴油机所在区域   B.燃油辅锅炉所在区域
    C.主柴油机所在区域   D.舵机所在区域

77._____的内容突出船舶、船员一线生产实践;理论少,以经验与方法为主,所以被称为船员
    安全工作"圣经"。
    A.《2006 年海事劳工公约》
    B.《1978 年海员培训、发证和值班标准国际公约》
    C.《国际船舶安全管理规则》
    D.《商船海员安全工作守则》

78.1974 年 SOLAS 公约规定,货船应急电源应保证对机器处所和主发电站,包括其控制位置的应
    急照明持续供电_____h。
    A.12   B.24
    C.18   D.15

79.2000 版 ISO9000 族标准由_____组成。
    ①核心标准;②其他支持性标准;③其他文件;④其他记录
    A.①③④   B.②③④
    C.①②③   D.①②④

80.1974 年 SOLAS 公约第Ⅱ-1 节有关分舱与稳性、机电设备,主要规定了_____。
    ①客船分舱的水密程度应能保证船舶在假定船壳破损的情况下保持正浮和稳性的要求,还规
    定了客船水密完整性和污水泵系统布置的要求以及客船和货船的稳性要求;②分舱等级,客
    船的分舱等级最高;③在各种紧急情况下,机电设备的设计和安装应能保持工作,以确保船
    舶、旅客和船员的安全
    A.①②   B.①②③
    C.②③   D.①③

81.1974 年 SOLAS 公约规定,船舶的每次消防演习应包括_____。
    ①2 min 内向集合地点报到,并准备执行应变部署表所规定的任务;②启动消防泵,至少 2 支
    水枪处于正常的工作状态;③机舱人员应迅速到机舱报到;④检查有关的通信设备
    A.①④   B.①②④
    C.①②③④   D.②④

82.货船载运谷物时,《国际散装谷物安全运输规则》的要求应视作_____的要求。
    A.指导性   B.强制性
    C.建议性   D.推荐性

83.1974 年 SOLAS 公约产生的背景是_____。
    A.加拿大籍客船"爱尔兰皇后"号因浓雾在圣劳伦斯河河口附近和挪威籍货船"Storstad"号相

撞沉没

B."泰坦尼克"号发生历史上空前的海难事故

C.英国籍客船"露西塔尼亚"号在爱尔兰南方外海被德国潜艇击沉

D.日本籍客船"隼鹰丸"在苏门答腊外海被英国潜艇击沉，约5 620人罹难

84.1974年SOLAS公约规定，船舶每次进行的弃船演习必须包括_____。

①专用救生艇搭载被指定操作员同时降落；②集合地点和弃船所用应急照明；③每一艘救生艇一般应每3个月降落一次；④启动救生艇，在完成任何必要降落准备工作后，至少下降一艘救生艇

A.①②③   B.②③④

C.①③④   D.①②④

第二节　国际载重线公约

1.构成现行国际海事法规支柱体系的法规包括_____。

①《1974年国际海上人命安全公约》；②《1973年国际防止船舶造成污染公约》；③《1978年海员培训、发证和值班标准国际公约》；④《2006年海事劳工公约》

A.①②③   B.①②③④

C.②③④   D.①③④

2.当存在_____情况时，国际载重线证书将被吊销。

①船体或上层建筑发生实质性变动；②装置或设备未保持有效状态；③未按规定进行检查；④船体结构强度降低到不安全的程度

A.①②③   B.①②③④

C.②③④   D.②③

3.关于《1966年国际载重线公约》的三个规则，下列说法正确的是_____。

①附则Ⅰ为载重线核定规则；②附则Ⅱ为地带、区域和季节期，规定了各种载重线适用的区域；③附则Ⅲ为证书，规定了国际载重线证书和国际载重线免除证书的格式范本；④附则Ⅰ规定了缔约国责任，加入、退出和公约的修订生效条件等

A.①②③④   B.②③④

C.①②③   D.①②④

4.《1966年国际载重线公约》的适用范围是_____。

①在各缔约国政府国家登记的船舶；②在根据本公约第32条扩大适用的领土内登记的船舶；③悬挂缔约国政府国旗但未登记的船舶

A.①②③   B.①②

C.②③   D.①③

5.国际载重线证书签发日每周年前后3个月内要进行定期检验，以保证船体或上层建筑没有发生可以影响确定载重线位置的计算的变化，并且保证_____保持有效状态。

①开口防护装置；②栏杆设备；③排水舷口；④船员舱室出入口的设施；⑤救生设备

A.①②③   B.①②④

C.①②③④　　　　　　　　　　　　D.①②③④⑤

6.下列_____不属于国际载重线证书年度检验的内容。
　A.开口防护装置　　　　　　　　　　B.栏杆设备
　C.载重线标志　　　　　　　　　　　D.船员舱室出入口的设施

7.我国船舶载重线标志中"X"代表的意义是_____。
　A.热带载重线　　　　　　　　　　　B.夏季载重线
　C.热带淡水载重线　　　　　　　　　D.冬季载重线

8.有关船员考评对船员本人的影响,下列说法正确的是_____。
　①船员考评会影响其工作积极性,考评结论不应传达给船员本人;②船员考评反映了组织对船员的评价,从而反映了组织对船员努力的承认程度;③船员考评会影响船员在公司中的地位和发展前景;④船员考评有利于提高船员的技能和潜力
　A.①②③④　　　　　　　　　　　　B.②③
　C.③④　　　　　　　　　　　　　　D.①③④

9.按用途分类,以下_____属于海上安全类公约。
　A.《2001年国际控制船舶有害防污底系统公约》
　B.《1966年国际载重线公约》
　C.《1969年国际干预公海油污事故公约》
　D.《1969年国际油污损害民事责任公约》

10.《1966年国际载重线公约》的三个附则是_____。
　①载重线核定规则;②检验、检查和勘绘标志;③地带、区域与季节期;④证书
　A.①②③　　　　　　　　　　　　　B.①②④
　C.②③④　　　　　　　　　　　　　D.①③④

11.主管机关规定的国际载重线证书的有效期不得超过_____年。
　A.3　　　　　　　　　　　　　　　　B.5
　C.4　　　　　　　　　　　　　　　　D.2

12.凡适用《1966年国际载重线公约》的船舶,应备有_____。
　①载重线证书;②国际载重线证书;③国际载重线免除证书
　A.①②③　　　　　　　　　　　　　B.①②
　C.②或③　　　　　　　　　　　　　D.②③

13.下列船舶标志中,既保证船舶安全航行,又最大限度地利用船舶载重能力的标志是_____。
　A.水尺标志　　　　　　　　　　　　B.吨位标志
　C.载重线标志　　　　　　　　　　　D.水尺标志和吨位标志

14.在载重线标志勘绘时,远洋船舶最高的一条载重线是_____。
　A.热带载重线
　B.夏季载重线
　C.冬季载重线
　D.热带淡水载重线、北大西洋冬季载重线

15.从甲板线上边缘量至载重线圈中心的距离等于所核定的_____。

A.夏季最小干舷　　　　　　　　　　B.冬季最小干舷

C.热带最小干舷　　　　　　　　　　D.夏季淡水最小干舷

16.根据《1966年国际载重线公约》的规定,船舶载重线标志的组成有_____。

　　A.甲板线、载重线圈和季节载重线

　　B.中央水平线和载重线圈

　　C.甲板线、季节载重线和中央水平线

　　D.甲板线、载重线圈、中央水平线和各区域季节载重线

17.《1966年国际载重线公约》不适用于下列哪些船舶?_____。

　　①军舰;②长度小于24 m的新船;③小于150总吨的现有船舶;④营业性游艇;⑤渔船;⑥专门在本公约特别指定的,如里海、北美洲五大湖等某些水域航行的船舶

　　A.①②③④⑤　　　　　　　　　　B.①②③⑤⑥

　　C.①②③④⑥　　　　　　　　　　D.①②③④

18.关于《1966年国际载重线公约》,下列说法错误的是_____。

　　A.《1966年国际载重线公约》制定了国际航行船舶载重限额的统一原则和规则

　　B.是各缔约国政府为保障海上环境安全而制定的关于航行船舶载限额的国际公约

　　C.1988年IMO对《1966年国际载重线公约》进行了全面修订,将载重线核定、载重线区带和证书格式的技术性规定内容作为公约的附则

　　D.其1988年议定书是为了协调1974年SOLAS公约和MARPOL 73/78公约的检验和发证要求而通过的

19.特殊情况下,国际载重线证书可延长有效期限,但该期限不得超过_____个月。

　　A.1　　　　　　　　　　　　　　　B.5

　　C.6　　　　　　　　　　　　　　　D.3

20.根据《1966年国际载重线公约》的规定,船舶所在海域和季节适用的载重线,_____不应被浸没。

　　①在船舶出海时;②在船舶航行中;③在船舶驶抵目的港时

　　A.①③　　　　　　　　　　　　　　B.②③

　　C.①②③　　　　　　　　　　　　　D.①②

21.按《1966年国际载重线公约》的要求,对船舶进行的年度检验应在证书周年日期前后_____内进行。

　　A.3个月　　　　　　　　　　　　　B.5个月

　　C.6个月　　　　　　　　　　　　　D.2个月

22.国际载重线证书,应由主管机关规定有效期限,该期限自颁发之日起不得超过_____。

　　A.3年　　　　　　　　　　　　　　B.4年

　　C.5年　　　　　　　　　　　　　　D.10年

第三节　联合国海洋法公约

1.下列关于《联合国海洋法公约》中"毗连区"的描述,错误的是_____。

A.毗连区是指领海以外且毗连领海的一个区域,从领海基线量起,不得超过 24 n mile

B.毗连区沿海国依需要而设立,是沿海国为维护国家某些权利而设置的特殊区域(倾向于专属经济区中的一个特殊的区域)

C.国有权在毗连区内,为防止和惩处在其陆地领土、内水或者领海内违反有关安全、海关、财政、卫生或者入境出境管理的法律、法规的行为行使管制权

D.毗连区与领海一样,它属于沿海国的主权范围

2.海峡的基本特征有_____。

①是连接海与海、洋与海或者洋与洋的咽喉要冲;②是天然形成的水道,与通海运河不同,但两者的作用相辅相成,共同构成世界海洋交通体系中的联结部分;③是海洋的一部分,但只是海洋中相邻海区之间一条狭窄的水道,而且海潮流速大

A.①②③　　　　　　　　　　　B.①②

C.①③　　　　　　　　　　　　D.②③

3.1982 年《联合国海洋法公约》规定的公海自由包括_____。

①航行自由;②飞越自由;③铺设海底电缆和管道自由;④建造国际法所容许的人工岛屿和其他设施自由;⑤捕鱼自由;⑥科学研究自由

A.①②③⑤⑥　　　　　　　　　B.①②④⑤⑥

C.①②③④⑥　　　　　　　　　D.①②③④⑤⑥

4.《联合国海洋法公约》的意义是_____。

①设定了船旗国、港口国和沿海国管辖的性质、程度和不同海域、领海、公海、专属经济区、国际海峡等的法律地位;②公约在"海上安全,防止、减少和控制污染""船舶设计、构造,人员配备或装备""海上避碰""指定或制定海道和分道通航""核能船舶"等方面都建立了一般原则;③清楚地明确了各缔约国的义务

A.②③　　　　　　　　　　　　B.①②③

C.①③　　　　　　　　　　　　D.①②

5.沿海国在各类功能区域的管辖权包括_____。

①内水水域的管辖;②领海海域的管辖;③专属经济区海域的管辖;④用于国际航行的海峡海域的管辖;⑤群岛国水域的管辖

A.①②③　　　　　　　　　　　B.①②③④

C.①②　　　　　　　　　　　　D.①②③④⑤

6.《联合国海洋法公约》涉及的水域是_____。

①内水;②领海;③毗连区;④用于国际航行的海峡;⑤群岛国水域;⑥专属经济区;⑦大陆架;⑧公海;⑨国际海底区域

A.①②③④⑤⑥⑧⑨　　　　　　B.①②③④⑥⑦⑧

C.①②③④⑤⑥⑦⑧⑨　　　　　D.①②③④⑤⑥⑦⑧

7.沿海国为勘探大陆架和开发其自然资源的目的,对大陆架行使专属性的主权权利,包括_____。

①开发自然资源;②授权和管理为一切目的在该区域进行钻探活动的专属权利;③授权和管理建造、操作和使用人工岛屿、设施和结构,并对这些有专属管辖权;④沿海国享有大陆架上覆水

域和水域上空的绝对法律地位和排他的合法权利

A.①②③④   B.①②④

C.①②③   D.②③④

8.关于船旗国，《联合国海洋法公约》规定，每个国家特别应根据其国内法，就有关每艘悬挂该国旗帜的船舶的行政、技术和社会事项，对该船及其_____行使管辖权。

①船长；②高级船员；③船员

A.③   B.①②③

C.①②   D.②③

9.关于船旗国，《联合国海洋法公约》规定，每个国家特别应根据_____，就有关每艘悬挂该国旗帜的船舶的行政、技术以及社会事项，对该船及其船长、高级船员和船员行使管辖权。

A.其国内法和国际法   B.国际法

C.其国内法   D.《联合国海洋法公约》

10.按用途分类，以下_____属于责任与赔偿类公约。

A.《2001年国际控制船舶有害防污底系统公约》

B.《1969年国际油污损害民事责任公约》

C.《1978年海员培训、发证和值班标准国际公约》

D.《1969年国际干预公海油污事故公约》

11.《联合国海洋法公约》规定，当外国船舶在领海内进行违反本公约活动，其通过应视为非无害通过，在这种情况下，_____可对其采取措施。

A.非缔约国   B.沿岸国

C.船旗国   D.缔约国

12.按用途分类，以下_____属于海洋环境保护类公约。

A.《1978年海员培训、发证和值班标准国际公约》

B.《2001年国际控制船舶有害防污底系统公约》

C.《1974年国际海上人命安全公约》

D.《1976年海事索赔责任限制公约》

13.专属经济区是从_____算起，不应超过_____的海域。专属经济区所属国家具有勘探、开发、使用、养护、管理海床和底土及其上覆水域自然资源的权利。

A.领海线；100 n mile   B.领海基线；100 n mile

C.领海线；200 n mile   D.领海基线；200 n mile

14.关于MARPOL公约附则Ⅰ对有关例外情形的阐述，下列说法错误的是_____。

A.将油类或含油混合物排放入海，系为保障船舶安全或救护海上人命所必需

B.将油类或油性混合物排放入海，系由于船舶或其设备遭到损坏；但须在发生损坏或发现排放后，为防止排放或使排放减至最低限度，已采取了一切合理的预防措施

C.将油类或油性混合物排放入海，系由于船舶或其设备遭到损坏；但是，如果船东或船长是故意造成损坏，则不在此列

D.将经主管机关批准的含油物质排放入海，用以对抗特定污染事故，以便使污染损害减至最低限度；任何这种排放，不需经拟进行排放所在地区的管辖国政府批准

15.关于有毒液体物质排放入海,下列说法正确的是_____。
    A.OS 类对海洋资源危害最大,严禁将此类物质排入海洋
    B.X 类对海洋资源造成的危害很小,建议从质和量上加以限制
    C.Y 类会对海洋资源造成较严重危害,应采取措施从质和量上限制排放
    D.Z 类不会对海洋资源造成危害

16.UNCLOS 在环境保护方面对船旗国的要求有_____。
    ①各国应制定法律和规章,以防止、减少和控制悬挂其旗帜或在其国内登记的船只对海洋环境的污染;②这种法律和规章至少应具有与通过主管国际组织或一般外交会议制定的一般接受的国际规则和标准相同的效力;③设法立即对该国船只的违法行为进行调查,且不论违法行为在何处发生,也不论这种违法行为所造成的污染在何处发生或被发现
    A.①②   B.②③
    C.①②③   D.①③

17.根据《联合国海洋法公约》(UNCLOS)第 94 条的规定,船旗国(Flag State)管辖是_____。
    A.对悬挂该国旗帜的船舶有效地行使行政、技术及社会事项上的管辖和控制
    B.对悬挂该国旗帜的船舶有效地行使技术、社会事项上的管辖和控制
    C.对悬挂该国旗帜的船舶有效地行使行政、技术上的管辖和控制
    D.对悬挂该国旗帜的船舶有效地行使行政及社会事项上的管辖和控制

18.下列关于"公海"的说法,错误的是_____。
    A.公海是除了沿海国的内水、领海和群岛国的群岛水域等受国家主权管辖和支配水域以外的全部水域
    B.公海是不属于任何国家主权支配和管辖的海域
    C.1982 年《联合国海洋法公约》规定的公海自由是完全不受约束的
    D.公约规定,公海的三个基本原则是公海向所有国家开放,各国在公海上的权利是平等的,公海只用于和平目的

19.MARPOL 公约规定,船上油污应急计划必须满足_____等要求。
    ①必须确切、实用、易于操作;②船上人员和岸上船舶管理人员都能理解;③应定期进行评估、检查和修改;④每次年度检验时进行评估
    A.①②③④   B.①③
    C.①②④   D.①②③

20.《联合国海洋法公约》对_____专属经济区、公海等重要概念做了界定。
    ①内水;②领海;③临接海域;④大陆架
    A.②③④   B.①③④
    C.①②③   D.①②③④

21.1982 年《联合国海洋法公约》中海洋环境保护的基本原则是_____。
    ①国家主权原则;②可持续发展原则;③合理分担责任原则;④和平、公正、及时解决争端的原则;⑤国际合作原则;⑥互利共赢原则
    A.①②③④⑥   B.①②③④⑤
    C.②③④⑤⑥   D.①③④⑤⑥

22.根据 MARPOL 73/78 公约附则Ⅰ的要求,下述说法不正确的是_____。

A.150 总吨及以上装载油或有毒液体物质的双用途船可备有船上海洋污染应急计划

B.150 总吨及以上的油船和 400 总吨及以上的非油船应备有船上油污应急计划

C.船长和高级船员都是中国籍的中国船舶,其船上油污应急计划只采用中文编制

D.150 总吨及以上装载散装有毒液体物质的船舶应备有船上有毒液体物质海洋污染应急计划

23.《联合国海洋法公约》中"毗连区"的类型包括_____。

①海关区;②财政区;③移民区;④卫生区;⑤安全区;⑥渔区;⑦防污染区

A.①②③④⑤⑥   B.①②③⑤⑥⑦

C.①②③④⑤⑥⑦   D.②③④⑤⑥⑦

24.UNCLOS 在环境保护方面,对港口国的要求有_____。

①公约对港口国防污染的管辖一直延伸至岸外设施;②港口国应在实际可行范围内采取行政措施,以阻止已查明在其港口或岸外设施违反"关于船只适航条件的可适用的国际规则和标准"从而有损害海洋环境的威胁的船只航行;③港口国对自愿位于一国港口和岸外设施的外国籍船舶任何排放的调查和司法程序;④港口国必须确保船舶的出海对海上环境不致产生不当的危害威胁,才准其开航

A.①②③④   B.②③④

C.①②③   D.①③④

25.毗连区是由沿海国对其海关、财政、卫生和移民等类事项行使_____的一定宽度的海洋区域,毗连区从领海基线量起不超过_____。

A.管辖权;24 n mile   B.主权;12 n mile

C.主权;24 n mile   D.管辖权;12 n mile

26.专属经济区是指从领海基线起算,不应超过_____ n mile 的海域。

A.100   B.200

C.500   D.12

第四节　海员培训、发证和值班标准国际公约

1.STCW 公约马尼拉修正案第Ⅰ章总则中关于适任证书、培训合格证书、书面证明,定义正确的是_____。

①适任证书是指依据本附则第Ⅰ、Ⅱ、Ⅳ或Ⅴ章的条款向船长、高级船员以及 GMDSS 无线电操作员签发或签注的证书;②培训合格证书是指向海员签发的除适任证书以外的、说明符合本公约要求的相关培训Ⅰ、能力和海上服务资历的特殊培训合格证书;③书面证明是指除适任证书或培训合格证书以外的,用来证明已符合本公约的相关要求的文件

A.①②   B.①③

C.①②③   D.②③

2.STCW 规则分为 A、B 两部分,_____。

A.A 部分为强制性规定

B.A 部分为非强制性规定

C.B 部分为强制性要求

D.A 部分和 B 部分均为建议性要求和指南

3.STCW 规则 A 部分主要给出了海员_____。

①最低适任标准;②特殊培训和专业培训;③海员值班标准;④船员权益标准

A.①②③　　　　　　　　　　　　B.①③④

C.①②④　　　　　　　　　　　　D.②③④

4.STCW 公约规定,在决定轮机值班的组成时,应特别考虑_____因素。

①遵守有关国际公约;②遵守国家法规;③遵守当地规定

A.①②③　　　　　　　　　　　　B.②③

C.①③　　　　　　　　　　　　　D.①②

5.STCW 公约将船员分为_____三个责任级别。

A.管理级、操作级、支持级　　　　　B.主管级、管理级、操作级

C.轮机级、驾驶级、通信级　　　　　D.轮机级、甲板级、电子员级

6.STCW 规则 A 部分第Ⅷ章"适用于海上值班一般原则"中对轮机长的规定是_____。

A.必须参加轮机员责任期的值班

B.必须与船长协商,确保轮机值班安排足以保持安全值班

C.在航前必须将油、水存量报告船长

D.应将涉及船舶操纵的设备转换到手动状态

7.海事局主要通过对_____等立法来管理船员。

①海员证、船员服务簿;②培训、考试和发证;③安全配员;④值班标准

A.①③④　　　　　　　　　　　　B.①②③

C.②③④　　　　　　　　　　　　D.①②③④

8.STCW 公约马尼拉修正案产生的背景是_____。

①船舶大型化、快速化、专业化、现代化的发展,全球对海洋环境保护更严格;②包括信息技术(IT)在内的新技术的应用越来越广泛与深入,对海员的培训与值班标准的要求越来越高;③海盗猖獗,海运安全受到严重的挑战,对海员的培训与值班标准又提出了新的保安要求

A.①②③　　　　　　　　　　　　B.①②

C.②③　　　　　　　　　　　　　D.①

9.STCW 公约马尼拉修正案的原则是_____。

①保留 1995 年修正案的结构与目标;②不降低现有标准;③不修改公约条款;④解决不一致问题、清理过时的要求及体现技术发展的需求;⑤确保有效的信息交流;⑥由于技术的创新,在履行培训、发证与值班标准方面提供一些灵活性;⑦考虑短航线船舶与近海石油工业的特点与环境;⑧考虑海上保安;⑨考虑船员体面工作

A.①②④⑤⑥⑦⑧⑨　　　　　　　B.①②③④⑥⑦⑧⑨

C.①②③④⑤⑥⑧　　　　　　　　D.①②③④⑤⑥⑦⑧

10.下述不符合 STCW 公约要求的是_____。

A.负责值班的轮机员应确保既定的值班安排

B.负责值班的轮机员应将所有机械设备置于监管之下

C.一切驾驶台的命令必须立即执行

D.负责值班的轮机员应确保机舱是在被监管之下

11.STCW 公约规定,在不同环境下值班时,值班轮机员应做到_____。

①备妥操纵时所用的一切辅助机械;②备妥维护保养所用工具和应急工具;③保证有足够的备用动力;④确保涉及船舶操纵的机器能即刻置于手动操作模式;⑤能随时执行驾驶台的任何命令

A.③④⑤   B.①③⑤

C.①②③⑤   D.①③④⑤

12.STCW 公约实施的重要意义在于_____。

①促进各缔约国海员素质的提高;②在保障海上人命财产安全和保护海洋环境方面起到了积极的作用;③有效地控制人为因素对海难事故的影响

A.①②③   B.①③

C.①②   D.②③

13.STCW 公约规定,负责值班的轮机员是_____,主要负责对_____机械设备进行安全有效的操作和保养。

A.轮机长的代表;影响船舶安全的   B.轮机长的代表;航行中要用的

C.船长的代表;操纵时可用到的   D.船东的代表;操纵时可用到的

14.STCW 公约马尼拉修正案第Ⅲ章"轮机部"的主要修正内容包括_____。

①删除"至少 30 个月的认可的教育与培训"的要求;②提高普通船员晋升轮机员的要求,从1995 年修正案的"不少于 6 个月的轮机部海上服务资历"提高到"完成不少于 12 个月的金工实习和认可的海上服务资历",其中包括不少于 3 个月的机舱值班(在轮机员的指导下)服务资历;③新增领导力和团队工作技能的使用(操作级)以及领导力和管理技能的使用(管理级)的强制性适任能力,机舱资源管理成为强制性适任标准;④新增电子电气员和电子技工发证和资格的强制性最低要求;⑤新增高级值班机工发证的强制性最低要求

A.②③④⑤   B.①②③⑤

C.①②④⑤   D.①③④⑤

15.STCW 规则 A 部分规定轮机值班的所有成员除熟悉被指派的值班职责,还应包括_____。

A.遵守有关国际公约、国家法规和当地规章

B.采取一切可能措施,防止污染海洋环境

C.驾驶台的所有命令应迅速执行

D.掌握从机器处所逃生的路线

16.《1978 年海员培训、发证和值班标准国际公约》制定的主要目的是_____。

A.通过制定防污染规范,确保海员值班操作与管理符合要求

B.指导海员改善在船的健康和安全

C.控制船员职业技术素质和值班行为

D.更加关注海员生产实践

17.STCW 公约的实施目的是_____。

①促进各缔约国海员素质的提高;②有效地控制人为因素对海难事故的影响;③强化各国海员业务技术学习和交流;④保障海上人命财产安全和保护海洋环境
　A.①②③④　　　　　　　　　　B.②④
　C.①②④　　　　　　　　　　　D.①③

18.下述符合 STCW 公约要求的是_____。
①负责值班的轮机员应确保既定的值班安排;②负责值班的轮机员应使所有机械设备置于监管之下;③应变情况下,驾驶台的命令必须立即执行;④负责值班的轮机员应确保机舱是在被监管之下
　A.②④　　　　　　　　　　　　B.①③④
　C.①②③　　　　　　　　　　　D.①②③④

19.STCW 公约规定,当在港内安全系泊或锚泊时,接班的高级船员在承担轮机值班职责前,需要了解_____。
①货物作业活动;②维修情况;③所有其他影响值班的活动
　A.①②　　　　　　　　　　　　B.①③
　C.②③　　　　　　　　　　　　D.①②③

20.关于 STCW 公约的附则和 STCW 规则的主要精神及法律地位,下列说法正确的是_____。
①附则是对海员适任的强制性最高标准;②STCW 规则 A 部分是对海员适任的强制性最低标准;③STCW 规则 B 部分是对海员达到适任标准的非强制性建议或指导;④附则是对海员适任的最低的强制性要求;⑤STCW 规则 B 部分是对海员达到适任标准的强制性指导
　A.①②③　　　　　　　　　　　B.①②⑤
　C.②③④　　　　　　　　　　　D.②④⑤

21.STCW 公约规定,为了防止疲劳,各主管机关应制定和实施_____的休息时间制度。
①值班人员;②被指定安全职责人员;③被指定防污染职责人员;④被指定保安职责人员
　A.②③④　　　　　　　　　　　B.①③④
　C.①②③　　　　　　　　　　　D.①②③④

22.STCW 公约规定,轮机长在组织值班时,应使每班的人员都能得到_____。
　A.一定的休息　　　　　　　　　B.认可的休息
　C.充分的休息　　　　　　　　　D.必要的休息

23.STCW 公约马尼拉修正案在"监督程序"中规定,发生了下列哪些情况而有明显证据表明未能保持值班标准时,对船员按规定进行评估?_____。
①船舶发生碰撞、搁浅或触礁;②船舶在航、锚泊或靠泊时,违反任一国际公约而非法排放物质;③以不稳定或不安全方式操纵船舶,从而未遵循 IMO 采纳的定线措施或安全航行方法和程序;④以其他危及人员、财产环境的方式操纵船舶
　A.②③④　　　　　　　　　　　B.①②③④
　C.①②③　　　　　　　　　　　D.①②④

24.STCW 公约规定,当发生以下_____的情况时,值班轮机员应当立即通知轮机长。
①机器发生故障,可能危及船舶安全运行;②异常现象,经判断会引起推进机械损坏;③更换发电机机组;④为配合维护保养而对设备进行的调节;⑤发生紧急情况时无处理把握

A.①②   B.①②③⑤

C.①②⑤   D.②④⑤

25.STCW 公约规定,负责值班的轮机员不再分派或承担任何可能妨碍他对_____的任务。

A.主推进系统及其附属设备的管理   B.动力装置的管理

C.机舱所有机械的监管   D.机器设备的管理

第五节　国际船舶和港口设施保安规则(ISPS 规则)

1.国际船舶保安证书的有效期最长不超过_____,临时国际船舶保安证书的有效期最长不超过_____。

A.3 年;6 个月   B.5 年;3 个月

C.3 年;2 个月   D.5 年;6 个月

2.ISPS 规则适用于_____。

①从事国际航行的客船;②从事国际航行的 500 总吨及以上的货船;③服务国际航行船舶的港口设施;④缔约国政府的公务船

A.①②④   B.①③④

C.②③④   D.①②③

3.ISPS 规则的主要内容包括_____。

①序言;②ISPS 规则 A 部分;③ISPS 规则 B 部分;④附则

A.①②③④   B.①③

C.①②③   D.②③

4.ISPS 规则适用于下列哪些对象?_____。

A.从事国际航行的海军辅助船

B.从事国际航行的 500 总吨及以上的货船

C.为国际航行船舶服务的港务局

D.缔约国政府的公务船

5.ISPS 规则不适用于_____。

A.从事国际航行的客船

B.从事国际航行的 500 总吨及以上的货船

C.服务国际航行船舶的港口设施

D.缔约国政府的公务船

6.IMO 在传统的海上保安威胁方面提出了相关的指导性文件,建议各国政府、航运业和船舶采取针对性的防范措施,其中包括_____。

①建立国际和区域性信息交流网络;②对海上保安事件(如海盗袭击)进行分析;③及时通报高危险海域;④制定保护性防范措施;⑤国际和/或区域合作执行联合海上巡逻和建立响应计划等

A.①②③④⑤   B.①②③④

C.②③④⑤   D.①②③⑤

7.船舶保安威胁信息收集的渠道可以包括_____。

①国家安全部门发布的公告、警报;②交通主管部门的报告;③公安部门的信息;④IMB(国际海上保安局);⑤新闻媒体

    A.①②③⑤   B.②③④⑤

    C.①②③④   D.①②③④⑤

8.识别船舶保安薄弱环节的最有效的办法是_____。

    A.开展船舶内部保安审核活动   B.制订有效的船舶保安计划

    C.开展船舶保安评估活动   D.实施港口国保安监督

9.在辨认可能爆炸装置的过程中,应遵循的原则不包括_____。

    A.先观察,再询问,后动手   B.先用探测仪,再使用人工方法

    C.先检测内部,再探测外表   D.先远距离探测,再近距离辨认

10.关于船舶保安警报系统,以下陈述正确的是_____。

①在港口期间,船舶为采取有效的保安措施,必须将机舱逃生口从外面锁住,其钥匙必须由SSO保管;②船舶保安警报系统的启动点应设在驾驶台和其他一个明显的位置,以便一旦发生保安事件,船员可以立即报警;③船舶保安警报系统应能够从驾驶台和至少一个其他位置启动

    A.①②③   B.①②

    C.②③   D.①③

11.根据ISPS规则的精神,有公司保安员、港口设施保安员、缔约国有关机构以及船舶保安员参加的各类演习应至少每_____进行一次。

    A.3个月   B.6个月

    C.12个月   D.18个月

12.船舶保安警报系统启动后应具有_____功能。

①发出声光报警;②向附近船舶发送警报,以获得援助;③向主管机关指定的主管当局发送船对岸的保安警报

    A.①   B.②

    C.③   D.①②③

13.辨认爆炸装置的一般方法包括_____。

①现场观察法;②仪器探测法;③生物探测法

    A.①②   B.②③

    C.①③   D.①②③

14._____不属于公司或船舶保安组织的成员。

    A.RSO   B.CSO

    C.船长   D.SSO

15.以下陈述错误的是_____。

    A.当船舶在航或锚泊时,AIS应始终处于工作状态

    B.如船长认为AIS的持续工作可能会危及船舶安全或保安,可将AIS关闭

    C.在已知有武装劫匪出没的海域必须启动AIS并保持其处于有效的工作状态

D.在港内,AIS 的操作应符合港口的规定

16.为保证 SSP 的有效实施,应考虑到按适当的间隔期开展演练,错误的是_____。

①船舶类型;②船上人员的变动;③所挂靠的港口设施和其他相关情况

A.①②　　　　　　　　　　　　　B.①②③

C.②③　　　　　　　　　　　　　D.①③

17.港口设施是指_____。

①由缔约国政府或由指定当局确定的发生船/港界面活动的场所;②锚地;③候泊区;④进港航道等区域

A.①②③④　　　　　　　　　　　B.②③④

C.①②④　　　　　　　　　　　　D.①②③

18.船舶保安计划规定,船舶应具有监控_____的能力。

A.船舶　　　　　　　　　　　　　B.船上的限制区域

C.船舶周围区域　　　　　　　　　D.以上都是

19.ISPS 规则对船舶的要求主要有_____。

①要求船舶对所采取的保安措施力求详细具体并具备可操作性,以确保船舶在保安等级 1 时即时启动;②在保安等级 2 时能够采取进一步强化措施;③在保安等级 3 时还应能对保安事件或威胁迅速做出反应;④规则还要求船长持有保安员证书

A.①②③④　　　　　　　　　　　B.①③④

C.②③④　　　　　　　　　　　　D.①②③

20.保安等级是由_____。

A.船舶保安员制定的

B.公司保安员根据船舶所处具体情况制定的

C.缔约国政府制定的

D.公司和船厂保安员视当时情况制定的

21.对于船舶保安,以下陈述错误的是_____。

A.船上的限制区域应包括装有危险货物或有害物质的舱室

B.SSP 中应就船员随身携带品的上下船制定保安措施

C.港口设施正常工作时,应采用保安等级 1 规定的保安措施

D.SSO 应负责保管船舶保安计划,并监督对船舶保安计划的实施

22.船舶保安体系应具备_____的功能。

①明确船舶保安组织结构及职责;②收集和评估保安威胁;③制订并完善船舶保安计划;④通过培训、演练和演习,确保熟悉保安计划

A.①②③　　　　　　　　　　　　B.①②③④

C.①②④　　　　　　　　　　　　D.②③④

23.船舶保安演习的时间间隔为_____。

A.1 个月　　　　　　　　　　　　B.至少每 3 个月一次

C.2 个月　　　　　　　　　　　　D.至少每半年一次

24.船舶和港口正常操作保持最低保安措施的等级中提到的是哪一级保安等级?_____。

A.保安等级 1　　　　　　　　　　　　B.保安等级 2

C.保安等级 3　　　　　　　　　　　　D.保安等级 4

25.按规定,船舶在拟进入另一缔约国港口前,应向其授权官员提供_____信息。

①ISSC 证书;②船舶当前所处的保安等级;③停靠前 10 个港口的时间段内所处的保安等级;

④停靠前 10 个港口的时间段内所采取的特别或附加保安措施;⑤停靠前 5 个港口的时间段

内的保安程序

A.①②③④　　　　　　　　　　　　B.②③⑤

C.①②④⑤　　　　　　　　　　　　D.①③④⑤

26.下列关于保安等级的说法,正确的是_____。

A.在缔约国境内港口执行缔约国规定的保安等级

B.在缔约国境内港口执行主管机关规定的保安等级

C.在缔约国境内港口执行比缔约国更高的保安等级

D.通知主管事务以后再决定

27.下列关于船舶保安评估的说法,错误的是_____。

A.保安评估是船舶保安计划制订和更新过程的基本组成部分

B.经认可的保安组织可以为某一特定船舶开展船舶保安评估

C.船舶保安评估不包括现场保安检验

D.船舶保安评估应由公司形成文件加以评审认可并保存

28.船舶保安员的责任有_____。

①制订船舶保安计划;②实施船舶保安计划;③与公司保安员进行联络;④与港口设施保安员

进行联络

A.①②④　　　　　　　　　　　　　　B.①②③

C.②③④　　　　　　　　　　　　　　D.①③④

29.ISPS 规则适用于船舶和港口设施,其中关于港口设施的规定涉及_____活动。

A.港/港界面　　　　　　　　　　　　B.船/船界面

C.船/港界面　　　　　　　　　　　　D.不确定

30.《国际船舶和港口设施保安规则》提到有关船舶保安的一些简称有_____。

①船舶保安计划 SSP;②船舶保安体系 SSS;③船舶保安员 CSO;④公司保安员 SSO;⑤国际船

舶保安证书 ISSC

A.①②④　　　　　　　　　　　　　　B.①②⑤

C.①②③④　　　　　　　　　　　　　D.①②③④⑤

31.根据 ISPS 规则,缔约国政府的基本职责包括_____。

①规定适当的保安等级;②制订、批准和实施船舶保安计划;③采取控制和符合措施;④确定

港口设施保安员和公司保安员;⑤向 IMO 通报信息

A.①②③　　　　　　　　　　　　　　B.③④⑤

C.①③⑤　　　　　　　　　　　　　　D.②④⑤

32.当保安事件可能或即将发生时,应在一段有限时间内保持进一步的特殊保护性保安措施的等

级是_____。

A.保安等级 1　　　　　　　　　　　B.保安等级 2

C.保安等级 3　　　　　　　　　　　D.保安等级 4

33.关于保安现场检验,正确的是_____。

①保安现场检验应是一个静态和持续性的检验过程;②进行船舶保安风险评估时,可不进行保安现场检验;③进行船舶保安措施评估时,应进行保安现场检验

A.①　　　　　　　　　　　　　　　B.②

C.③　　　　　　　　　　　　　　　D.①②③

34._____应当确保船舶保安评估是由具备评价船舶保安技能的人员按照要求开展的,并对船舶保安评估的妥善实施负有最终责任。

A.船舶保安员　　　　　　　　　　　B.公司保安员

C.港口设施保安员　　　　　　　　　D.船舶保安员和港口设施保安员

35.除了公司保安员、公司岸上有关人员和船舶保安员应共同了解和接受的培训以外,船舶保安员还应充分了解哪些方面并接受相关培训?_____。

A.船舶布置图　　　　　　　　　　　B.有关国际公约规定

C.船舶与港口设施保安措施　　　　　D.船舶保安评估方法

36.船舶保安审核的种类不包括_____。

A.初次审核　　　　　　　　　　　　B.年度审核

C.中间审核　　　　　　　　　　　　D.换证审核

37.ISPS 证书期限不超过_____年,展期不超过_____月。

A.4;3　　　　　　　　　　　　　　B.4;6

C.5;3　　　　　　　　　　　　　　D.5;6

38.当船舶处于保安等级 1 时,针对保安事件采取的防范措施有_____。

①确保履行船舶的所有保安职责;②对进入船舶予以控制;③控制人员及其物品上船;④监控限制区域,确保只有经过授权的人才能进入;⑤监控甲板区域和船舶周围区域;⑥停止货物和船舶备品装卸;⑦确保随时可进行保安通信

A.②③④⑤⑥⑦　　　　　　　　　　B.①②③④⑤⑦

C.①②③④⑤⑥⑦　　　　　　　　　D.①②③④⑥⑦

39.每条船舶应携带经_____批准的船舶保安计划。

A.主管机关或认可的保安组织　　　　B.认可的保安组织

C.公司保安员　　　　　　　　　　　D.船级社

40.下列关于演习和演练的做法,根据 ISPS 规则,正确的是_____。

①为确保有效实施船舶保安计划的规定,应至少每 3 个月进行一次演练;②如 25% 船员变动且在前 3 个月未参加任何演习,应在变动后 1 周内进行演习;③可能有 CSO、SSO、PFSO 等参加的各类演习,至少每年 1 次

A.①②③　　　　　　　　　　　　　B.①②

C.②③　　　　　　　　　　　　　　D.①③

41.下列关于船舶保安计划涉及的内容中被视为机密信息,需经缔约国政府另行同意才能受到检查的是_____。

①对限制区域的确定以及防止擅自进入限制区域的措施;②对在处于保安等级 1 时可能发出的任何指令做出响应的程序;③确保检查、测试、校准和保养船上任何保安设备的程序;④指明船舶保安警报系统启动点所在位置

A.①②③　　　　　　　　　　　　B.①③④

C.②③④　　　　　　　　　　　　D.①②④

42.ISPS 规则产生的背景事件是_____。

A."泰坦尼克"号事件　　　　　　　B."路西塔尼亚"号事件

C.美国"9·11"恐怖袭击事件　　　　D."阿莫科·卡迪斯"号事件

43.船舶保安警报系统启动后,应_____。

①向主管机关指定的主管当局(可包括公司)发送保安警报;②不向任何其他船舶发送船舶保安警报;③不在船上发出任何警报;④在关闭和/或复位前持续发送船舶保安警报

A.①②　　　　　　　　　　　　　B.①③④

C.②③④　　　　　　　　　　　　D.①②③④

44.船上的国际船舶保安证书应由_____负责保管,并保持其有效性。

A.CSO　　　　　　　　　　　　　B.RSO

C.SSO　　　　　　　　　　　　　D.船长

第六节　商船海员安全工作守则

1.《商船海员安全工作守则》规定,船东和雇主加强卫生和安全措施的原则有_____。

①回避风险;②对不可避免的风险的评估,以及采取行动减少这些风险;③采用考虑到个人能力的工作模式和程序;④及时调整程序以适应影响因素的变化;⑤采用连贯的方式管理船只或企业,同时考虑到组织各级的健康和安全;⑥集体保护措施优先于个人防护措施;⑦为工人提供适当和相关的信息和指导

A.②③④⑤⑥⑦　　　　　　　　　B.①②③④⑤⑥⑦

C.①②③④⑤　　　　　　　　　　D.①②④⑤⑥⑦

2.《商船海员安全工作守则》的出发点是_____。

A.加强海员守法意识的培养

B.作为国际公约的实施指南

C.与实施法规条款相比,更加关注海员生产实践

D.为在悬挂英国国旗船舶上工作的海员提供学习规范指导

3.下列关于《商船海员安全工作守则》,说法错误的是_____。

A.本守则主要用于在英国注册的船舶上的商船海员

B.本守则对在其他船旗国船舶上工作的海员没有指导意义

C.本守则针对船上所有人,不管职务或等级,以及岸上的安全人员

D.本守则主要指导改善商船海员在船的健康和安全

4.《商船海员安全工作守则》被几乎所有船旗国和广大海员认为是_____内容的权威指南。

A.安全与保安　　　　　　　　　　B.安全与防污染

C.安全实践   D.安全理论

5.根据《商船海员安全工作守则》的规定,安排下列_____,按程序申请"工作许可证",分别按所规定的许可证检查相关要求,落实具体的安全措施和准备工作后,方可在现场监督人员的认可下开展作业。

①密闭处所作业;②高空作业;③舷外作业;④动火作业

A.①②③④   B.①②③

C.②③④   D.①③④

6.《商船海员安全工作守则》规定,船舶安全委员会由船长主持_____召开例会一次。

A.每月   B.每季度

C.每周   D.每年

7.对于悬挂_____国旗的商船而言,《商船海员安全工作守则》是强制配备的适用国内法规。

A.英国   B.美国

C.中国   D.法国

8.《商船海员安全工作守则》对海员的要求有_____。

①关注健康和安全;②与执行健康和安全责任的任何人合作,遵守雇主或公司风险评估期间确定的控制措施;③随时向有关人员报告任何发现的严重危害或缺陷;④妥善使用工作间和操作设备,并谨慎对待任何对健康或安全的危害

A.①②③④   B.①④

C.③   D.③④

第七节　船舶防污染国际公约的相关规定

1.按防污规定,自航船在航行中排放_____时,其航速不低于 7 kn。

A.含油污水   B.有毒物质

C.塑料制品   D.生活垃圾

2.船舶加装燃油,确定加油油舱和数量时,轮机长应与_____商量,确保船舶平衡。

A.大管轮   B.二管轮

C.船长   D.大副

3.船舶进行_____作业时,应填写在油类记录簿第 II 部分。

A.燃油舱的压载   B.添加燃油

C.原油洗舱   D.添加散装润滑油

4.BWM 2004 要求船舶备有压载水记录簿,记录压载水_____等。

①何时打入船上;②何时为管理的目的进行循环;③何时排放入海;④何时排入接收设备

A.②③④   B.①③④

C.①②③④   D.①②③

5.受到 VOC 排放控制的液货船必须配备主管机关认可的_____排放收集系统。

A.蒸气   B.污水

C.污油   D.废气

6.根据《中华人民共和国海洋环境保护法》有关规定,对严重污染海洋环境、破坏海洋生态,构成犯罪的,_____。

A.由第三者排除危害,并承担赔偿责任

B.吊销许可证

C.予以警告,或者责令限期改正

D.依法追究刑事责任

7.在特殊区域内,除_____的排放外,禁止油船将货物区域的油类或油性混合物排放入海。

A.洗脸水　　　　　　　　　　B.清洁压载水和专用压载水

C.清洁压载水　　　　　　　　D.专用压载水

8.除符合规定的情况外,禁止将船舶机器处所的任何_____排放入海。

A.油性混合物　　　　　　　　B.垃圾

C.油类或油性混合物　　　　　D.油类

9.根据 MARPOL 73/78 公约附则Ⅰ的规定,凡 150 总吨及以上的油船应备有_____。

①油类记录簿第Ⅰ部分;②油类记录簿第Ⅱ部分

A.只需要①　　　　　　　　　B.①或②

C.只需要②　　　　　　　　　D.①和②

10.《1969 年国际干预公海油污事故公约》_____意识到在公海上采取特别性质的措施是必要的,以防止、减轻或消除对其沿岸海区或有关利益产生严重的和紧急的油污危险或油污威胁,但这些措施不得影响公海的自由原则。

A.各缔约国　　　　　　　　　B.港口

C.沿岸国　　　　　　　　　　D.船旗国

11.申请港方接收污油的船舶,应在抵港前告知污油的_____以便对方安排接收。

①种类;②数量;③闪点

A.①②　　　　　　　　　　　B.①②③

C.①③　　　　　　　　　　　D.②③

12.按船上油污应急计划应变部署规定,船员的集合地点为_____。

A.驾驶台　　　　　　　　　　B.主甲板

C.艇甲板　　　　　　　　　　D.机舱控制室

13.下列关于防止海上溢油扩散方法和溢油处理方法,说法正确的是_____。

①围油栏是防止溢油扩散最常用,也是较为有效的设备;②化学油分散剂也是一种防止溢油扩散的方法;③海上溢油处理时采用物理方法较为理想;④当海上溢油无法用机械、物理方法回收时,可采用燃烧、沉降或降解等方法,在海上直接处理掉

A.①②　　　　　　　　　　　B.③④

C.①③④　　　　　　　　　　D.①②③④

14.船舶进行下列_____作业,应逐项填入油类记录簿。

①燃油舱的压载和清洗;②燃油舱污压载水或洗舱水的排放;③残油(油泥)的收集和处理;④机器处所内积存的舱底水向舷外排放或处理;⑤添加燃油或散装润滑油;⑥装载原油;⑦将燃油舱的油调驳到燃油沉淀柜

A.①②③⑤⑥   B.①③④⑤⑦

C.②③④⑥⑦   D.①②③④⑤

15.按经修正的 MARPOL 公约附则Ⅳ规定,下列说法正确的是_____。

 A.通常情况下客船生活污水可在特殊区域排放

 B.由于船舶或其设备受损而排放生活污水,属除外条款

 C.可在距陆地 20 n mile 以外排放未经粉碎或消毒的生活污水

 D.厕所排水孔的排出物作为生活污水

16.MARPOL 公约附则规定,当焚烧船舶垃圾时应记录_____。

 ①开始焚烧与结束的日期和具体时间;②船位(经度和纬度);③焚烧船舶垃圾的估计量
(m³);④负责焚烧船舶垃圾的高级船员签字

A.①②④   B.①②③④

C.③④   D.①③④

17.MARPOL 公约附则Ⅱ规定,有关在南极海域的排放,下列说法正确的是_____。

 A.X 类除外的其他任何有毒液体物质经过处理可在南极海域排放

 B.禁止任何有毒液体物质或含有此类物质的混合物在南极海域排放

 C.X、Y 类除外的其他任何有毒液体物质经过处理可在南极海域排放

 D.X、Y、Z 类除外的其他任何有毒液体物质经过处理可在南极海域排放

18.若使用不同的燃油以符合硫氧化物排放控制区(SECA)内燃油硫含量规定进入或离开 SECA
的船舶,须携带一份书面程序表明燃油转换如何完成,_____须记录在主管机关规定的日
志中。

 ①进入 SECA 以前完成燃油转换作业时的日期、时间及船位;②进入 SECA 以前开始燃油转换
作业时的日期、时间及船位;③离开 SECA 后完成燃油转换作业时的日期、时间及船位;④离
开 SECA 后开始燃油转换作业时的日期、时间及船位;⑤届时各燃油舱中低硫燃油的容量;
⑥届时各燃油舱中所有燃油的容量

A.①④⑤   B.②③⑤

C.①②③④⑤   D.①②③④⑤⑥

19.根据 MARPOL 公约附则Ⅰ的规定,任何油船和 400 总吨及以上的非油船在特殊区域内排放
经处理的机器处所舱底污水的条件包括_____。

 ①舱底污水不来自货油泵舱,未混有货油残余物;②船舶正在途中航行;③未经稀释的排出物
的含油量不超过 15ppm;④船舶所设带有报警装置的滤油系统正在运转

A.①②③④   B.②③④

C.②③   D.①②③

20.为了避免误排油,150 总吨及以上的油船应装有一个经主管机关批准的_____,该系统在油
量瞬间排放率超过规定时,即自动停止排放任何油性混合物,且提供能鉴别时间和日期的连
续记录,该记录至少应保存_____。

 A.排油监控系统;1 年   B.排油监控系统;3 年

 C.排油记录系统;1 年   D.排油记录系统;3 年

21.根据经修正的 MARPOL 公约附则Ⅴ规定,食品废弃物系指船上产生的任何_____的食物,

包括_____。

A.变质或未变质;水果、蔬菜、奶制品、家禽、肉类产品、食用油和食物残渣

B.变质或未变质;水果、蔬菜、奶制品、家禽、肉类产品和食物残渣

C.变质;水果、蔬菜、奶制品、家禽、肉类产品和食物残渣

D.未变质;水果、蔬菜、奶制品、家禽、肉类产品和食物残渣

22.海洋污染的特点是_____。

①不易发现;②持续性强;③扩散范围大;④消除较容易;⑤对人类危害严重

A.①③④ B.②③④

C.②③⑤ D.①②③

23.按照经修正的 MARPOL 公约附则 V 规定的南极区域食品垃圾排放要求,以下错误的是_____。

A.排放入海的食品垃圾须尽可能远离最近陆地,但距最近陆地或最近冰架须不少于 3 n mile

B.食品垃圾须业已经过粉碎机或研磨机处理且须能通过筛眼不大于 25 mm 的粗筛

C.食品垃圾须未受其他类型的垃圾污染

D.禁止排放包括禽类和禽类部位在内的引进禽产品,除非已经过无菌处理

24.《1990 年国际油污防备、反应和合作公约》的宗旨是_____。

A.建立一个全球合作体系,以对威胁海洋环境的重大油污事故进行防备和处理

B.保证海洋环境安全,防止船舶污染

C.促进各国间的航运技术合作,鼓励各国在促进海上安全、提高船舶航行效率、防止和控制船舶对海洋污染方面采取统一的标准,处理有关的法律问题

D.促进充分就业和提高生活水平;促进劳资双方合作;加强社会保障措施;保护工人生活与健康;主张通过劳工立法来改善劳工状况,进而获得世界持久和平、建立社会正义

25.关于 IMO 公约的生效机制,下列说法正确的是_____。

①公约的生效是指公约对缔约国开始产生约束力;②公约必须满足一定的生效条件,才能生效;③议定书的生效有两种情况:一种是与其母公约一并生效,例如 MARPOL 73 公约产生时附带的 6 个议定书;另一种是独立存在的议定书,例如 MARPOL 73 公约的 1978 年议定书;④议定书的生效意味着对原公约本身进行修改、补充或替换

A.①②③ B.①②④

C.①③④ D.②③④

26.根据 MARPOL 公约附则Ⅳ,若船舶装有经主管机关认可的生活污水粉碎和消毒系统,该系统还应配备令主管机关满意的各项设施,用于船舶在距最近陆地_____ n mile 之内时临时储存生活污水。

A.3 B.4

C.9 D.12

27.按照 MARPOL 公约附则Ⅲ规定,凡以前曾经用于装运有害物质的空的容器,除非已采取适当的预防措施,保证其中_____危害海洋环境的残余物,否则_____将其本身视为有害物质。

A.已没有;应 B.仅含少量;应

C.已没有;不应　　　　　　　　　　　D.仅含少量;不应

28.下列关于《1972年防止倾倒废弃物及其他物质污染海洋公约》中"倾倒"的理解,不正确的是_____。

A.任何从船舶、航空器、平台或其他海上人工构筑物上有意地在海上倾弃废物或其他物质的行为

B.任何有意地在海上弃置船舶、航空器、平台或其他海上人工构筑物的行为

C.船舶、航空器、平台或其他海上人工构筑物及其设备的正常操作所附带发生或产生的废物或其他物质的处置

D.倾倒不包括"并非为了单纯处置物质而放置物质,但以这种放置不违反本公约的目的为限"

29.下列关于《1969年国际干预公海油污事故公约》的主要内容,说法错误的是_____。

A.该公约正文有17条;并有附则,包括调解(12条)和仲裁两部分,共19条

B.公约规定了船旗国在发生海上事故后,有在公海上采取必要措施的权利

C.缔约国之间发生任何争议,又不能协商解决时,可按附则规定,在任一方要求下,提请调解或仲裁

D.处理油污的费用由肇事船国家负责,若在肇事船被免责的情况下,由各会员国按比例分担

30.《1969年国际油污损害民事责任公约》中关于"油类"的解释,正确的是_____。

A.指任何持久性烃类矿物油,例如原油、燃油、重柴油和润滑油,不论作为货物装运于船上,或是作为这类船舶的燃料

B.指任何持久性烃类矿物油,例如原油、燃油、重柴油和润滑油,仅仅是作为货物装运于船上

C.指作为船舶的燃料

D.指任何持久性烃类矿物油,主要是作为船舶的燃料

31.航行中因船舶触礁、碰撞、搁浅或失火等意外事故造成的油船货舱、货船燃油舱等破损溢油,其特点是_____。

①多半靠近海岸和港湾;②溢油量大;③污染危害严重

A.①②　　　　　　　　　　　　　　　B.①③

C.②③　　　　　　　　　　　　　　　D.①②③

32.MARPOL公约附则Ⅵ中规定,IAPP证书的有效期为_____年。

A.2　　　　　　　　　　　　　　　　B.3

C.4　　　　　　　　　　　　　　　　D.5

33.国际航行船舶的货船设备安全证书的有效期为_____年。

A.5　　　　　　　　　　　　　　　　B.3

C.2　　　　　　　　　　　　　　　　D.1

34.根据MARPOL 73/78公约附则Ⅳ规定,经粉碎和消毒处理过的生活污水,在特殊区域外,可在距离最近陆地_____n mile以外排放。

A.3　　　　　　　　　　　　　　　　B.7

C.4　　　　　　　　　　　　　　　　D.12

35._____属于MARPOL公约附则Ⅰ要求的船上油污应急计划非强制性的规定。

A.报告程序

B.油污事故中需联系的当局或人员名单

C.计划检查

D.国家和地方协作

36.关于 MARPOL 73/78 公约附则Ⅲ,防止海运包装形式有害物质污染规则,以下说法错误的是_____。

A.根据其所包装的特殊物品,包装件应足够将对海洋环境的危害减至最低限度

B.为确保船舶安全或救护海上人命,可以将以包装形式装运的有害物质抛入海中

C.标记正确技术名称和在盛装有害物质包装件上粘贴标签的方法,应使包装件在海水中至少浸泡 3 个月后,标记和标签内容仍能保持清晰可辨

D.每艘装运有害物质的船舶,应具有一份特别清单或舱单,列明船上所装的有害物质及其位置;使用一份载明船上所装全部有害物质位置的详细积载图可用以代替这种特别的清单或舱单

37.MARPOL 73/78 公约附则Ⅵ规定,加油记录单应按规定附有一份所供燃油的代表样品,该样品由船方控制直到燃油被基本消耗掉,但无论如何其保存期自加油日期算起应不少于_____。

A.9 个月　　　　　　　　　　　B.12 个月

C.6 个月　　　　　　　　　　　D.15 个月

38.MARPOL 73/78 公约附则Ⅰ规定的特殊区域包括_____。

A.南中国海区域　　　　　　　　B.波罗的海区域

C.渤海湾区域　　　　　　　　　D.日本海区域

39.MARPOL 73/78 公约附则Ⅳ对生活污水系统的要求,凡符合本附则的各项规定的每艘船舶,均应配备_____的生活污水系统。

①生活污水处理装置,该装置应经主管机关形式认可;②经主管机关认可的生活污水粉碎和消毒系统;③集污舱,该集污舱的构造应使主管机关满意,并应设有能指示其集存数量的目视装置

A.①②　　　　　　　　　　　　B.①②③设备之一

C.①②③　　　　　　　　　　　D.②③

40.MARPOL 73/78 公约附则Ⅳ规定,未经粉碎和消毒处理的生活污水,可在距最近陆地_____n mile 以外排放。

A.12　　　　　　　　　　　　　B.25

C.4　　　　　　　　　　　　　　D.8

41.美国制定了一整套本国的防止海洋污染法规,_____虽然不是国际公约,但由于对油污损害规定了船东、经营人和光船租船人的严格责任和义务,以及对油船和其他各类船舶设计和安全设备提出了严格要求,凡在美国海域从事航运的船舶都必须在管理和经营方面遵守其制定的规则,因此引起国际航运界极大关注。

A.《公海干预法》　　　　　　　B.《联邦水域污染控制法》

C.《1990 年油污法》　　　　　　D.《防止船舶污染法》

42.美国《1990 年油污法》规定,造成油污染事故的液货船赔偿及清污费每总吨_____美元,或

总额 1 000 万美元，取其大者。

A.800　　　　　　　　　　　　　B.1 000

C.1 200　　　　　　　　　　　　D.1 500

43.美国《1990 年油污法》(OPA 90) 规定，非液货船油污赔偿限额为每总吨_____美元，或总额_____万美元，取其大者。

A.200;50　　　　　　　　　　　B.600;50

C.1 200;100　　　　　　　　　　D.1 200;200

44.美国《1990 年油污法》对船员有严格的要求，其中包括_____。

①对船员的吸毒进行严厉处罚，严重者追究刑事责任;②对船员的酗酒进行严厉处罚，严重者追究刑事责任;③凡到美国的船舶，其船上的船员要接受美国主管机关的考核

A.①②　　　　　　　　　　　　B.①③

C.②③　　　　　　　　　　　　D.①②③

45.关于经修正的 MARPOL 公约附则 I，下列说法错误的是_____。

A.滤油设备应装有报警装置，当排放含油混合物含油量超过 15ppm 时发出报警

B.滤油设备应装有排放含油混合物含油量超过 15ppm 时停止排放的装置

C.禁止在南极区域排放油类及含油混合物

D.ppm 系指按重量的百万分比计算的水的含油率

46.MARPOL 公约附则 Ⅲ 要求，盛装有害物质的包装的标签在海水中浸泡_____个月应清晰可见。

A.2　　　　　　　　　　　　　　B.3

C.5　　　　　　　　　　　　　　D.4

47.根据 MARPOL 公约附则 Ⅴ，下列有关垃圾管理计划的提法哪项正确?_____。

A.应书面规定垃圾减少、收集、存储、加工和处理，包括船上设施使用的程序

B.应符合港口国的要求

C.由船长负责计划的制订和实施

D.用船旗国的官方语言书写

48.列入《伦敦倾倒公约》的"灰名单"的废物是_____的废物。

A.毒害较大　　　　　　　　　　B.毒害最大

C.没有毒害　　　　　　　　　　D.不准向海洋中倾倒

49.能满足 MARPOL 公约附则 Ⅳ 要求的最简单的方法就是船上安装_____。

A.生化式生活污水处理装置　　　B.物理化学式生活污水处理装置

C.生活污水储存柜　　　　　　　D.生活污水粉碎消毒系统

50.美国《1990 年油污法》对油船构造和货油系统的要求是_____。

①油船必须建造成双层壳体;②货油舱必须设置液位和舱内压力监测装置;③货油舱必须设置超高液位报警装置;④设置舱内油气回收装置;⑤设置清洁压载舱

A.①②③④　　　　　　　　　　B.①③④⑤

C.②③④⑤　　　　　　　　　　D.①②③④⑤

51.根据 MARPOL 73/78 公约附则 Ⅵ，下列说法错误的是_____。

A.消耗臭氧物质以及含有此类物质的设备,从船上卸下时,都应送至合适的接收设施

B.持有 IAPP 证书的船舶应保存含消耗臭氧物质的设备清单

C.持有 IAPP 证书并具有含消耗臭氧物质的再充注系统的船舶须保存一份消耗臭氧物质记录簿

D.禁止消耗臭氧物质的任何故意排放,包括在系统或设备的维护、检修、修理或处置过程中发生的排放以及与消耗臭氧物质的回收或再循环相关的微量释放

52.根据 MARPOL 公约附则Ⅲ的有关规定,盛装有害物质的包装件,须根据_____有关规定加上耐久性标志或标签,指明该物质为有害物质。

A.1974 年 SOLAS 公约　　　　　B.IMDG 规则

C.MARPOL 公约　　　　　D.MEPC.193(61)号决议

53.2019 年 1 月 1 日起,海船进入排放控制区,应使用硫含量不大于_____的船用燃油,2020 年 1 月 1 日起,海船进入内河控制区,应使用硫含量不大于_____的船用燃油。

A.0.5%m/m;0.1%m/m　　　　　B.1%m/m;0.5%m/m

C.0.5%m/m;0.2%m/m　　　　　D.1%m/m;0.1%m/m

54.船舶大气污染物排放控制区实施方案设立原则是_____。

①促进环境质量改善和航运经济协调发展;②强化船舶大气污染物排放控制;③遵守国际公约和我国法律标准要求;④同步进行,一步到位

A.①②③④　　　　　B.②③④

C.①②③　　　　　D.①②④

55.通过设立船舶大气污染物排放控制区,降低船舶_____等大气污染物的排放,持续改善沿海和内河港口城市空气质量。

①硫氧化物;②氮氧化物;③颗粒物;④挥发性有机物

A.①②③④　　　　　B.②③④

C.①②③　　　　　D.①②④

56.《1969 年国际油污损害民事责任公约》中关于强制保险制度,说法错误的是_____。

A.船舶强制保险相关的证书应由船舶登记国的有关当局颁发或认证;对于不在缔约国登记的船舶,证书也可由船旗国有关当局颁发或认证

B.《1992 年国际油污损害民事责任公约》规定,船舶所有人可以选择实行强制保险制度或财务保证制度

C.在缔约国登记的载运 2 000 t 以上散装货油船舶的船舶所有人必须进行保险或取得其财务保证

D.缔约国的有关当局在确信船舶已获得满足公约的强制保险制度之后,应向每艘船舶颁发一份证书

57.《1969 年国际油污损害民事责任公约》中关于责任相关条款,说法错误的是_____。

A.只要油类从船上溢出或排放引起的污染在该船之外造成灭失或损害,不论此种溢出或排放发生于何处,船舶所有人都要对污染承担民事赔偿责任

B.采用严格的责任制,只有在由战争等少数几个原因造成油污事故时,船舶所有人得以免除责任

C.船舶所有人得以免除责任包括3种情形:战争或自然灾害;第三方行为以及由负责灯塔或其他助航设备的政府或其他主管当局的疏忽或过失所致

D.公约实行严格责任原则,所有的污染损害船舶所有人都得承担

58.按照经修正的 MARPOL 公约附则 V 规定,特殊区域排放食品废弃物入海,除非已经过无菌处理,否则禁止在_____排放包括禽类和禽类部位在内的外来鸟类产品。

A.南极区域   B.红海

C.地中海   D.波罗的海

59.根据《国际海运危险货物规则》(IMDG 规则),装有有害物质的包装件须_____。

①在盛装有害物质的包装件上粘贴标志或标签;②加上商业名称;③加上耐久性标志或标签,指明该物质为有害物质

A.①③   B.②③

C.①②   D.①②③

60.关于 MARPOL 公约附则 I 对残油(油泥)舱的要求,下列说法错误的是_____。

A.凡 400 总吨及以上船舶,应参照其机型和航程长短,设置一个或几个足够容量的舱柜,接收本附则要求不能以其他方式处理的残油(油泥)

B.进出残油舱的管系,除标准排放接头外,应无直接排向舷外的接头

C.残油舱的舱容应大于船舶最大航程所产生的污油水总容积

D.残油舱的设计和建造,应能使其清洁和将残油排入接收设备

61.关于《1969 年国际油污损害民事责任公约》适用范围,下列说法错误的是_____。

A.适用于装有散装油类货物的任何国家的船舶

B.适用于军舰和执行非海上运输活动的公务船

C.适用于在下列区域内造成的污染损害:缔约国的领土,包括领海和缔约国按照国际法设立的专属经济区

D.公约同时还适用于不论在何处采取的用以防止或减少此种损害的预防措施

62.《1969 年国际干预公海油污事故公约》中,关于"海上事故"表述正确的是_____。

A.指船舶碰撞、搁浅或其他航行事故,或是在船上或船舶外部发生的对船舶或货物造成物质损失或有造成物质损失的紧迫威胁的事件

B.指海上发生的机械故障

C.指船舶碰撞、搁浅或其他航行事故和在船上或船舶外部发生的对船舶或货物造成物质损失或有造成物质损失的紧迫威胁的事件

D.指船舶碰撞、搁浅或其他航行事故,或仅仅是在船上内部发生的对船舶或货物造成物质损失或有造成物质损失的紧迫威胁的事件

63.经修订的 MARPOL 公约附则 VI 规定,燃油交付单中应包括_____。

A.加油船的 IMO 编号、产品名称、15 ℃时的密度、硫含量

B.加油船的船籍港、产品名称、15 ℃时的密度、硫含量

C.加油船的 IMO 编号、产品名称、15 ℃时的密度、水含量

D.加油船的 IMO 编号、产品名称、40 ℃时的密度、硫含量

64.MARPOL 73/78 公约附则 I 规定,_____油船,应备有油类记录簿第 I 部分(机舱的作业记

录)和第Ⅱ部分(货油和压载作业记录)。_____非油船,应备有油类记录簿第Ⅰ部分(机舱的作业记录)。

A.150 总吨及以上;50 总吨及以上

B.150 总吨及以上;400 总吨及以上

C.400 总吨及以上;150 总吨及以上

D.400 总吨及以上;400 总吨及以上

65.2013 年 1 月 1 日生效的 MARPOL 73/78 公约附则Ⅴ修正案规定,垃圾管理计划应使用_____编写。

A.船旗国官方语言

B.英语、法语、西班牙语中的一种

C.船旗国官方语言以及英语、法语、西班牙语中的一种

D.船员工作语言

66.2013 年 1 月 1 日生效的 MARPOL 73/78 公约附则Ⅴ修正案规定,_____须配备垃圾管理计划,且船员均须执行。

①100 总吨及以上的船舶;②400 总吨及以上的船舶;③经核准载运 10 人或以上的船舶;④经核准载运 15 人或以上的船舶;⑤固定或浮动平台

A.②④⑤　　　　　　　　　　　B.①③⑤

C.①④⑤　　　　　　　　　　　D.②④

67.MARPOL 公约附则Ⅲ规定,根据其所装的具体物质,包装件须足以将其_____。

A.对大气危害降至最低限度　　　B.对大气环境没有危害

C.对海洋环境的危害降至最低限度　D.对海洋环境没有危害

68.MARPOL 公约规定,油船排放货油舱油性混合物时,距最近陆地应为_____。

A.12 n mile 以上　　　　　　　B.25 n mile 以上

C.50 n mile 以上　　　　　　　D.100 n mile 以上

69.MARPOL 公约附则《防止船舶造成大气污染规则》,用以控制船上的_____等的释放。

①消耗臭氧物质;②氮氧化物(NO_x);③硫氧化物(SO_x);④挥发性有机化合物(VOC)

A.①③　　　　　　　　　　　　B.①②④

C.②③④　　　　　　　　　　　D.①②③④

70.按经修正的 MARPOL 公约附则Ⅳ规定,下列说法错误的是_____。

A.船舶在离陆地 2 n mile 外,使用主管机关所认可的设备,排放粉末状的和已消毒的污物(生活污水)

B.如果生活污水与 MARPOL 公约其他附则所涵盖的污水混在一起时,除要满足本附则的要求外,还应满足其他附则的要求

C."国际航行"系指本公约适用的一个国家到该国以外的一个港口的航行,反之亦然

D.对于从事固定航线航行的船舶,如客渡船,船上的排放管路也可以安装一种主管机关能够接受的排放接头,如快速对接套头

71.2013 年 1 月 1 日生效的 MARPOL 73/78 公约附则Ⅴ修正案规定,_____总吨及以上的船舶和可运_____人及以上的船舶应配备垃圾管理计划。

A.100；15   B.400；12

C.150；12   D.400；15

72.船舶在距最近陆地 12 n mile 以外，按规定排放有毒液体洗舱水时，水深必须超过_____。

A.25 m   B.30 m

C.15 m   D.20 m

73.对_____，公司应当明确并用文件形式规定其责任、权利及相互关系。

①管理涉及安全和防止污染工作的所有人员；②从事涉及安全和防止污染工作的所有人员；
③审核涉及安全和防止污染工作的所有人员

A.①②   B.①③

C.②③   D.①②③

74.下列_____物质是应禁止在船上燃烧的包装物。

①被有害物质污染的包装物；②塑料；③分油机产生的油渣；④废弃的电池；⑤含有卤素化合
物的精炼石油产品

A.②③④⑤   B.①④⑤

C.①②④⑤   D.①③④

75.下列说法中错误的是_____。

A.400 总吨及以上的货物船舶，应装有符合规定的滤油设备

B.固定不动的旅店客船和水上仓库之类船舶，应装有符合规定的滤油设备

C.主管机关应保证小于 400 总吨的船舶尽可能装有将油类或含油混合物留存船上或按相关
规定将其排放的设备

D.应保证通过滤油设备排放入海的含油混合物的含油量不超过 15ppm

76.根据《中华人民共和国海上船舶污染事故调查处理规定》，发生污染事故的船舶应在事故发生
后 24 h 内向就近的海事管理机构提交船舶污染事故报告书，以下不需在报告书中报告的内容
是_____。

A.船舶及船舶所有人、经营人或者管理人的有关情况

B.污染事故概况

C.应急处置情况

D.污染损害赔偿责任

77.若修船期间机舱污油水过多，船方可以_____。

A.排出舷外

B.若是由于船厂修船造成的，由船厂负责，与机舱无关

C.向海事局申请排岸

D.启用油水分离器处理，将符合排放标准的水排出舷外

78.船舶污染物接收单位从事船舶垃圾、残油、含油污水、含有毒有害物质污水接收作业，下列哪
一项应当做的事情是错的？_____。

A.向海事管理机构报告污染物接收情况

B.采取必要的防污染措施

C.编制作业方案

D.将使用完毕的含油污水记录簿在船舶上保留 2 年

79.如果公约某一修正案采用"默示接受程序",则从时间上讲该修正案应在其被接受之日后_____个月生效。

    A.16　　　　　　　　　　　　　　B.12

    C.10　　　　　　　　　　　　　　D.6

80.下列_____不属于 400 总吨及以上船舶在特殊区域内处理机舱舱底水的排放标准。

    A.距离最近陆地至少 50 n mile

    B.船舶正在航行途中

    C.未经稀释的排出物的含油量不超过 15ppm

    D.油性混合物不是来自油船的货泵舱的舱底

81.根据 MARPOL 公约的规定,400 总吨及以上的船舶,机舱舱底水经过滤油设备处理,满足公约操作性排油控制的标准后,在特殊区域内_____。

    A.公约没有明确规定　　　　　　　　B.得到船级社许可后,可以排放

    C.禁止排放　　　　　　　　　　　　D.可以排放

82.《1969 年国际油污损害民事责任公约》规定:"油类"是指任何持久性油类,包括_____。

    ①船舶货油;②船舶燃料油;③船舶润滑油;④鲸油

    A.②③④　　　　　　　　　　　　B.①③④

    C.①②③④　　　　　　　　　　　D.①②③

83.OPRC1990 是_____的简称。

    A.美国《1990 年油污法》

    B.《1990 年国际油污防备、反应和合作公约》

    C.《伦敦倾废公约》

    D.《国际油污损害民事责任公约》

84.根据《1969 年国际干预公海油污事故公约》规定,沿海国在采取措施之前,要与受到海上事故影响的其他国家进行协商,特别是与_____进行协商。

    A.缔约国　　　　　　　　　　　　B.港口国

    C.船旗国　　　　　　　　　　　　D.成员国

85.根据 MARPOL 公约规定,垃圾记录簿须记录每次排放作业或完成的焚烧作业,并须由_____在焚烧或排放当日签署。

    A.船长　　　　　　　　　　　　　B.主管高级船员

    C.大管轮　　　　　　　　　　　　D.轮机长

86.MARPOL 公约附则Ⅴ规定,垃圾记录簿应记录每次排放和焚烧作业,_____应于当日签署。

    A.主管高级船员　　　　　　　　　B.轮机长

    C.大副　　　　　　　　　　　　　D.船长

87.MARPOL 公约附则Ⅵ对_____进行了规定。

    ①燃油的质量;②燃油交付单;③燃油样品的管理;④主管机关的检查措施

    A.①②③　　　　　　　　　　　　B.①②④

    C.①③④　　　　　　　　　　　　D.①②③④

88.MARPOL 公约附则Ⅵ对_____进行了规定。

①燃油的质量;②燃油供应通知单;③燃油供应商的管理;④燃油样品的管理;⑤主管机关的检查措施

A.①②③   B.①③

C.①②③④   D.①②④⑤

89.《1969 年国际干预公海油污事故公约》规定,在发生海上事故后,处理油污费用由肇事船国家负责,若在肇事船被免责的情况下,由_____。

A.船东承担   B.各会员国按比例分担

C.沿岸国承担   D.国际海事组织基金会承担

90.《1990 年国际油污防备、反应和合作公约》要求所有船舶、港口和近海装置都应具备_____,并且港口国当局有权对此进行监督检查。

A.国际防污染管理证书   B.溢油应变部署表

C.油污应急计划   D.溢油处置程序

91.15ppm 舱底水报警装置可以记录日期、时间和报警状态以及 15ppm 舱底水分离器的运行状态。记录装置还应储存数据至少_____个月,并应能显示或打印官方检查所要求的报告书。

A.12   B.18

C.36   D.24

92.以下关于油类记录簿的叙述中,_____是错误的。

A.每页使用完后,船长应签名

B.油类记录簿使用完后在船上保留 3 年

C.每操作完一项作业,轮机长应签名

D.操作时间一定要写起止时间

93.加油时做好加油全过程管理,在此期间_____应将加油作业作为全船工作,加强值班责任心,防止发生油污染事故。

A.甲板部和轮机部   B.轮机部

C.甲板部   D.轮机部和电气部

94.MARPOL 公约适用于_____。

A.民用船   B.军用船

C.游船   D.渔船

95.船舶加装燃油操作应记入_____。

A.日常工作记录本   B.货油作业用油类记录簿

C.机器处所作业用油类记录簿   D.燃油消耗记录本

96.《2000 年有毒有害物质污染事故防备、反应与合作议定书》与《1990 年国际油污防备、反应和合作公约》之间的关系,说法正确的是_____。

①既是相互独立的,又有相互内在联系;②只有《1990 年国际油污防备、反应和合作公约》的缔约国,才能成为本议定书的缔约国;③退出《1990 年国际油污防备、反应和合作公约》,则意味着自动退出本议定书

A.②   B.①③

C.②③   D.①②③

97.MARPOL 公约规定,_____等属于国际航线的非油船应具备的防污染文书。

①国际防止油污证书;②油类记录簿;③油污应急计划;④状态评估计划;⑤垃圾管理计划;

⑥垃圾记录簿;⑦国际防止生活污水污染证书

A.①②③④⑤⑥⑦   B.①②③④⑦

C.①②③⑤⑥⑦   D.①②③④⑤⑥

98.根据 MARPOL 公约附则Ⅴ的要求配备的垃圾管理计划,_____。

①应书面规定垃圾减少、收集、存储、加工和处理,包括船上设施使用的程序;②应指定专人负责计划的实施;③应使用船员的工作语言书写;④应由船长亲自负责制订和实施

A.①②③④   B.①②③

C.②③④   D.①③④

99.载运_____的液货船须在船上备有并实施经主管机关认可的 VOC 管理计划。

 A.航空煤油   B.轻油

 C.重油   D.原油

100.MARPOL 73/78 公约的附则Ⅰ规定,凡_____总吨及以上的船舶,应设置一个或几个足够容量的舱柜,接收不能以其他方式处理的残油。

 A.150   B.1 000

 C.400   D.10 000

101.船舶对海洋的油污染主要来自_____。

①油船营运作业中的排油、漏油;②事故性溢油;③非油船的含油舱底水

 A.①②   B.①③

 C.②③   D.①②③

102.海洋污染的特点有_____。

①污染源广;②持续性强;③扩散范围广;④防治难、危害大;⑤治理时间长、费用大

 A.①②③④⑤   B.②③④

 C.③④⑤   D.①②⑤

103.发生污染事故的船舶,有关作业单位,应当在事故发生后_____h 内向就近的海事管理机构提交船舶污染事故报告书。

 A.48   B.12

 C.6   D.24

104.须禁止消耗臭氧物质的任何故意排放。以下对"故意排放"的理解,正确的是_____。

 A.故意排放包括与消耗臭氧物质的回收或再循环相关的微量释放

 B.故意排放包括系统或设备的维护、检修、修理或处置过程中发生的排放,但故意排放不包括与消耗臭氧物质的回收或再循环相关的微量释放

 C.故意排放是指人为的恶意排放,不包括系统或设备的维护、检修、修理或处置过程中发生的排放

 D.故意排放包括系统或设备的维护、检修、修理或处置过程中发生的排放与消耗臭氧物质的

回收或再循环相关的微量释放

105.燃油中硫是有害成分,其燃烧产物会导致柴油机机件_____,废气锅炉的部件_____。
    A.腐蚀磨损和低温腐蚀;低温腐蚀　　　　B.过度磨损和低温腐蚀;高温腐蚀
    C.腐蚀磨损;低温腐蚀　　　　　　　　　D.高温腐蚀和腐蚀磨损;低温腐蚀

106.以下有关船舶污染海洋的说法中,错误的是_____。
    A.海洋污染会使海洋生态和环境遭受严重破坏
    B.随着海上运输量的逐年增长,排入海洋的各种有害物质的数量不断增加
    C.海洋污染会危害人类健康
    D.海洋具有自清能力,对海生物危害并不严重

107.以下关于滑油及燃油的微生物污染的说法,错误的是_____。
    A.运输、驳运、存储、加热、分油机净化等途径为微生物在燃油中的迅速生长提供了有利条件
    B.微生物最主要的危害是导致燃油变质,影响其性能指标
    C.可以引起滑油不可逆转的性能变化
    D.使用多种滤器设备、离心分离、凝聚过滤、浮选法、离子交换树脂等是防止润滑油中微生物
      破坏的机械方法和理化方法

108.目前,用物理回收的方法回收海上溢油是清除海上溢油较为理想的方法,它包括_____。
    A.人工回收和机械回收
    B.人工回收和吸油材料回收
    C.机械回收和吸油材料回收
    D.人工回收、机械回收和吸油材料回收

109.海洋污染的特点是_____。
    ①污染物种类繁多而且成分复杂;②不易发现;③持续性强;④危害性大;⑤污染范围广
    A.①②③　　　　　　　　　　　　　　　B.①③④⑤
    C.②③④⑤　　　　　　　　　　　　　　D.①②③④

110.船舶在航行途中排放有毒液体物质,按规定自航船航速应不低于_____。
    A.12 kn　　　　　　　　　　　　　　　B.10 kn
    C.7 kn　　　　　　　　　　　　　　　　D.4 kn

111.船舶污染事故调查应当由至少_____名船舶污染事故调查人员实施。
    A.1　　　　　　　　　　　　　　　　　B.2
    C.3　　　　　　　　　　　　　　　　　D.4

112.船舶对海洋环境污染的途径中,属于操作性排放的是_____。
    ①舱底水的排放;②压载水的排放;③生活污水的排放
    A.①②　　　　　　　　　　　　　　　　B.①③
    C.②③　　　　　　　　　　　　　　　　D.①②③

113.按照有毒液体物质残余物排放的规定,允许将 X、Y 或 Z 类物质或临时评定为此类物质的残
    余物或含有此类物质的压载水、洗舱水或其他混合物排放入海,应符合_____排放标准。
    ①船舶在海上航行,自航船航速至少为 7 kn;②如果是非自航船,航速至少为 4 kn;③在水线
    以下通过水下排放口进行排放,不超过水下排放口的最高设计速率;④排放时距最近陆地不

　　少于 12 n mile,水深不少于 25 m

  A.②③④   B.①②④

  C.①②③④   D.①②③

114.排放有毒液体物质残余物时,船舶距最近陆地不少于_____ n mile,水深不少于_____ m。

  A.12;25   B.7;15

  C.15;30   D.10;20

115.《伦敦倾废公约》第四条规定了倾倒的条件,下列说法错误的是_____。

  A.倾倒附件 1 所列的废物或其他物质应予禁止

  B.倾倒附件 2 所列的废物或其他物质需要事先获得特别许可证

  C.倾倒一切其他废物或物质(附件 1 和附件 2 所列除外的)需要事先获得一般许可证

  D.未列入附件 1 和附件 2 的物质获得一般许可后,可任意倾倒

116.以下有关美国《1990 年油污法》的说法中,错误的是_____。

  A.对油船和其他各类船舶的设计和安全设备提出了严格要求

  B.它是国际公法,一切船舶应该遵守其规定

  C.对油污损害规定了船东、经营人和光船租船人的严格责任和义务

  D.导致了 MARPOL 公约的修正

117.MARPOL 公约附则Ⅰ要求的船上油污应急计划中报告的程序中不包括_____。

  A.初始报告   B.结论报告

  C.补充报告   D.附加报告

118.关于 MARPOL 公约附则Ⅰ,有关油类记录簿第Ⅰ部分的说法,错误的是_____。

  A.添加燃油或散装润滑油应记入

  B.每写完一页应由轮机长签字

  C.滤油设备的任何故障均应记入

  D.应在进行最后一项记录后保存 3 年

119.根据 MARPOL 公约附则Ⅱ,散装运输有毒液体物质的船舶应接受的检验有_____。

  ①初次检验;②换证检验;③中间检验;④年度检验

  A.①②④   B.①②③④

  C.②③④   D.①③④

120.盛装有害物质的包装件,应永久地标以正确的_____,并加上_____。

  A.技术名称;应急说明   B.技术名称;标志

  C.商品名称;应急说明   D.商品名称;标志

121.MARPOL 公约附则Ⅴ规定,船舶食物废弃物未经粉碎处理,特殊区域外可在距最近陆地_____以外投弃入海。

  A.3 n mile   B.12 n mile

  C.不得入海   D.20 n mile

122.MARPOL 公约附则Ⅴ规定,船舶食物废弃物未经粉碎处理(能通过网孔为 25 mm 的滤网),特殊海域外可在距最近陆地_____以外投弃入海。

A.3 n mile   B.12 n mile

C.不得入海   D.20 n mile

123.经修订的 MARPOL 公约附则Ⅵ,如焚烧炉为连续进料型,在燃烧室气体出口温度低于
_____时不得将废弃物送入该焚烧炉装置;如焚烧炉为分批装料型,该装置应设计成其燃
烧室气体出口温度在启动后 5 min 内达 600 ℃ 且随后稳定在不低于_____。

A.650 ℃;1 200 ℃   B.650 ℃;850 ℃

C.850 ℃;850 ℃   D.850 ℃;1 200 ℃

124.MARPOL 公约的适用范围是_____。

①有权悬挂一缔约国国旗的船舶;②无权悬挂一缔约国的国旗但在另一缔约国的管辖下进
行营运的船舶;③军舰、海军辅助船舶;④国营且目前只用于政府非商业性服务的船舶

A.③④   B.②③④

C.①②   D.①②③④

125.根据 MARPOL 公约的要求,对 150 总吨及以上的运载散装有毒液体物质的船舶配有一份经
认可的_____。

A.船上有毒液体物质海上污染应急计划

B.船上海上污染应急计划

C.船上油污染应急计划

D.船上海上污染应急计划或船上有毒液体物质海上污染应急计划

126.通过《国际船舶压载水和沉积物控制与管理公约》来防止、减少并消除因有害水生物和病原
体的转移对_____引起的风险。

①环境;②人体健康;③财产;④资源

A.①②③   B.①②④

C.①②③④   D.①③④

127.根据 MARPOL 公约的控制散装有毒液体物质污染规则,_____有毒液体物质严禁排入海
洋环境。

A.X 类   B.Y 类

C.Z 类   D.OS 类

128.关于 MARPOL 公约附则Ⅱ,已被卸完_____物质的货舱在船舶离开卸货港之前,应予以
清洗,清洗的残余物其质量浓度在小于或等于 0.1%之前应被排入接收设备。

A.X 类   B.Y 类

C.Z 类   D.Y 类和 Z 类

129.MARPOL 公约附则Ⅵ在燃油质量控制方面除规定了燃油的质量外,还要求燃油供应
商_____。

①向主管机关登记;②向船方提供燃油供应通知单;③向船方提供燃油样品

A.①②③   B.②③

C.①③   D.①②

130.根据 MARPOL 公约附则Ⅳ,生活污水包括_____。

①厕所的排出物和其他废弃物;②小便池的排出物和其他废弃物;③医务室的洗澡盆排水孔

的排出物;④厨房排水孔的排出物;⑤装有活的动物处所的排出物

A.①②③④⑤　　　　　　　　　　B.①②③④

C.①②③　　　　　　　　　　　　D.①②③⑤

131.凡150总吨及以上的油船、400总吨及以上的非油船,在特殊区域处理机舱舱底水时要遵守_____。

①含油污水不是来自货油泵舱的舱底及含油污水未混有货油的残余物;②船舶正在途中航行;③未经稀释的排出物的含油量不超过25ppm;④船上所设符合本附则要求的油水过滤设备正在运行且当排出物含油量超过排放标准时,该过滤系统备有的停止装置能确保自动停止排放

A.①②　　　　　　　　　　　　　B.①②③④

C.②③④　　　　　　　　　　　　D.①②④

132.MARPOL公约附则Ⅱ规定,散装有毒液体物质分成_____。

A.X、Y、Z 3类

B.X、Y、Z 及 OS 4类

C.A、B、C、D 及其他液体类 5类

D.A、B、C、D 4类

133.在距离最近陆地不足 12 n mile 时,禁止将_____等处理入海。

①碎布;②食品废弃物;③玻璃;④金属

A.①②③④　　　　　　　　　　　B.①②③

C.①②④　　　　　　　　　　　　D.②③④

134.下列关于《1972 年防止倾倒废弃物及其他物质污染海洋公约》3 个附件的说法,错误的是_____。

A.公约的3个附件分别对"禁止向海洋倾倒的物质""需经特别许可才能倾倒的物质""需经一般许可能倾倒的物质"做出了详细列举

B.附件3列举了未列入附件1和附件2的物质,被称为"白名单"

C.附件1列举了禁止在海上倾倒的物质,被称为"黑名单"

D.附件2列举了获得特别许可证后方可倾倒的物质,被称为"灰名单"

135.船舶向海洋排放的_____等污染物,应当符合法律和行政法规等的要求。

①船舶垃圾;②生活污水;③含油污水;④废气

A.①②③④　　　　　　　　　　　B.②③④

C.①②③　　　　　　　　　　　　D.①③④

136.在压载水处理技术上,_____从实用性、经济性两方面分析都是非常好的处理压载水的方法。

A.紫外线法　　　　　　　　　　　B.加热法

C.过滤及旋流分离法　　　　　　　D.化学处理法

137.根据经修订的 MARPOL 公约附则Ⅵ,对船舶排放控制的要求包括_____。

①臭氧消耗物质;②氮氧化物;③硫氧化物和颗粒物质;④挥发性有机化合物(VOC);⑤船上焚烧;⑥接收设施;⑦燃油的供应和质量;⑧一氧化碳

A.①②③④⑤⑥⑦   B.②③④⑤⑥⑦⑧

C.①③④⑤⑥⑦⑧   D.①②③④⑤⑦⑧

138.船用生活污水处理装置操作管理,每_____个月检查曝气池活性污泥浓度,一般保持污水呈_____色。

A.1;巧克力   B.3;巧克力

C.6;白   D.3;白

139.MARPOL公约附则Ⅰ,关于机器处所的作业应记入油类记录簿第Ⅰ部分的说法,错误的是_____。

A.燃油舱的压载和清洗

B.货油舱污压载水或洗舱水的排放

C.残油(油泥)的收集和处理

D.机器处所积存的舱底水向舷外排放或处理

140.根据MARPOL公约附则Ⅳ规定,在特殊区域外,未经粉碎和消毒处理的生活污水,可距最近陆地_____n mile以外以适当速率排放,且排放时船速不小于_____kn。

A.12;7   B.3;4

C.3;7   D.12;4

141.下列关于《伦敦倾废公约》与《伦敦倾废议定书》(《1972年防止倾倒废弃物及其他物质污染海洋公约1996年议定书》)的说法,错误的是_____。

A.《伦敦倾废公约》于1975年生效,是全球首批致力于保护海洋环境免受人类侵害的国际公约之一

B.《伦敦倾废议定书》对《伦敦倾废公约》进行了补充和修订,以期最终取代《伦敦倾废公约》

C.《伦敦倾废议定书》要求在得到有关国家机构的事先许可之前,任何有害废物及其他物质都不得向海洋倾倒

D.议定书采取预防原则,采纳"反列名单"的方法,禁止倾倒"许可向海洋倾倒的物质"以外的所有其他物质

142.美国《1990年油污法》对油污损害规定了_____的严格责任和义务,凡到美国海域的船舶都必须遵守。

①船东;②经营人;③光船租船人;④船员

A.①②③④   B.①④

C.①②③   D.①②④

143.以下说法正确的是_____。

①油类记录簿应逐行、逐页使用,不得留有空白;②油类记录簿所要求记载的细节,应按年、月、日顺序记录;③油类记录簿每页记录完后,须由轮机长签字;④油类记录簿应使用中文记录

A.①②   B.①②③

C.①②④   D.①②③④

144.船舶加装燃油时,应在油类记录簿中记载_____。

①装油的时间、地点;②燃油种类;③油舱编号及加入的数量;④油舱的总存量;⑤供油公司

的名称

A.①②③　　　　　　　　　　　　　　　B.①②④

C.①②③④　　　　　　　　　　　　　　D.①②③④⑤

145.《控制和管理船舶压载水和沉积物国际公约》中,"压载水"系指为控制船舶_____而加装到船上的水及悬浮物质。

①横倾;②纵倾;③吃水;④应力;⑤速度

A.①②③④　　　　　　　　　　　　　　B.①②③④⑤

C.①②③　　　　　　　　　　　　　　　D.①②④⑤

146.防污规定中,对150总吨及以上油船,其总排油量不得超过装油总量的1/30 000,并且瞬时排放率要小于_____L/n mile。

A.30　　　　　　　　　　　　　　　　　B.40

C.50　　　　　　　　　　　　　　　　　D.60

147._____总吨及以上的非油船必须配备经主管机关批准的船上油污应急计划。

A.500　　　　　　　　　　　　　　　　B.300

C.150　　　　　　　　　　　　　　　　D.400

148.船舶应当配备_____的垃圾储存容器。

①铁制;②有盖;③不渗漏;④不外溢

A.②③④　　　　　　　　　　　　　　　B.①②③

C.①②③④　　　　　　　　　　　　　　D.①③④

149.我国实施的《船舶水污染物排放控制标准》中垃圾包括_____。

①塑料废弃物;②食品废弃物;③生活废弃物;④废弃食用油;⑤操作废弃物;⑥货物残留物;⑦动物尸体;⑧废弃渔具;⑨电子垃圾;⑩废弃物焚烧炉灰渣

A.①②③④⑤⑥⑦⑧⑩　　　　　　　　　B.①②③④⑤⑥⑦⑧⑨

C.①②③④⑤⑥⑦⑧⑨⑩　　　　　　　　D.①②③④⑤⑦⑧⑨⑩

150.我国实施的《船舶水污染物排放控制标准》中对_____的排放控制进行了规定。

①含油污水;②生活污水;③含有毒液体物质污水;④船舶垃圾;⑤船舶压载水

A.①②③④⑤　　　　　　　　　　　　　B.①②③④

C.①②③⑤　　　　　　　　　　　　　　D.①②④⑤

151.MARPOL公约规定,150总吨及以上的油船须设置污油水舱,用来留存_____。

①洗舱后所产生的污油水;②残油;③含油压载水;④机舱处所污水

A.①②③④　　　　　　　　　　　　　　B.①③④

C.②③④　　　　　　　　　　　　　　　D.①②③

152.PSC检查时为了不对船舶造成不当延误,可以将油类记录簿制成副本。下列说法正确的是_____。

A.该副本可以作为法律诉讼的证据

B.该副本应该一式三份

C.应由港口国主管机关证明该副本为真实副本

D.应由船长证明该副本为真实副本,可以作为法律诉讼的证据

153.船舶凭污染物接收单证向_____管理机构办理污染物接收证明。

A.环境保护   B.渔业

C.海洋   D.海事

154.污油水舱的设计,特别是其_____的位置,应能避免油类的过分湍流和被带走或与水形成乳化。

①入口;②出口;③挡板;④堰

A.①②③   B.①②③④

C.①③④   D.②③④

155.发生溢油时,船舶按照船上油污应急计划的要求立即向海事主管机关报告,下列哪项不属于立即报告的内容? _____。

A.污染物的种类、基本特性、数量、装载位置等情况

B.已经采取或准备采取的污染控制、消除措施以及救助要求

C.事故污染情况

D.污染损害赔偿责任保险情况

156.根据 MARPOL 公约附则Ⅰ防止油污染规则的有关规定,应写入油类记录簿的是_____。

①燃油舱的压载或清洗;②燃油舱压载水或洗舱水的排放;③残油(油渣)的处理;④机器处所内积存的舱底水向舷外排放或处理

A.①③④   B.②③④

C.①②③④   D.①②④

157.VOC 管理计划包括_____等信息。

①所需控制的液货船的尺度;②所需控制的液货船经营公司的信息;③需要蒸气释放控制系统的货物种类;④该控制的生效日期

A.①②④   B.②③④

C.①③④   D.①②③

158.根据 MARPOL 公约附则Ⅵ,消耗臭氧物质记录簿中的物质应按其质量单位(kg)记录,且在任何情况下都应及时记录下列内容,其中不需记录的是_____。

A.含消耗臭氧物质的设备的部分重新充注

B.含消耗臭氧物质的设备的修理或维护

C.含消耗臭氧物质的设备的全部重新充注

D.消耗臭氧物质回收时的微量释放

159.除_____外,严禁将油类或含油混合物排放入海。

①为保障船舶安全;②为救护海上人命;③为保护货物;④由于船舶或其设备损坏

A.①②③   B.②③④

C.①②④   D.①②③④

160.根据 MARPOL 公约附则Ⅴ,在特殊区域外,距离最近陆地 3 n mile 以外,可排放入海的是_____。

A.合成缆绳、合成渔网

B.塑料垃圾袋

C.经粉碎且能通过筛眼不大于 25 mm 粗筛的食品垃圾

D.含有毒或重金属残余的塑料制品的焚烧炉灰烬

161.船舶发生污染事故,应向_____海事管理机构报告。

A.目的港　　　　　　　　　　B.就近

C.船籍港　　　　　　　　　　D.出发港

162.特殊区域外,除非符合_____,应禁止 400 总吨及以上的船舶排放油类或油性混合物入海。

①船舶正在航行途中;②经滤油设备加工处理;③未经稀释的排出物含油量不超过 15ppm;④油性混合物不来自油船的货泵舱的舱底

A.①②③④　　　　　　　　　　B.①②③

C.①③④　　　　　　　　　　D.②③④

163.SMPEP 至少应包括公约所要求的_____等方面的强制性规定。

①船长应遵循的海洋污染事故报告程序;②发生海洋污染事故时的联系人;③为减少油类的排放,船上人员采取行动的说明;④处理事故时,船上进行联系的程序及要点

A.①③④　　　　　　　　　　B.①②③

C.②③④　　　　　　　　　　D.①②③④

164.有关经修订的 MARPOL 公约附则Ⅵ,下列说法错误的是_____。

A.焚烧炉燃烧室烟气出口的温度范围为 850~1 200 ℃

B.如焚烧炉为分批装料型,该装置应设计成其燃烧室气体出口的温度在启动后 5 min 内达 600 ℃且随后稳定在不低于 1 200 ℃

C.船方应保存燃油样品直到燃油被基本消耗掉,但无论如何其保存期自加油日期算起应不少于 12 个月

D.燃油交付单中包括的资料包括接受燃油的船舶名称和 IMO 编号、港口、交付开始日期、船用燃油供应商名称、地址和电话号码、产品名称、数量(t)、15 ℃时的密度、硫含量、一份由燃油供应商代表签署和证明的声明

165.经修订的 MARPOL 公约附则Ⅴ,不属于船舶垃圾分类的是_____。

A.动物尸体和渔具　　　　　　B.作业废弃物

C.生活废弃物　　　　　　　　D.灰水

166.400 总吨以上船舶机舱含油舱底水的排放条件包括_____。

①船舶正在航行途中;②船舶不在零排放区;③经认可的符合要求的滤油设备分离;④对油船而言,油水混合物可混有货油残余物

A.①②④　　　　　　　　　　B.②③④

C.①②③　　　　　　　　　　D.①②③④

167.MARPOL 73/78 公约附则Ⅰ规定,油类记录簿第Ⅰ部分不需要记录_____。

①燃油舱的清洗;②燃油舱污压载水的排放;③油性残余物的处理;④燃油舱室间的燃油驳运;⑤添加桶装润滑油

A.①②③　　　　　　　　　　B.④⑤

C.③④⑤　　　　　　　　　　D.①③

168.船舶排放水污染物时,当国际公约与国内法规发生冲突时,船舶应该遵守_____。

A.国内法规

B.国际公约和国内法规中规定较宽松者

C.国际公约和国内法规中规定较严格者

D.国际公约

169.根据经修正的 MARPOL 公约附则Ⅴ,除例外条款外,禁止排放垃圾入海,包括_____。

A.任何塑料(含塑料制品的焚烧灰)

B.食用油

C.塑料制品

D.任何塑料(含塑料制品的焚烧灰)、食用油

170.在特殊区域内,除_____的排放外,禁止油船将货油区域的油类或油性混合物排放入海。

A.清洁压载水   B.专用压载水

C.清洁压载水和专用压载水   D.洗舱水

171.船上油污应急计划规定,发生了溢油事故,为减少污染事故的危害影响,船舶应尽快与_____取得联系并得到核准。

A.沿岸国或地方当局   B.船籍国或主管机关

C.国家海事局   D.港务监督局

172.为了避免误排油,150 总吨及以上的油船应装有一个经主管机关批准的排油监控系统,该系统应设有一个记录器,用以提供_____的连续记录。

①每海里排放升数;②总排放量或含油量;③排放率;④船舶位置

A.①③④   B.①②③④

C.①②④   D.①②③

173.船舶在排放含油污水或洗舱水时应按 MARPOL 公约附则Ⅰ修正条款执行,其中对含油洗舱水的瞬时排放率应小于_____ L/n mile,机舱含油污水的浓度应控制在小于_____ ppm。

A.60;100   B.30;100

C.60;15   D.30;15

174.BWM 2004 由_____组成。

①公约正文;②总则;③附则;④附录

A.①②④   B.①③④

C.①②③   D.②③④

175.排放有毒液体物质残余物时,船舶应在海上航行,且航速至少为_____ kn。

A.4   B.5

C.6   D.7

176.美国联邦法规关于防止船舶油类以及有害物质污染规则要求所有在美国水域内营运的_____的船东或经营人需向美国海岸警卫队准备和提交一份船舶响应计划。

A.400 总吨以上的非油船   B.150 总吨以上的油船

C.油船   D.油船和 400 总吨以上的非油船

177.MARPOL 73/78 公约规定,排油监控系统应装有＿＿＿＿＿＿＿＿装置。

　　A.加热　　　　　　　　　　　　　　B.报警

　　C.加压　　　　　　　　　　　　　　D.防震

178.MARPOL 公约由以下＿＿＿＿＿＿＿＿附则组成。

　　①防止油类污染规则;②控制散装有毒液体物质污染规则;③防止海运包装有害物质污染规则;④防止船舶生活污水污染规则;⑤防止船舶垃圾污染规则;⑥防止船舶造成空气污染规则;⑦防止船舶压载水造成污染规则

　　A.①②③④⑤⑥　　　　　　　　　　B.①②④⑤⑥⑦

　　C.①②③⑤⑥⑦　　　　　　　　　　D.①②③④⑤⑥⑦

179.曾经装运过有害物质的空容器,如未采取预防措施,则视为＿＿＿＿＿＿＿＿。

　　A.有害物质　　　　　　　　　　　　B.无害容器

　　C.普通货物　　　　　　　　　　　　D.普通容器

180.散装船需要在港内冲洗甲板舱室时,应当＿＿＿＿＿＿＿＿。

　　A.向海事管理机构报告相关作业信息

　　B.事先向海事管理机构申请批准

　　C.向港务局报告相关作业信息

　　D.事先向船公司申请批准

181.在确认特别敏感海域时,相关的满足法律条款要求的保护措施必须得到 IMO 的批准或采纳,从而＿＿＿＿＿＿＿对环境的威胁及保护环境的脆弱性。

　　①防止;②增加;③减少;④消除

　　A.②③④　　　　　　　　　　　　　B.①②③

　　C.①③④　　　　　　　　　　　　　D.①②④

182.根据 MARPOL 公约附则Ⅰ的要求,凡 400 总吨及以上船舶,应参照其机型和航程长短,设置＿＿＿＿＿＿＿足够容量的舱柜,接收本附则要求不能以其他方式处理的残油污泥。

　　A.2 个　　　　　　　　　　　　　　B.1 个或多个

　　C.3 个　　　　　　　　　　　　　　D.1 个

第八节　国内防污染相关法律法规的规定

1.国产轻柴油其牌号是以＿＿＿＿＿＿＿＿为代号的。

　　A.闪点　　　　　　　　　　　　　　B.燃点

　　C.凝点　　　　　　　　　　　　　　D.浊点

2.对违反《中华人民共和国海洋环境保护法》有关规定,造成重大海洋环境污染事故,致使公司财产遭受重大损失的＿＿＿＿＿＿＿＿。

　　A.吊销许可证　　　　　　　　　　　B.依法追究刑事责任

　　C.停止生产或施工　　　　　　　　　D.责令限期改正

3.＿＿＿＿＿＿＿＿负责制定全国船舶重大海上溢油污染事故应急计划。

　　A.国家环保行政主管部门　　　　　　B.国家海事行政主管部门

C.国家海洋行政主管部门　　　　　　　　　D.国家渔业行政主管部门

4.《防治船舶污染海洋环境管理条例》规定，船舶污染事故分为_____。

①特别重大船舶污染事故；②重大船舶污染事故；③较大船舶污染事故；④一般船舶污染事故；

⑤微小船舶污染事故

A.①②③　　　　　　　　　　　　　　　　B.②③④

C.①②③④　　　　　　　　　　　　　　　D.①②④⑤

5.船舶发生污染事故后，我国防污条例规定，在向海事机关提交的报告中应包括_____。

①污染发生的时间、地点；②消除污染措施；③污染海域的气象水文情况

A.①②　　　　　　　　　　　　　　　　　B.①②③

C.②③　　　　　　　　　　　　　　　　　D.①③

6.我国实施的《船舶水污染物排放控制标准》中对船舶生活污水排放，增加了_____污染物控

制项目。

①pH 值；②化学需氧量（CODCr）；③总氯（总余氯）；④总氮；⑤氨氮；⑥总磷

A.①②③④⑤⑥　　　　　　　　　　　　　B.①②③④

C.①②③　　　　　　　　　　　　　　　　D.①③④⑤⑥

7.在《中华人民共和国船舶及其有关作业活动污染海洋环境防治管理规定》中规定的船舶油类作

业必须遵守的规定中，错误的是_____。

A.最满不得超过舱容的 70%　　　　　　　B.收解输油管必须用闷板封好

C.作业前堵好甲板泄水孔　　　　　　　　　D.油类作业记入油类记录簿

8.在《中华人民共和国船舶及其有关作业活动污染海洋环境防治管理规定》中规定的船舶油类作

业必须遵守的规定中，正确的是_____。

①作业前应量油；②油类作业记入油类记录簿；③最满不得超过舱容的 90%；④收解输油管必

须用闷板封好

A.②③④　　　　　　　　　　　　　　　　B.①②④

C.②④　　　　　　　　　　　　　　　　　D.①②③④

9.根据《中华人民共和国船舶及其有关作业活动污染海洋环境防治管理规定》，船舶和燃油供给

单位应当将燃油供受单证保存_____年，将燃油样品妥善保存_____年。

A.3；2　　　　　　　　　　　　　　　　　B.2；1

C.2；2　　　　　　　　　　　　　　　　　D.3；1

10.根据《中华人民共和国海上船舶污染事故调查处理规定》，下列说法正确的是_____。

A.在调解过程中，当事人向人民法院提起诉讼或者申请仲裁的，应当及时通知海事管理机构，

调解可继续进行

B.《船舶污染事故民事纠纷调解协议书》由当事人各持一份，调查处理机构留存一份

C.船舶污染事故调查处理机构应当自事故调查结束日起 10 个工作日制作《船舶污染事故民

事纠纷调解协议书》，并送达当事人

D.船舶污染事故引起的污染损失赔偿争议，当事人可以向海事管理机构申请调解，海事管理

机构也可以主动调解，当事人一方拒绝调解的，海事管理机构可继续调解

11.根据《中华人民共和国船舶及其有关作业活动污染海洋环境防治管理规定》，国际航行船舶在

驶离国内港口前应将船上污染物清理干净,并在办理出口岸手续时向海事管理机构出示有效的_____。

A.垃圾记录簿　　　　　　　　　B.油类记录簿

C.污染物接收证明　　　　　　　D.污染物接收单证

12.根据《中华人民共和国船舶安全营运和防止污染管理规则》,以下说法中错误的是_____。

A.公司应当保证船员在履行其涉及安全管理体系的职责时能够有效地交流

B.公司应当保证按照有关规定为每艘船舶配备合格并健康的船员

C.公司应当保证安全管理体系内所有人员充分地理解有关规定、标准和相关指南

D.公司不需要建立有关程序,船员自行获得有关安全管理体系的信息

13.《中华人民共和国海洋环境保护法》规定,因为_____,经过及时采取合理措施,仍然不能避免对海洋环境造成污染损害的,造成污染损害的有关责任者免予承担责任。

①战争;②不可抗拒的自然灾害;③负责助航设备的主管部门在执行职责时的疏忽;④负责灯塔的主管部门在执行职责时的过失行为

A.①②　　　　　　　　　　　B.③④

C.①②④　　　　　　　　　　D.①②③④

14.我国防止海域污染的规定中,距最近陆地 50 n mile 以上的航行船舶排放含油污水时,瞬时排放率小于 30 L/n mile,该类船舶指的是 150 总吨及以上的_____。

A.干货船　　　　　　　　　　B.油船

C.客货船　　　　　　　　　　D.液货船

15.根据《中华人民共和国船舶安全营运和防止污染管理规则》的规定,当船舶安全和防污染与生产、经营、效益发生矛盾时,应当坚持_____的原则。

A.效益第一　　　　　　　　　B.安全第一

C.安全第一、保护环境　　　　D.安全与效益并重

16.根据《中华人民共和国海上船舶污染事故调查处理规定》,以下表述有误的是_____。

A.发生污染事故的船舶应立即向就近的海事管理机构报告

B.船舶向海事管理机构报告后,经核实发现报告内容与事实情况不符的,应当立即对报告内容予以更正

C.发生污染事故的船舶应当在事故发生后 4 h 内向就近的海事管理机构提交船舶污染事故报告书

D.因特殊情况不能在规定时间内提交船舶污染事故报告书的,经海事管理机构同意后可予适当延迟,但最长不得超过 48 h

17.《防治船舶污染海洋环境管理条例》规定,船舶在中华人民共和国管辖海域发生污染事故,或者在中华人民共和国管辖海域外发生污染事故造成或者可能造成污染的,应当按_____程序实施。

①立即启动相应的应急预案;②启动船舶报告系统;③采取措施控制;④采取措施消除污染;⑤就近向有关海事管理机构报告

A.①→③→④→⑤　　　　　　B.②→③→⑤

C.①→③→⑤　　　　　　　　D.①→②→③→⑤

18.国家_____行政主管部门负责所辖港区水域内非军事船舶和港区水域外非渔业、非军事船舶污染海洋环境的监督管理。

    A.渔业   B.海洋

    C.海事   D.环境保护

19.按照《防治船舶污染海洋环境管理条例》规定,下列情形中不应当受到处罚的是_____。

    A.船舶未随船携带防治船舶污染海洋环境文书的

    B.船舶防污染设备在使用过程中损坏的

    C.船舶未配备防治污染器材的

    D.船舶未保存燃油样品的

20.《中华人民共和国海洋环境保护法》规定,船舶发生海难事故,造成或者可能造成海洋环境重大污染损害的,_____有权强制采取避免或者减少污染损害的措施。

    A.国务院环境保护行政主管部门   B.国家海事行政主管部门

    C.国家海洋行政主管部门   D.国家渔业行政主管部门

21.船舶违反《防治船舶污染海洋环境管理条例》规定且拒不改正的,海事管理机构可以责令_____。

    ①强制卸载;②禁止船舶进出港口;③禁止船舶靠泊;④停航;⑤改航;⑥驶向指定地点

    A.②③④⑤⑥   B.②③④⑤

    C.②③④⑥   D.①②③④⑤⑥

22.《中华人民共和国船舶安全营运和防止污染管理规则》是为了提供船舶安全和防止污染的_____,考虑到航运公司及船舶状况各不相同,依据安全和防污染要求的一般原则和总体目标而定。

    A.管理与技术标准   B.管理标准

    C.技术标准   D.统一标准

23.根据《中华人民共和国船舶水污染物排放控制标准》规定,载重 50 000 t 的普通货船在渤海抛锚时排放生活污水,下列操作符合生活污水排放要求的是_____。

    A.船舶所配备的经认可的生活污水处理装置正在运转,该装置已由主管机关验证符合相关操作要求

    B.船舶在距最近陆地 3 n mile 以外,使用主管机关认可的系统,排放业经粉碎和消毒的生活污水

    C.船舶在距最近陆地 12 n mile 以外,排放未经粉碎和消毒的生活污水

    D.抛锚时不得排放

24.根据《中华人民共和国海洋环境保护法》,在国家管辖域以外造成我国管辖海域污染的,对事故的调查及相应的行政处罚_____。

    A.适用于《中华人民共和国海洋环境保护法》

    B.不适用于《中华人民共和国海洋环境保护法》

    C.适用于《中华人民共和国海商法》

    D.适用于《联合国海洋法公约》

25.进行油类物质过驳作业的船舶,应当向海事管理机构附送_____等材料。

①过驳作业方案;②作业程序;③防污染措施;④船舶靠离方案

A.①②③④　　　　　　　　　　B.①②③

C.①③④　　　　　　　　　　D.②③④

26.根据《防治船舶污染海洋环境管理条例》规定,船舶在我国管辖海域发生污染事故,或者在我国管辖海域外发生污染事故造成或者可能造成我国管辖海域污染的,应当_____。

①立即启动相应的应急预案;②采取措施控制和消除污染;③就近向有关海事管理机构报告;④立刻向船旗国报告

A.①②④　　　　　　　　　　B.①③④

C.②③④　　　　　　　　　　D.①②③

27.《防治船舶污染海洋环境管理条例》规定,较大船舶污染事故和一般船舶污染事故由_____组织事故调查处理。

A.国务院

B.国务院授权国务院交通运输主管部门

C.国家海事管理机构

D.事故发生地的海事管理机构

28.按照《中华人民共和国船舶及其有关作业活动污染海洋环境防治管理规定》,船舶_____,应当向海事管理机构报告相关作业信息。

A.使用焚烧炉　　　　　　　　B.在港区水域内排放压载水

C.冲洗甲板　　　　　　　　　D.进行甲板油漆作业

29.根据《中华人民共和国海洋环境保护法》规定,船舶进行_____活动,应当事先按照有关规定报经有关部门批准或者核准。

①船舶在港区水域内进行洗舱、清舱、驱气、排放压载水或残油、含油污水接收、舷外拷铲及油漆等作业;②船舶冲洗沾有污染物、有毒有害物质的甲板;③船舶进行散装液体污染危害性货物的过驳作业;④从事船舶水上拆解、打捞、修造和其他水上、水下船舶施工作业

A.①②④　　　　　　　　　　B.①②③④

C.①③④　　　　　　　　　　D.①②③

30.《防治船舶污染海洋环境管理条例》规定,船舶污染物接收单证上应当注明_____等内容。

①当地海事管理机构;②作业双方名称;③作业开始和结束的时间、地点;④污染物种类、数量

A.①②③④　　　　　　　　　　B.①③④

C.②③④　　　　　　　　　　D.③④

31.《中华人民共和国船舶及其有关作业活动污染海洋环境防治管理规定》规定,进行污染物接收作业的,应当_____,并采取有效的防污染措施,防止污染物溢漏。

①遵守国家有关标准、规程;②编制作业方案

A.①　　　　　　　　　　B.①②

C.②　　　　　　　　　　D.①或②

32.《中华人民共和国海洋环境保护法》适用于中华人民共和国_____。

①内水;②领海;③毗连区、专属经济区;④大陆架以及中华人民共和国管辖的其他海域

A.①②④　　　　　　　　　　B.①③④

C.①②③   D.①②③④

33.《防治船舶污染海洋环境管理条例》规定，_____应当将燃油供受单证保存 3 年，并将燃油样品妥善保存 1 年。

A.船舶和燃油化验单位   B.燃油供给单位

C.船舶和燃油供给单位   D.燃油化验单位

34.根据《中华人民共和国船舶及其有关作业活动污染海洋环境防治管理规定》，船舶应当将使用完毕的船舶垃圾记录簿在船上保留_____年；将使用完毕的含油污水、含有毒有害物质污水记录簿在船舶上保留_____年。

A.3；4   B.2；3

C.3；3   D.2；2

35.公约必须满足一定的生效条件才能生效，公约若采用明示生效，达到生效条件_____个月后生效。

A.3   B.12

C.24   D.6

36.违反《中华人民共和国海洋环境保护法》规定，船舶有下列_____行为之一的，应予以警告，或者处以罚款。

①未配备防污设施、器材的；②未持有防污证书、防污文书；③不按照规定记载排污记录的；④载运的货物不具备防污适运条件的

A.②③④   B.①②③④

C.①②③   D.①②④

37.《中华人民共和国船舶安全营运和防止污染管理规则》的目标是_____。

①保障水上交通安全；②保证海上安全；③防止人员伤亡；④避免对环境，特别是水域环境造成危害以及对财产造成损失；⑤避免对环境，特别是海洋环境造成危害以及对财产造成损失

A.①③⑤   B.②③④

C.②③⑤   D.①③④

38.我国《中华人民共和国海洋环境保护法》中，油性污染的含义是_____。

A.仅限于原油和成品油

B.仅限于石油制品中不易挥发的油类，汽油和煤油不在其中

C.一切石油及其制品，但不包括动植物油脂

D.一切油类物质，包括石油及其制品和动植物油脂

39.《防治船舶污染海洋环境管理条例》规定，船舶在我国管辖海域发生污染事故，或者在我国管辖海域外发生污染事故造成或者可能造成我国管辖海域污染的，下列采取的措施不恰当的是_____。

A.采取措施控制和消除污染   B.立刻向船旗国报告

C.就近向有关海事管理机构报告   D.立即启动相应的应急预案

参考答案

第一节　国际海上人命安全公约

1.C	2.D	3.A	4.C	5.C	6.A	7.D	8.B	9.B	10.A
11.B	12.C	13.D	14.D	15.D	16.B	17.D	18.A	19.C	20.D
21.C	22.D	23.D	24.D	25.D	26.B	27.A	28.D	29.D	30.B
31.A	32.C	33.D	34.B	35.D	36.D	37.D	38.C	39.D	40.C
41.D	42.C	43.D	44.C	45.C	46.C	47.D	48.A	49.A	50.D
51.D	52.A	53.C	54.D	55.D	56.B	57.A	58.D	59.C	60.B
61.C	62.B	63.A	64.B	65.B	66.D	67.D	68.B	69.B	70.D
71.A	72.A	73.B	74.A	75.D	76.D	77.D	78.C	79.C	80.B
81.B	82.B	83.B	84.B						

第二节　国际载重线公约

1.B	2.B	3.C	4.A	5.C	6.C	7.B	8.B	9.B	10.D
11.B	12.C	13.C	14.D	15.A	16.D	17.B	18.B	19.B	20.C
21.A	22.C								

第三节　联合国海洋法公约

1.D	2.A	3.D	4.B	5.D	6.C	7.A	8.B	9.C	10.B
11.B	12.B	13.D	14.D	15.C	16.C	17.A	18.C	19.D	20.D
21.B	22.C	23.C	24.A	25.A	26.B				

第四节　海员培训、发证和值班标准国际公约

1.B	2.A	3.A	4.A	5.A	6.A	7.D	8.A	9.D	10.B
11.D	12.A	13.A	14.D	15.D	16.C	17.C	18.D	19.D	20.C
21.D	22.C	23.B	24.C	25.A					

第五节　国际船舶和港口设施保安规则(ISPS 规则)

1.D	2.D	3.C	4.B	5.D	6.A	7.D	8.C	9.C	10.C
11.C	12.C	13.D	14.A	15.C	16.B	17.A	18.D	19.D	20.C

21.B	22.B	23.B	24.A	25.A	26.A	27.C	28.C	29.C	30.B
31.C	32.C	33.C	34.B	35.A	36.B	37.C	38.B	39.A	40.A
41.B	42.C	43.D	44.D						

第六节　商船海员安全工作守则

| 1.B | 2.C | 3.B | 4.C | 5.A | 6.B | 7.A | 8.A |

第七节　船舶防污染国际公约的相关规定

1.B	2.D	3.C	4.C	5.A	6.D	7.B	8.C	9.D	10.C
11.B	12.B	13.C	14.D	15.B	16.B	17.B	18.A	19.A	20.B
21.A	22.C	23.A	24.A	25.B	26.A	27.A	28.C	29.B	30.A
31.D	32.D	33.A	34.A	35.C	36.B	37.B	38.B	39.D	40.A
41.C	42.C	43.B	44.D	45.D	46.A	47.A	48.A	49.C	50.A
51.D	52.B	53.A	54.C	55.A	56.A	57.D	58.A	59.C	60.C
61.B	62.A	63.A	64.B	65.D	66.C	67.C	68.C	69.D	70.A
71.A	72.A	73.D	74.B	75.B	76.D	77.C	78.D	79.D	80.A
81.D	82.C	83.B	84.C	85.D	86.A	87.A	88.C	89.B	90.C
91.B	92.C	93.A	94.A	95.C	96.D	97.C	98.B	99.D	100.C
101.D	102.A	103.D	104.B	105.A	106.D	107.D	108.D	109.B	110.C
111.B	112.D	113.C	114.A	115.D	116.B	117.B	118.A	119.B	120.B
121.B	122.A	123.C	124.C	125.D	126.C	127.A	128.A	129.A	130.D
131.D	132.B	133.A	134.B	135.A	136.B	137.A	138.D	139.B	140.D
141.C	142.C	143.A	144.C	145.A	146.A	147.D	148.A	149.C	150.B
151.D	152.D	153.D	154.B	155.D	156.C	157.C	158.D	159.C	160.C
161.B	162.A	163.D	164.B	165.D	166.C	167.D	168.D	169.D	170.C
171.A	172.D	173.D	174.C	175.D	176.D	177.B	178.A	179.A	180.A
181.C	182.B								

第八节　国内防污染相关法律法规的规定

1.C	2.B	3.B	4.C	5.B	6.A	7.A	8.C	9.D	10.B
11.C	12.D	13.D	14.B	15.C	16.C	17.A	18.C	19.B	20.B
21.D	22.B	23.D	24.A	25.B	26.D	27.D	28.B	29.B	30.C
31.C	32.D	33.C	34.B	35.C	36.B	37.D	38.D	39.B	

第三章

船舶运维管理

第一节　国际安全管理规则

1.检查清单是为便于操作方案或须知的实施,以清单形式列出的检查_____。
  A.要点　　　　　　　　　　　　B.方法
  C.时间　　　　　　　　　　　　D.地点

2.NSM 规则的制定借鉴了_____,适用于_____。
  A.ISM 规则的原理;国内航行的船舶
  B.ISO9000 系列质量体系;国际航行的船舶
  C.ISM 规则的原理;国际航行的船舶
  D.ISO9000 系列质量体系;国内航行的船舶

3.为了促进技术标准的发行,减少由人为因素导致的海难事故,IMO 就加强、改善和规范航运公司管理,以及提高船舶安全营运和防止污染管理水平进行了研究,最终借鉴体系化管理的原理出台了_____,要求公司建立_____。
  A.船舶安全营运和防止污染管理体系;NSM 规则
  B.ISM 规则;船舶安全营运和防止污染管理体系
  C.NSM 规则;船舶安全营运和防止污染管理体系
  D.船舶安全营运和防止污染管理体系;ISM 规则

4.为了促进技术标准的发行,减少由人为因素导致的海难事故,IMO 就加强、改善和规范航运公司管理,以及提高船舶安全营运和防止污染管理水平进行了研究,最终借鉴_____的原理出台了 ISM 规则,要求公司建立船舶安全营运和防止污染管理体系。
  A.标准化管理　　　　　　　　　B.制度化管理
  C.体系化管理　　　　　　　　　D.现代企业管理

5.根据我国《实施 ISM 规则的港口国监督指南》的规定,实施港口国监督的程序包括_____。
  ①初始检查;②详细检查;③缺陷检查
  A.①②③　　　　　　　　　　　B.①②
  C.②③　　　　　　　　　　　　D.①③

6.公司应当建立的安全管理体系,满足_____功能要求。

①安全和环境保护方针；②确保船舶的安全营运和环境保护符合有关的国际和船旗国立法的指令和程序；③船、岸人员的权限和相互间的联系渠道；④事故和不符合规则规定的报告程序

A.②③
B.①③④
C.①②④
D.①②③④

7.NSM 规则强调_____将决定安全和防污染的最终结果。

A.高级领导层的承诺

B.各级人员的责任心、能力、态度和主观能动性

C.各级人员的承诺

D.高级领导层的责任心、能力、态度和主观能动性

8.NSM 规则强调_____是做好安全管理工作的基础。

A.高级领导层的承诺

B.各级人员的责任心、能力、态度和主观能动性

C.各级人员的承诺

D.高级领导层的责任心、能力、态度和主观能动性

9.NSM 规则强调_____是做好安全管理工作的基础,而_____将决定安全和防污染的最终结果。

A.高级领导层的承诺;各级人员的责任心、能力、态度和主观能动性

B.高级领导层的责任心、能力、态度和主观能动性;各级人员的承诺

C.各级人员的责任心、能力、态度和主观能动性;高级领导层的承诺

D.各级人员的承诺;高级领导层的责任心、能力、态度和主观能动性

10.NSM 规则是根据一般原则和目标制定、用概括性术语写成的,因而具有广泛的适用性;强调_____是做好安全管理工作的基础,而各级人员的责任心、能力、态度和主观能动性将决定安全和防污染的最终结果。

A.全体员工的承诺
B.高级领导层的承诺
C.公司的口号
D.船东的信仰

11.根据 ISM 规则(2010 修订)的要求,当换证审核在原安全管理证书有效期届满之日后完成时,新签发的安全管理证书应当自_____之日起有效,且有效期自原证书有效期届满之日起不超过_____年。

A.完成换证审核;5
B.完成换证审核;3
C.原证书有效期届满;5
D.原证书有效期届满;3

12.ISM 规则要求公司必须_____并有效运行。

A.建立安全管理体系
B.建立安全管理新机制
C.将传统的规章制度文件化
D.彻底废除原规章制度

13.关于应对船舶安全管理不善,特别是_____不善,造成相关的技术标准未能得到真正有效的履行,被认为是海难事故不断发生的根本原因,才出台了 ISM 规则。

A.船员管理
B.海事管理
C.船旗国政府管理
D.岸上的管理

14.有关 ISM 规则的叙述,正确的是_____。

①ISM 规则是《国际船舶安全营运和防止污染管理规则》的简称;②ISM 规则通过 MARPOL 公约强制执行;③ISM 规则是关于船舶安全营运和防止污染管理的国际标准

A.①②　　　　　　　　　　　　　B.①③

C.②③　　　　　　　　　　　　　D.①②③

15.ISM 规则的目标有三层含义,分别是_____。

A.ISM 规则的目标、公司的安全管理目标、安全管理体系的目标

B.ISM 规则的目标、公司的安全管理目标、船舶安全管理的目标

C.质量体系的目标、安全管理体系的目标、船舶安全管理的目标

D.质量方针的目标、质量体系目标、质量控制目标

16.主管 ISM 的认证机关颁发临时 DOC 和 SMC 的条件是_____。

①更换船旗时;②更换公司时;③更换航区时

A.①②③　　　　　　　　　　　　B.②③

C.①③　　　　　　　　　　　　　D.①②

17.船舶在港内进行以下哪些作业,应预先向当地海事部门申请,批准后才能进行?_____。

①救生艇机试车;②船上电焊作业;③发生油污时向港内撒消油剂;④油船原油洗舱

A.①②③　　　　　　　　　　　　B.①③④

C.①②④　　　　　　　　　　　　D.②③④

18.ISM 的目标分为_____。

①ISM 规则的目标;②公司的安全管理目标;③安全管理体系的目标;④船舶安全管理的目标

A.①③④　　　　　　　　　　　　B.①②③

C.①③　　　　　　　　　　　　　D.①②④

19.ISM 代表_____。

A.《中华人民共和国船舶安全营运和防止污染管理规则》

B.《国际船舶安全营运和防止污染管理规则》

C.船舶保安规则

D.安全管理体系

20.NSM 代表_____。

A.《中华人民共和国船舶安全营运和防止污染管理规则》

B.《国际船舶安全营运和防止污染管理规则》

C.安全管理体系

D.船舶保安规则

21.SMS 文件从上到下构成的顺序是_____。

A.操作手册、程序手册、安全管理手册

B.安全管理手册、程序手册、操作手册

C.程序手册、操作手册、安全管理手册

D.程序手册、安全管理手册、操作手册

22.ISM 规则是一个强制实施的_____。

A.IMO 通过的船舶结构技术标准　　　B.国际安全与防污染管理体系

C.IMO 通过的船舶设备技术标准　　　　　D.安全与防污染管理国际标准

23.以下 SMS 文件要点中关于船舶关键性操作,错误的叙述是_____。

A.关键性操作是指其错误会立刻导致危及人员、环境和船舶的事故或情况的操作

B.进行关键性操作应尽可能现场有人监督,严格按文件操作

C.关键性操作分为关键操作和特殊操作

D.特殊操作是指其错误会立刻导致危及人员、环境和船舶的事故或情况的操作

24.ISM 规则目标包含三层意思:ISM 规则总目标、公司的安全管理目标、安全管理体系目标。
ISM 规则总目标是_____。

①保证海上安全、防止人员伤亡、避免对环境及财产的损害;②提供船舶营运的安全方法及安全的工作环境;③对所有已标识的危害建立防范措施;④持续提高岸上及船上人员的安全管理技能,包括安全及环境保护方面的应急部署

A.①　　　　　　　　　　　　　　B.②

C.②④　　　　　　　　　　　　　D.③④

25.SMC 证书应在船舶符合 ISM 规则要求的_____审核后签发。

A.初次　　　　　　　　　　　　　B.中间

C.换证　　　　　　　　　　　　　D.特别

26.船公司实施 ISM 规则的实质是_____。

A.建立并有效运用 SMS　　　　　　B.取得证书

C.保障安全,防止污染　　　　　　　D.保护公司利益

27.ISM 规则运用 ISO9000 系列标准的架构和机理,建立了通过加强_____来控制_____的管理体系,使船上安全管理置于系统化管理之中。

A.公司安全管理;人为因素

B.对船员教育;人为因素

C.对公司领导的教育;管理不得力

D.对公司领导的教育;船员导致事故

28.安全管理体系是指能使_____有效地实施公司和船舶的安全与防污染方针的一种结构化和文件化的管理体系。

A.公司人员　　　　　　　　　　　B.船上人员

C.海事局安全管理人员　　　　　　　D.公司人员和船上人员

29.船舶安全管理体系在船实施情况是港口国监督检查官(PSCO)的检查内容之一,严重不符合情况可能包括_____。

①体系文件的缺失;②轮机长不熟悉船上有关安全和防污染的重要程序;③缺少安全的工作环境;④缺少适当的指令和程序;⑤无法与岸上指定人员立即取得联系

A.①②③④　　　　　　　　　　　B.②③④⑤

C.①②④⑤　　　　　　　　　　　D.①②③④⑤

30.凡悬挂我国国旗和持有公约证书的国际航行船舶必须履行_____。

A.特别检验　　　　　　　　　　　B.临时检验

C.法定检验　　　　　　　　　　　D.公正检验

31.国际海事组织通过的强制性的文件主要有_____。

①公约;②议定书;③附属于公约等的规则;④通函

A.①②③　　　　　　　　　　　　B.①

C.①②　　　　　　　　　　　　　D.①②③④

32.根据 ISM 规则的规定,对船上可能出现的紧急情况,_____应当建立标明、阐述和反应的程序。

A.船级社　　　　　　　　　　　　B.主管机关

C.公司　　　　　　　　　　　　　D.船舶

33.有关 NSM 规则的内容,下列说法错误的是_____。

A.船上应当保存一份符合证明副本,以使船长在接受主管机关查验时出示

B.如果公司取得符合证明,就证实公司的管理能力满足本规则任何船种的要求

C.如果收回符合证明,所有相关的安全管理证书或临时安全管理证书也应收回

D.如果公司没有申请年度审核,或者有客观证据表明存在重大不符合规定情况,主管机关将收回符合证明

34.ISM 规则中的主管机关是指_____,在我国是_____。

A.港口国政府;CCS

B.船旗国政府;中华人民共和国海事局

C.船旗国政府;CCS

D.港口国政府;中华人民共和国海事局

35.SMS 须有完整的文件,涉及船舶安全和防污染的关键性操作,其操作程序和须知是_____,操作记录是_____,是内审和外审的客观依据。

A.安全作业的保障;员工遵守 SMS 的证据

B.操作依据;员工遵守 SMS 的证据

C.安全作业的保障;操作依据

D.操作依据;安全作业的保障

36.关于联合国的专业机构,诸如 IMO、ILO 机构的设置,下列描述正确的是_____。

①专业机构的组织体系多采用规范的三级机构;②全体大会为最高权力机关,以理事会或执行局为执行机关,以国际秘书处为常设管理与协调机关;③各机关还可设立履行其职能所必需的其他辅助机关

A.②③　　　　　　　　　　　　　B.②

C.①②　　　　　　　　　　　　　D.①②③

37.IMO 的宗旨是_____。

A.促进充分就业和提高生活水平;促进劳资双方的合作;促进社会公正和国际公认的人权和劳工权益

B.通过各种适当的方式和活动促进国际间海商法、海事惯例和实践做法的统一;促进各国海商法协会的成立,并与其他具有相同宗旨的国际性协会或组织进行合作

C.促成国际合作,以解决经济、社会、文化及人类福利之国际问题

D.在与从事国际贸易和航运的各种技术问题有关的政府规章和惯例方面,为各国政府提供合

作机构；并在与海上安全、航行效率和防止及控制船舶对海洋污染有关的问题上，鼓励各国普遍采用最高可行的标准

38.公司按照 ISM 规则建立的船舶和设备的维护程序，为满足要求，应当保证_____。
①按照适当的间隔期进行检查；②报告已知的不符合规定的情况并附可能的原因；③采取适当的纠正措施；④保存这些活动的记录
A.①②③④   B.①②④
C.②③④   D.①②③

39.每个公司应当建立并维护一个安全管理体系，并保证_____。
①符合强制性规定及规则；②对国际海事组织、主管机关所建议的适用的规则、指南和标准予以考虑；③对船级社所建议的适用的规则、指南和标准予以考虑；④对海运行业组织所建议的适用的规则、指南和标准予以考虑
A.②   B.①②
C.①③④   D.①②③④

40.在事故调查组未决定结束事故原状之前，必须全力保护好现场的原状，以免影响事故的调查和处理工作，这属于_____。
A."先救人，后排险"的原则   B."先防险，后救人"的原则
C.保护现场的原则   D.及时的原则

41.在险情和事故仍在继续发展或险情仍未消除的情况下，必须先采取支护等安全保险措施，然后救人，以免使救护者受到伤害和使伤员受到新的伤害，这属于_____。
A."先排险，后清理"的原则
B."先防险，后救人"的原则
C."先救人，后排险"的原则
D."先防险，后排险"的原则

42.根据 ISM 规则(2010 版)的要求，对涉及_____的关键性的船上操作，公司应当制定有关程序、方案或须知，包括必要的检查清单。与之相关的各项工作，应当明确规定并分配给适任人员。
①人员；②船舶安全；③防止污染
A.①②③   B.①③
C.②③   D.①②

43.船长命令属于_____。
A.受授的外来文件   B.受授的公司文件
C.非受授文件   D.非受授外部文件

44.关于 IMO 文件中的"规则"，下列描述正确的有_____。
①自愿地由各船旗国采用作为其国家规则，一旦采用，对该国即具强制性；②规则涉及较广泛的领域[如海上移动式钻井平台构造和设备规则(MODU)等]；③规则可用来代替决议；④一些规则因对某一公约的修正而已被纳入了该公约，具有与公约相同的性质和特点
A.①②③④   B.①②③
C.①③④   D.①②

45.根据 NSM 规则,_____应当保证按照有关规定为每艘船配备合格且健康的船员。

A.公司
B.船长

C.航海院校
D.海事管理机构

46.ISM 规则旨在_____。

①提供船舶安全管理、安全营运和防止污染的国际标准;②要求各国政府采取必要措施以保证船长在海上安全和保护海洋方面正当履行其职责;③要求有适当的管理组织,使其能够对船上的某些需求做出反应,以便达到和保持安全和环境保护的高标准;④提高公司盈利水平;⑤提高船员的福利待遇

A.①②③④⑤
B.①②③④

C.①②③
D.②③④⑤

47.ISM 规则的目的是为_____提供一个国际标准。

①船舶营运安全;②船舶防止污染管理;③船舶营运成本管理;④船员管理

A.①
B.①②

C.②③
D.②③④

48.SMS 文件体系的第三层次是_____。

A.运行记录
B.安全管理手册

C.程序文件
D.须知文件

49.SMS 文件体系的第一层次是_____。

A.运行记录
B.安全管理手册

C.程序文件
D.须知文件

50.SMS 文件体系的第二层次是_____。

A.运行记录
B.安全管理手册

C.程序文件
D.须知文件

51.在开敞锚地锚泊时,轮机长应与船长协商的内容是_____。

A.主机停车待命
B.必须抛双锚

C.是否按航行时值班
D.备车待命

52.安全管理体系在运行过程中,需要采取_____。

A.定期演习
B.定期复查

C.定期内审
D.定期报告

53.2017 年 12 月 1 日,中华人民共和国连续 15 次当选 IMO 的_____。

A.A 类理事国
B.B 类理事国

C.C 类理事国
D.常任理事国

54.船舶安全管理体系在船实施情况是 PSCO 的检查内容之一,当发现船舶持有无效或已失效的 DOC 或 SMC 时,应予以_____。

A.限制作业
B.滞留

C.开航前纠正
D.下一港口纠正

55.根据 ISM 规则(2010 版)的要求,公司应当制定实施纠正措施的程序,包括避免_____的措施。

①不符合规定情况；②事故；③险情重复发生；④人员不断流失

A.①②③④ B.①②③

C.①② D.②③④

56.船舶初次申请SMS审核发证应具备的条件有_____。

①公司已取得适用于该船种有效的符合证明；②船舶已配备有关的安全管理体系文件；③船舶已按安全管理体系有效运行至少6个月；④船舶已按安全管理体系有效运行至少3个月

A.①④ B.①②③

C.①②④ D.①③

57.下列关于IMO文件中"决议"的描述，正确的是_____。

①决议自愿地由各船旗国采用作为其国家规则，一旦采用，对该国即具强制性；②决议通常只涉及有限的技术领域[例如IMO第17届大会决议A.695(17)"在406 MHz运行的自由漂浮式卫星应急无线电示位标的性能标准"等]；③决议是制定规则和公约的第一步；④决议与规则类似，对于已作为1974年SOLAS公约之一部分的决议，具有与公约相同的性质和特点

A.①② B.①③④

C.①②③④ D.②③④

58.ISM规则要求船舶管理公司的安全管理目标应包括_____内容。

①提供安全做法和安全工作环境；②进行风险评估并制定防范措施；③不断提高人员的安全管理技能；④符合强制性的规范和规则

A.①②④ B.①②③④

C.①②③ D.①②

59.如果在原安全管理证书有效期届满日前换证审核已完成，但新证书还未签发或未到船，则主管机关或主管机关认可的机构可以对原证书予以不超过_____的展期签注。

A.5个月 B.6个月

C.5年 D.1年

60.SMS体系涉及船舶安全和防污染的关键性操作分为_____。

①临界操作；②特殊操作；③一般操作

A.①③ B.②③

C.①② D.①②③

61.SMS内审的主要目的是_____。

A.审核活动的符合性 B.审核活动的有效性

C.审核方针的适合性 D.审核文件的符合性

62.1974年SOLAS公约中关于"通风的关闭和停止装置"，下列说法错误的是_____。

A.起居处所、服务处所、货物处所、控制站和机器处所的动力通风，应能从其所通风的处所外部易于到达的位置将其停止

B.机器处所应设有供天窗开启和关闭、在烟囱上正常排气通风开口关闭和通风挡火闸关闭用的控制装置

C.机器处所内动力通风停止装置应与其他处所内通风停止装置可联动

D.应设有停止强力鼓风机和抽风机、燃油驳运泵、燃油装置所用的泵、润滑油供应泵、热油循

环泵和油分离器(净油器)的控制装置

63.公司应当建立安全管理体系,满足_____功能要求。

①对紧急情况的准备和反应程序;②确保船舶的安全营运和环境保护符合有关的国际和船旗国立法的指令和程序;③船、岸人员的权限和相互间的联系渠道;④内部评审和管理性复查程序

A.①②③ B.②③④

C.①②④ D.①②③④

64.进出残油舱的管系,除_____以外,应不能直接排向舷外。

A.通岸接头 B.标准排放接头

C.舷侧出口阀 D.排出口

65.船舶应变应急教育、训练与演习是船舶安全制度不可缺少的内容,船舶安全活动日应_____至少一次。

A.每周 B.每月

C.每季度 D.每年

66.NSM 规则的目标是_____。

①保证海上安全、防止人员伤亡,避免对环境,特别是海洋环境造成危害以及对财产造成损失;②提供船舶营运的安全做法和安全工作环境;③针对已认定的所有风险,制定防范措施;④不断提高岸上及船上人员的安全管理技能,包括安全及环境保护方面的应急准备;⑤不断提高公司盈利水平

A.①⑤ B.①

C.②③④ D.②③④⑤

67._____属于 SMS 体系文件中规定的临界操作。

①在限制水域和交通密集区域航行;②船舶保安、暴力和海盗行为;③在恶劣天气条件下的航行;④维护操作;⑤海上加油和驳油;⑥关键性设备的操作

A.①③④⑥ B.②④⑤⑥

C.①③⑤⑥ D.①②③⑤

68.对于符合 NSM 规则要求的公司,主管机关将签发有效期_____的符合证明。

A.不超过 2 年 B.不超过 5 年

C.不超过 1 年 D.不超过 3 年

69.根据 NSM 规则的有关规定,在初次审核时如果审核公司不是船舶所有人,应额外附送_____。

A.管理复查报告 B.安全管理协议

C.船舶管理协议 D.安保协议

70.PMS 检验项目应完全覆盖所有_____项目,并保证原循环检验项目完成日距下次维修保养日期不超过 5 年。

A.年度检验 B.特别检验

C.中间检验 D.循环检验

71.NSM 规则强调公司的安全管理目标包括_____。

①提供船舶营运的安全做法和安全工作环境;②针对已认定的所有风险制定防范措施;③不断提高船、岸人员的安全管理技能以及安全与环境保护应急反应能力;④保障水上交通安全,防止人员伤亡,避免对环境,特别是水域环境造成危害以及造成财产损失

A.①② B.①
C.①②③④ D.①②③

72.NSM 规则的目标是_____。

①提供船舶营运的安全做法和安全工作环境;②针对已认定的所有风险制定防范措施;③不断提高船、岸人员的安全管理技能以及安全与环境保护应急反应能力;④保障水上交通安全,防止人员伤亡,避免对环境,特别是水域环境造成危害以及造成财产损失

A.③④ B.①②③
C.④ D.①②

73.经审核,船上的管理及操作符合经认可的公司安全管理体系要求的,主管机关或主管机关认可的机构将向船舶签发_____。

A.有效期不超过 5 年的符合证明

B.6 个月的临时安全管理证书

C.有效期不超过 3 年的安全管理证书

D.有效期不超过 5 年的安全管理证书

74.要定期对船上的应急发电机进行检查和维护保养,下列_____属于定期检查和保养的内容。

①柴油储存柜的油量;②润滑点加油;③启动电瓶或启动空气瓶,进行启动和功能试验;④在冬季或寒冷区域做好防冻保温工作;⑤具备在 0 ℃热态迅速启动的能力

A.②③④⑤ B.①②③④
C.①②③④⑤ D.①③④⑤

75.NSM 规则的目标是_____。

①保障水上交通安全;②防止人员伤亡;③避免对环境,特别是水域环境造成危害以及造成财产损失

A.① B.①②
C.②③ D.①②③

76.SMS 文件体系是_____。

①描述 SMS 的一整套文件;②公司开展安全管理活动和环境保护活动的法定工作依据;③达到安全管理目标的最好、最切实际的方法和途径;④防止、消除和减少事故的工具和保证

A.①② B.③④
C.①③④ D.①②③④

77.有关基于安全管理体系的电气焊安全程序,下列说法错误的是_____。

A.电焊时需使用面罩

B.施焊时作业人员应穿长袖衣裤,戴手套、眼镜,必要时应戴防护面具

C.施焊时可以同时调整电流

D.检查工作现场和周围的可燃物,铲除焊区附近油漆

78.每艘载运包装危险货物的船舶应具有一份特别_____。
A.清单
B.价格表
C.舱单
D.清单或舱单

79.船舶安全会议是事故预防和控制的重要环节,每_____至少进行一次。
A.周
B.季度
C.月
D.半年

80.根据 SMS 体系,关键性操作分为临界操作和特殊操作,其中特殊操作包括_____。
①影响航行安全的设备(如舵机)及其有关的备用机器可靠性的操作;②港内驳油操作;③影响航行安全的设备(如舵机)及其有关的备用机器可靠性的维护保养操作;④海上加油和驳油
A.③④
B.①②
C.①②③
D.①②③④

81.对涉及人员、船舶安全和防止污染的关键性的船上操作,公司应当制定有关_____。
①程序;②方案;③须知;④检查清单
A.①③④
B.②③④
C.①②③④
D.①②③

82.关于船旗国的义务,下列说法错误的是_____。
A.每个国家应确定对悬挂该国旗帜的船舶给予国籍
B.船旗国对船舶采取措施以保障海上安全,这些措施涉及船舶构造、装备、适航、信号、通信、避碰、船员、海事调查等方方面面
C.为了弥补船旗国管辖的种种不足之处,国际社会在相关国际公约和国内立法强调船旗国与船舶之间必须存在真正的实质性联系的基础上,通过国际协议增强沿海国和港口国的管辖权
D.在海上安全方面,《联合国海洋法公约》重点对船旗国、港口国做出了基本义务规定

83.IMO 的船舶安全管理途径是通过船旗国政府验船机构,要求其授权的船级社加强对_____的控制。
A.船舶建造和技术状况维持
B.船舶建造
C.船舶运行
D.船舶技术状况维持

84.NSM 规则的主要内容:第二部分审核发证主要包括_____。
A.发证和定期审核
B.审核管理和签发证书
C.临时发证
D.发证和定期审核、临时发证、审核管理和签发证书

第二节　船舶检验和船舶证书

1.关于船舶检验,下列说法错误的是_____。
A.按照其性质分为:法定检验、船级检验、公证检验、临时检验
B.法定检验由船旗国政府指定的验船机构进行

C.船级检验由船舶所入船级的船级社进行

D.船级检验属于强制检验

2.下列关于船舶检验机构的说法,错误的是_____。

A.世界上,船舶检验机构基本上有两种性质:国家的船舶安全监督机构和国家性质的船级社

B.ABS 是法国船级社

C.目前世界上有 40 多家船级社,其中英国船级社(LR)成立于 1760 年,是世界上最老的船级社

D.中国船舶检验局是属于国家的船舶安全监督机构

3.下列关于船舶检验的说法,错误的是_____。

A.船舶检验是促进海运业健康发展的重要手段

B.船舶检验是船舶检验机构对船舶进行的技术质量检验与监督

C.船舶检验通过对船舶结构及船用材料、机械、设备的监督检验和试验,使其符合国际公约、国际法规和船舶规范的各项要求和规定

D.船舶检验是保证船舶具备安全航行、防止水域污染技术条件的一项重要举措,是保证船舶安全的最后一道防线

4.关于船舶检验,下列说法正确的是_____。

A.法定检验可以替代船级检验

B.船级检验可以替代法定检验

C.法定检验可由船旗国政府主管机关委托指定的验船师或其认可的船级社代为执行

D.船级检验可由船旗国政府主管机关代为执行

5.法定检验是_____的检验,检验的依据是_____。

A.船东自愿选择;国内法规及政府承认、批准、接受的国际法规

B.船旗国强制性;国内法规及政府承认、批准、接受的国际法规

C.船旗国强制性;国内法规、法令

D.船东自愿选择;IACS 规定

6.下列关于船舶所有权登记证书和船舶国籍证书的说法,错误的是_____。

A.船舶所有权登记证书证明了船舶财产所有权的归属;船舶国籍证书证明了船舶的国籍和船籍

B.船舶国籍证书长期有效

C.在船舶营运中发生赔偿关系时,船舶国籍证书和船舶所有权登记证书是取得赔偿权益的证件

D.登记机关对审核符合规定的船舶,颁发船舶所有权登记证书,授予船舶登记号码,并在船舶登记簿中载明

7.关于船级检验中的中间检验,下列说法错误的是_____。

A.可以替代 1 次年度检验,在年度检验到期日的前后 3 个月内进行

B.包含年度检验的内容,检验的范围和程度在年度检验与特别检验之间

C.中间检验应于完工、投入使用或特别检验后的第 2 个或第 3 个年度检验时进行

D.中间检验除应包括年度检验规定的项目外,还应对散货船的所有货舱进行随机抽查

8.下列关于船舶登记的说法,错误的是_____。

A.船舶登记是一项法律行为,依据是《中华人民共和国船舶登记条例》

B.中华人民共和国海事局是船舶登记主管机关,各港口海事局是船舶登记机关

C.船舶登记港就是船籍港,船舶登记港由主管机关依据其住所或主要营业所在地就近指定

D.船舶只有通过登记取得一国国籍,才有权悬挂该国国旗航行,受该国法律的保护和管辖

9.保持船级的检验包括_____。

①年度检验;②中间检验;③坞内检验;④特别检验;⑤螺旋桨轴和艉管轴检验;⑥锅炉和热油

加热器检验;⑦公证检验

A.①②③④⑤⑥⑦　　　　　　　　　B.①②③④⑤⑥

C.①②③④⑥　　　　　　　　　　　D.①②④⑤⑥⑦

10.IAPP 证书须由_____签发或签注。

①主管机关;②经主管机关正式授权的个人;③经主管机关正式授权的组织

A.①②③　　　　　　　　　　　　　B.①③

C.②③　　　　　　　　　　　　　　D.①

11.CCS 关于轮机机械中间检验规定,除年度检验项目外还应增加检验项目,_____不在该增

加项目之间。

A.对锚机进行解体检验

B.中间检验尽量与坞内检验结合进行

C.对发电原动机在工作状态下进行运转试验

D.对机械处所、锅炉处所的舱底水吸口和舱外排出阀进行检验

12.中华人民共和国海事局《船舶与海上设施法定检验规则》是实施法定检验的依据,其检验涉及

的内容包括_____方面。

①船舶安全检验;②防止船舶污染检验;③船舶吨位丈量;④船舶载重线检验;⑤船舶起重设

备检验

A.①②　　　　　　　　　　　　　　B.①②③④⑤

C.④⑤　　　　　　　　　　　　　　D.①②③④

13.PMS 检验周期可以以_____作为项目的检验周期,有利于把检验与船舶保养相结合。

A.设备说明书规定的检修期限　　　　B.年度检修的期限

C.特别检修的期限　　　　　　　　　D.循环检修的期限

14.进行特别检验时,以下选项中说法正确的是_____。

A.检验项目的拆开和清理应由船方协调验船师进行

B.检验项目的拆开和清理应在验船师现场监督下进行

C.检验项目的拆开和清理应由验船师协调船方进行

D.检验项目的拆开和清理应由船方提前完成

15.关于船舶识别号的规定,以下正确的是_____。

A.该永久性标志可制成突出的字符,或刻入或用中心冲头冲制

B.该永久性标志应清晰可见,与船体上的任何其他标记不可分开

C.该永久性标志应与船体上的任何其他标记一样

D.该永久性标志应在船舶外部、内部各标记两个以上

16.对于授权实施循环检验的轮机长,其在代检时的职责是_____。

①熟悉具体检验项目的规范和规则,严格按授权的范围进行;②责成相关人员将检验完的项目记载在轮机日志上;③在检验完毕后填写检验报告;④在验船师填写的检验报告上签字确认

A.①②③ B.①③

C.②④ D.①③④

17.中国船级社通过对船舶、海上设施、船用产品和集装箱提供合理和安全可靠的_____,以促进海上人命和财产的安全,为保护海洋环境服务。

A.技术指导 B.检验工作

C.入级规范和(或)技术标准 D.技术咨询

18.实施 PMS 的船舶应按规定进行确认检查,年度确认检查可以代替_____,到期确认检查可以代替_____。

A.年度检验;特别检验 B.年度检验;中间检验和特别检验

C.年度检验和中间检验;特别检验 D.中间检验;特别检验

19.中国船级社规范中的 PMS 和 CMS 的相同之处是_____。

A.每个检验项目相继两次间隔期均不能超过 5 年

B.对轮机长均有要求:经授权或有相应培训证明

C.PMS 和 CMS 都不能作为换证检验的替代方法

D.PMS 和 CMS 都可以代替螺旋桨轴检验

20.轮机船级证书的附加标志 PMS 表示_____。

A.螺旋桨轴状态监控系统 B.柴油机滑油状态监控系统

C.轮机循环检验 D.船舶机械计划保养系统

21.附加标志加注在入级符号之后,若有"NEC"附加标志,则表示本船由_____。

A.NO_x 排放控制 B.SO_x 排放控制

C.螺旋桨轴状态监控 D.柴油机滑油状态监控

22.系泊试验中对主机满负荷试验应在标定转速的_____时,连续运转试验 2 h。

A.0.9 B.0.85

C.0.8 D.0.75

23.根据船级检验的性质,船级检验可分为_____。

A.船体检验、轮机检验和货物冷藏装置检验 3 种

B.船体检验、轮机检验和无线电通信设备检验 3 种

C.船舶入级检验和保持船级检验 2 种

D.年度检验、期间检验和特别检验 3 种

24.在调查所引起的总体或部分修理后,或在做过重大修理或换新后,应根据情况进行 IOPP 证书的_____。

A.年度检验 B.期间检验

C.附加检验 D.换证检验

25.对于实行循环检验的船舶,轮机部的预防性维修计划项目应与循环检验项目_____。

A.结合进行　　　　　　　　　　B.分别进行

C.无关　　　　　　　　　　　　D.视情而定

26.对中国船级社理解错误的是_____。

A.船级社符号为 CCS

B.中国船级社是国际船级社协会成员

C.船级社的社徽是龙锚图案

D.我国船级社具有执法职能

27.船舶进厂修理,本船自修工程项目中凡涉及检验项目应当由_____。

①船方申请检验;②厂方申请检验;③不必申请检验

A.①　　　　　　　　　　　　　B.②

C.③　　　　　　　　　　　　　D.①②③

28.IOPP 证书在有效期内应进行_____,有效期满应进行_____。

①年度检验;②中间检验;③定期检验;④换证检验

A.①②;③　　　　　　　　　　B.①③;④

C.①②;④　　　　　　　　　　D.①③;③

29._____是中国船级社轮机入级符号。

A.★ZC　　　　　　　　　　　　B.★CSM

C.★CSA　　　　　　　　　　　D.CSA

30.下列关于锅炉检验的说法,错误的是_____。

A.船舶每次年度检验,对锅炉应进行外部总体检查

B.炉水化验是锅炉检验的项目之一

C.水管锅炉的内部检验每 5 年内不少于 2 次,最大间隔期不超过 3 年

D.锅炉进行一般修理后,水压试验可在工作压力下进行

31.下列关于特别检验的说法,错误的是_____。

A.检查范围:对船体、轮机和电气设备进行彻底检查和试验,大部分设备、机器和系统要拆开检查并进行功能和效用试验,达到规范要求

B.如果在特别检验到期之日还未完成,经验船师上船检验并经船级社批准,可给予不超过 6 个月的展期

C.特别检验可在到期之日前开始,但应不超过 12 个月

D.特别检验确认船舶的技术状况能否在下个规定的检验间隔期内继续保持船舶的船级

32.下列关于法定检验的说法,错误的是_____。

A.是一种自愿性检验,是船旗国政府规定的对船舶执行国家法令、法规的一种检验与监督

B.由政府主管机关设置的验船机构、政府指定的验船师或授权的组织和个人执行检验,但大多授权船级社检验

C.法定检验的依据是船旗国政府承认、批准、接受或加入的有关国际公约、规则和规定的要求,以及船旗国政府的法律、条例和规范等

D.法定检验分为初次检验、年度检验、期间检验、换证检验和附加检验等

33._____是民间性质的船级社运用规范对船舶技术状态进行检验的机构。

A.NSC、USCG 和 DOT   B.NK、DNV 和 USCG

C.LR、GL 和 CCS   D.CCS、NSC 和 USCG

34.船舶航行及操纵设备、应急设备等属于_____的检查项目之一。

  A.安全检查   B.修船检验

  C.边防检查   D.临时检验

35.船东可以自愿选择检验机构的检验是_____，它是对_____的检验。

  A.初次检验；船舶状态   B.船舶建造和入级检验；造船

  C.船级检验；船舶技术状态   D.初次入级；签发证书

36.船舶免于卫生控制措施证书和船舶卫生控制措施证书的有效期最长应为_____。如果所要求的检查或控制措施不能在港口完成，此期限可延长_____。

  A.6 个月；半个月   B.6 个月；1 个月

  C.12 个月；1 个月   D.12 个月；3 个月

37.不属于电站年度检验的项目是_____。

  A.主电源发电机   B.应急发电机

  C.应急电源蓄电池组   D.发电柴油机

38.校验舵机液压系统上的溢流阀、安全阀，其开启压力应不大于_____的最大工作压力。

  A.1.05 倍   B.1.1 倍

  C.1.25 倍   D.1.5 倍

39.出现哪几种情况，船级将被暂停？_____。

  ①船舶没有按照规范规定的期限进行或完成有关检验，且未按规定进行展期；②船舶的船体、设备和机械（包括电气设备）遭受影响船级的损坏而未及时申请检验；③影响船级的修理、改建或改装未经船级社认可；④遗留项目或船级条件在规定的日期内未消除或达成展缓协定；⑤船舶保险费用未及时缴纳

  A.②③④   B.①③④

  C.①②③④⑤   D.①②③④

40.出现哪些情况，船级将被取消？_____。

  ①根据船东的要求；②导致船级暂停条件在规定的时间内未予更正；③船舶在超出船级符号及附加标志规定的条件下航行时，船级取消立即生效；④未按时交纳检验费；⑤未及时交纳船舶保险费

  A.①②③④   B.①②③④⑤

  C.①③④   D.②③④

41.中国船级社的附加标志 MCC 表示_____。

  A.驾驶台遥控，机器处所有人值班

  B.机器处所按周期性无人机舱运行

  C.机器处所集中控制，机舱集控室有人对机电设备进行监控

  D.该船能够实现机驾合一

42.中国船级社的附加标志 AUT-0 表示_____。

  A.驾驶台遥控，机器处所有人值班

B.推进装置由驾驶台控制站控制,机器处所包括集控站周期性无人值班

C.机器处所集中控制,机舱集控室有人值班

D.该船能够实现机驾合一

43.CCS 规定,对锅炉和热油加热器的检验应包括外部检验和内部检验,对锅炉进行的外部检验是_____,包括_____。

A.总体检查;安全保护装置、燃油系统的功能及燃油应急切断装置

B.一般性目视和查看使用记录;安全保护装置测试记录

C.了解和查看使用记录;安全阀在蒸汽压力下校验的记录

D.外观目视;对锅炉进行水压试验

44.CCS 规定,为保持既得的船级,对电气设备应进行_____。

①年度检验;②中间检验;③初次检验;④特别检验

A.③④　　　　　　　　　　　　　　B.①②④

C.①②③　　　　　　　　　　　　　D.①②③④

45.关于船级检验中的年度检验,下列说法错误的是_____。

A.年度检验通常只对船舶的船体、轮机和电气设备等做一般性检查,以确认其是否处于良好和有效的状态

B.年度检验项目包括检查备件的数量、质量及保管,了解使用情况和检查测量修理情况

C.对推进机械、轴系装置、具有重要用途的辅机进行总体检查,任何时候都不需要打开检查

D.对船体、设备、防火、探火和灭火设施进行检查,确保其处于有效技术状态

46.船级检验的意义是_____。

①证明船舶技术状况,以保证船舶营运安全,避免对海洋环境污染损害;②是港口国对进入或过往船舶进行技术监督的依据;③有利于争取货源;④为索赔、处理海事提供依据

A.①　　　　　　　　　　　　　　　B.①④

C.①②④　　　　　　　　　　　　　D.①②③④

47.中国船级社的附加标志 CMS 表示_____。

A.船体实施循环检验　　　　　　　　B.螺旋桨轴加强检验

C.轮机实施循环检验　　　　　　　　D.柴油机控制系统实施循环检验

48.中国船级社的附加标志 ECM 表示_____。

A.电力设备及系统状态实施监控　　　B.柴油机滑油状态实施监控

C.机舱设备可在集控室实施监控　　　D.该船能够实现机驾合一

49.中国船级社的附加标志 SCM 表示_____。

A.机器处所实施周期性有人值班

B.机器处所实施周期性不定期有人巡检

C.实施螺旋桨轴状态监控

D.实施推力轴承轴状态监控

50.根据 ISM 规则的要求,每个公司建立的安全管理体系应遵循的基本原则是_____。

①安全和环境保护方针及其实施策略;②明确规定岸上和船上各部门和岗位人员的责任、权利以及相互间的关系,不能存在责任、权利的交叉或空白和关系含糊不清的现象;③达到和保

持安全和防污染的高标准

A.②③　　　　　　　　　　　　　B.①③

C.①②　　　　　　　　　　　　　D.①②③

51.中国船级社的入级符号★CSM 表示_____。

A.船舶的结构与设备由 CCS 审图和建造中检验,并符合 CCS 规范

B.船舶的结构与设备不由 CCS 审图和建造中检验,后经 CCS 入级检验,认为符合 CCS 规范的规定

C.轮机设备不由 CCS 审图和建造中检验,经 CCS 入级检验,认为符合 CCS 规范的规定

D.推进机械和重要用途的辅助机械由 CCS 进行产品检验,而且船舶轮机与电气设备由 CCS 审图和建造中检验,并符合 CCS 规范的规定

52.下列不属于法定检验的是_____。

A.船舶载重线证书的定期检验

B.船舶防止油污结构与设备的年度检验

C.货船构造安全证书的年度检验

D.保持船级的特别检验

53.下列有关船舶检验的叙述,错误的是_____。

A.法定检验是船旗国主管机关强制性的检验

B.我国的船级检验是对中国籍船舶的强制检验

C.船级检验的目的之一是证明船舶技术状态

D.船级检验是船东的自愿行为

54.下列关于法定检验与船级检验关系的说法,错误的是_____。

A.如果法定检验和船级检验是由同一个机构实施的,则在船级检验完成后,可以认为构造安全方面的内容满足公约要求

B.船级检验和法定检验不能由同一机构完成

C.在船级检验要求中,部分内容与法定检验有交叉,具体地说是构造安全的全部内容和载重线检验的部分内容

D.法定检验是强制性的,由政府部门主管和实施;船级检验属自愿性质,由船东选择船级社进行

55.船舶更改船名、船籍港或船舶所有人(单位)时,应申请_____。

A.临时检验　　　　　　　　　　　B.特别检验

C.年度检验　　　　　　　　　　　D.入级检验

56.年度检验可在到期前后_____内进行。

A.1 个月　　　　　　　　　　　　B.1 年

C.半年　　　　　　　　　　　　　D.3 个月

57.船级符号"LR"代表_____。

A.法国船级社　　　　　　　　　　B.挪威船级社

C.日本船级社　　　　　　　　　　D.英国劳式船级社

58.公证检验项目包括_____。

①海损事故(机损);②海难损失;③买卖船舶鉴定;④船舶的起退租;⑤索赔(海事索赔);
⑥货物的检验;⑦其他要求的检验;⑧船级到期
A.①②③④⑤⑥⑦　　　　　　　B.①②③④⑤⑥⑧
C.①②③④⑤⑦⑧　　　　　　　D.①②④⑤⑥⑦⑧

59._____为防止油污染证书年度检验的必检项目。
①检查各种法定证书的有效性;②检查船级证书的有效性;③确认船上油污应急计划已配备
在船上;④试验设置在排放监控系统上的任何视听报警装置;⑤检查与污水或油污水排放相
关的管系
A.①②　　　　　　　　　　　　B.③④⑤
C.①③④⑤　　　　　　　　　　D.①②③④⑤

60._____是一种根据船舶所有人的自愿申请,对船舶进行的一种技术性的检验。
A.船级检验　　　　　　　　　　B.公证检验
C.法定检验　　　　　　　　　　D.循环检验

61.船舶保持船级的特别检验的周期最长不超过_____。
A.5 年　　　　　　　　　　　　B.3 年
C.2 年　　　　　　　　　　　　D.1 年

62.年度检验通常是_____。
A.要求拆检以确定机械设备性能
B.要求试航以确定船舶性能
C.了解过去的使用情况和检查测量修理记录
D.预测使用寿命和确定航行状态

63.我国船级检验轮机入级符号后加注附加标志 BRC,表示_____。
A.机器处所周期无人值班
B.机械装置可以在集控室进行操纵和连续监督
C.推进机械和所有重要辅助机械、正常海上航行和操纵工况均由驾驶台控制
D.从事散装运输油类的船舶,设有认可的惰性气体系统

64.船舶检验的种类分为_____。
①法定检验;②船级检验;③公证检验;④临时检验;⑤年度检验;⑥中间检验
A.①②③④　　　　　　　　　　B.①②③④⑤⑥
C.①②④　　　　　　　　　　　D.①②

65.中国船级社对轮机实施循环检验的附加标志是_____,对船体实施循环检验的附加标志
是_____。
A.CSM;CMS　　　　　　　　　B.SCM;CMS
C.MCC;CHS　　　　　　　　　D.CMS;CHS

66.关于船舶入级的说法,错误的是_____。
A.临时船级证书期限不超过 6 个月
B.船体船级证书和轮机船级证书两者之一失效,则另一证书同时失效
C.钢质海船入级的范围为船体(包括设备)、船舶机械(包括电气设备)和货物冷藏装置

D.申请船舶入级时,应由制造厂(对新船)或船东(对现有船舶)按规定的格式向船级社提交申请表申请

67.根据 CCS 入级规范,入级符号_____表示船舶的轮机和电气设备并非由 CCS 审图和建造中检验,但其后经 CCS 入级检验,认为其符合 CCS 入级规范的规定。

A.★CMS
B.★MSC
C.★CSM
D.★SCM

68.轮机循环检验制度将_____项目分解到周期内的各个年度进行。

A.中间检验
B.特别检验
C.法定检验
D.初次入级检验

69.对于船级检验,_____实际上是坞内检验的替代检验。

A.中间检验
B.水下检验
C.循环检验
D.特别检验

70.轮机附加标志 CMS 表示_____。

A.柴油机滑油状态监控
B.螺旋桨轴状况监控
C.轮机实行循环检验
D.船舶机械计划保养系统

71.船级的作用主要包括_____。

①区别船舶的技术状态;②促进船舶质量的提高;③减少海损事故;④保证海上安全运输和防止船舶污染海洋;⑤决定了运输费用的高低,有利于出租和承租

A.①②③④
B.①②③④⑤
C.①②
D.①③

72.船舶法定检验的年度检验应在证书的每周年日前后_____个月内进行。

A.1
B.6
C.3
D.2

73._____等船被授予船型附加标志,并在船级符号后面加注加强检验附加标志_____。

A.油船、散装货船、化学品船;ESP
B.油船、散装货船、矿砂船;EPS
C.集装箱船、油船、矿砂船;EPS
D.客船、油船、散装货船;ESP

74._____不是中国船级社的主要职责。

A.办理船舶产品检验
B.承办有关公证检验业务
C.对船舶进行安全检查
D.提供咨询服务和出版船名录

75.船舶在下列_____情况下,应申请临时检查。

①改变航区、更改船名或船东;②更改船籍港;③船舶封存后启用

A.①③
B.②③
C.①②
D.①②③

76.我国海船登记的目的主要在于_____。

①证明船舶的国籍,确定船籍港,享有悬挂中华人民共和国国旗权,享有在我国沿海和内河航行权;②到达外国港口受到我国驻外使节的保护和协助;③在海上航行可得到我国海军舰队

的保护

A.①　　　　　　　　　　　　　　B.①③

C.①②③　　　　　　　　　　　　D.②③

第三节　港口国监督

1.低标准船的含义是_____。

①船体、机器、设备或操作安全性低于相应公约规定的标准;②实际配员不符合安全配员相关文件的要求;③船员不符合最低安全配员证书

A.①③　　　　　　　　　　　　　B.①②③

C.①②　　　　　　　　　　　　　D.②③

2.亚太 MOU 优先检查的船舶是_____。

①被港口当局通报的船舶;②第一次到达备忘录成员国港口的船舶;③被他人举报存在航行安全缺陷的船舶;④船舱因碰撞而进港检修的船舶

A.①②③　　　　　　　　　　　　B.①③④

C.②④　　　　　　　　　　　　　D.①②③④

3.关于船旗国监督与港口国监督之间的关系,下列说法正确的是_____。

①船旗国是对船舶实施安全管理的行政主体,承担船舶安全管理的主要责任;②港口国监督更多地表现为一种保护本国水域航行安全的权力;③在船旗国不能有效履行职责的情况下,港口国监督可以发挥积极的作用,促进船舶安全;④港口国监督可以替代船旗国监督

A.①②③④　　　　　　　　　　　B.①③④

C.①②③　　　　　　　　　　　　D.②③④

4.PSC 的实施对象是_____。

A.抵港外国籍船舶　　　　　　　　B.所有民用船舶

C.所有 200 t 及以上的船舶　　　　D.所有 750 kW 及以上的船舶

5.港口国监督程序[1119(30)]在 PSCO 检查方法和范围方面,说法错误的是_____。

A.在保障航行安全及水域防污染方面,对港口国、船旗国、PSCO 及船东都提出了更高的要求

B.伴随着新公约、法规的生效及诸如电子证书等新产物的应用,PSC 范围逐步扩大,船舶可滞留缺陷项目也有所增加

C.在操作性检查方面,新增了"密闭空间进入和救援演习"和"应急操舵演习",体现了 IMO 对这两方面演习的重视

D.在必要时,PSCO 可以首先进行操作性检查,无须先检查相关培训和演习记录,以及相关安全设备维护及其保养记录

6.港口国监督检查的作用是_____。

①限制了低标准船的航行;②促进了船旗国履行国际公约;③保证了海上安全

A.①③　　　　　　　　　　　　　B.①②

C.②③　　　　　　　　　　　　　D.①②③

7.PSC 检查缺陷处理代码"30"的含义是_____。

A.延误的理由   B.通知下一港

C.滞留的理由   D.通知船旗国

8.下列关于港口国监督的说法,错误的是_____。

A.巴黎备忘录组织在防止和减少低标准船继续航行方面成效显著,IMO 在 1991 年召开的第 17 次大会上通过了关于"在船舶排放和控制方面加强地区合作"的决议

B."在船舶排放和控制方面加强地区合作"的决议要求全球各地区建立与巴黎备忘录相类似的 PSC 备忘录组织,相互合作,从而建立全球性的 PSC 网络

C.截至 2017 年年底,包括 USCG 在内的地区性 PSC 组织已达 9 个

D.这些 PSC 组织和机构中以 TOKYO-MOU、PARIS-MOU 和 USCG 影响力最大

9.PSC 官员进行备用发电机原动机检查时,船上负责人员应特别熟悉_____。

①以手动或自动方式启动备用发电机;②全船断电程序;③负载分配系统;④第一次启动失败后的程序

A.①②④   B.①②

C.①②③   D.①②③④

10.PSC 规定中,弃船演习应包括_____。

①以规定的信号将船员召集到集合地点并使其按应变部署表规定的职责做好准备;②检查船员正确着装,救生衣穿着正确;③在做好放艇准备后,应至少降下一个救生艇,救助艇不降也可;④启动并操作救生艇发动机

A.①②④   B.①②

C.①②③   D.①②③④

11.目前,地区性 PSC 组织已达 8 个:巴黎备忘录(PARIS MOU)、东京备忘录(TOKYO MOU)、拉美 PSC 协议、加勒比地区备忘录、地中海地区备忘录、印度洋地区备忘录、中西非地区备忘录和黑海地区备忘录。美国则由其海岸警卫队(USCG)实施独立的港口国监督检查。在这些组织和机构中以_____影响力最大。

A.巴黎备忘录、东京备忘录、加勒比地区备忘录

B.巴黎备忘录、东京备忘录、美国海岸警卫队

C.东京备忘录、黑海地区备忘录、美国海岸警卫队

D.巴黎备忘录、印度洋地区备忘录、黑海地区备忘录

12.船旗国监督检查记录簿申请换发或补发,由以下_____申请。

①船舶;②船舶所有人;③光船租赁人;④船舶经营人;⑤船舶管理人

A.②③④⑤   B.①②④⑤

C.①③④⑤   D.①②③④

13.经海事管理机构检查的中国籍船舶或者经《亚太地区港口国监督谅解备忘录》成员当局检查的外国籍船舶,除特别要求的船舶外,自检查完毕之日起原则上_____内不再检查。

A.6 个月   B.3 个月

C.15 个月   D.12 个月

14.我国是_____成员国。

A.BEIJING MOU   B.PARIS MOU

C.HONGKONG MOU　　　　　　　　D.TOKYO MOU

15.在 PSC 检查中,_____缺陷不能被认为是构成滞留船舶的"明显理由"。

A.驾驶和轮机值班制度不符合主管机关的规定

B.船舶营运在气温过低的海域而在居住处所没有供暖设备

C.船员值班安排及记录没有公开

D.个人救生设备配备不足或严重老化

16.欧洲的地区性 PSC 组织是_____组织,其目的是限制并继而消除低标准船航行。

A.LONDON MOU　　　　　　　　B.ROMA MOU

C.PARIS MOU　　　　　　　　　D.BERLIN MOU

17.经海事管理机构检查的中国籍船舶或者经《亚太地区港口国监督谅解备忘录》成员当局检查的外国籍船舶,自检查完毕之日起 6 个月内不再进行检查,但下列_____除外。

A.集装箱船、杂货船和滚装船

B.渔业船舶和体育运动船艇

C.军事船舶和海事执法船

D.依选船标准核算具有较高安全风险指数的船舶

18.PSC 官员在检查机器处所时,发现_____问题说明需对机舱日志进行检查,对机器失灵或事故的记录进行调查并要求对机器进行运转试验。

①过脏的水位计玻璃;②断开或失效的安全或控制装置;③失效的压力表;④锈蚀的释放阀

A.①②④　　　　　　　　　　B.②③④

C.①③④　　　　　　　　　　D.①②③④

19.PSC 规定,"明显理由"是指_____。

①其他当局的报告或通知书;②任何组织或个人的指控或举报

A.①或②　　　　　　　　　　B.①

C.②　　　　　　　　　　　　D.都不是

20.PSC 采取更详细检查的明显理由是_____。

①船舶及其设备或船员并不真正符合相应公约要求;②船长和船员并不熟悉与船舶安全和防污有关的船上主要操作管理程序;③迹象表明主要船员之间、主要船员与船上其他人员之间不能进行交流

A.①或②　　　　　　　　　　B.②或③

C.①或③　　　　　　　　　　D.①或②或③

21.港口国的权力、义务和责任包括_____。

①提供符合国际海事组织法律文件规定的废弃物接收设施或具备相应的接收能力;②港口国监督;③燃油供应商备案

A.①②③　　　　　　　　　　B.②

C.①　　　　　　　　　　　　D.①②

22.下列关于港口国监督产生的原因的说法中,错误的是_____。

A.开放登记制度使传统航运国家失去司法管辖权,对船舶的约束力下降

B.安全事故、溢油事故不断上升

C.国际海事公约在 PSC 制度产生之前对船舶海上安全与防污染约束不足

D.船舶检验力度不大,需要新制度加强对船舶的控制

23.关于沿海国的义务,下列说法错误的是_____。

A.仅仅沿海国应尽最大可能以制止在公海上或在任何国家管辖范围以外的任何其他地方的海盗行为

B.每个沿海国应建立、经营、维持有效的海、空搜寻和救助服务,并应在情况需要时为此目的通过相互的区域性安排与邻国合作

C.沿海国可依据公约和其他国际规则,制定关于无害通过领海的法律和规章,特别是在航行安全与海上交通管理、保护助航设备和设施以及其他设施和设备、保全沿海国的环境,并防止、减少和控制环境受污染等方面

D.沿海国可要求外国籍船舶在无害通过领海时遵守这些规则,即使船舶的船旗国并不是相关公约的缔约国

24._____被称作"海上安全的最后防线"。

A.沿岸国(Coastal State)管辖

B.船旗国(Flag State)管辖

C.港口国监督

D.国际海事委员会(CMI)的协调

25.以下关于 PSC 的说法,正确的是_____。

①PSC 的检查对象是船员、船舶技术状况和操作要求;②PSC 的宗旨是保障船东的利益,防止过度竞争;③PSC 是港口国海事主管机关对到港的外国籍船舶实施的监督检查

A.①②③   B.①②

C.①③   D.②③

26.关于 PSC 检查新的选船机制(NIR),下列说法错误的是_____。

A.巴黎备忘自 2011 年 1 月 1 日起开始通过加强拒绝船舶进港的办法实施 NIR

B.东京备忘录新检查机制已于 2014 年 1 月 1 日起开始实施

C.NIR 的实施,确保被标识为高风险的船舶比低风险的船舶检查更频繁

D.东京备忘录的新检查机制与巴黎备忘录 NIR 的船舶风险系数及时间窗口是一致的

27._____不是巴黎备忘录"扩大范围检查"的基本项目。

A.检查应急照明   B.水密门的关闭

C.锚机的试验   D.舵机的试验

28.PSC 官员在检查消防演习时,船员应_____。

①正确使用消防设备;②正确穿消防服;③正确备妥消防器材;④正确救护伤员

A.①②④   B.②③④

C.①②③   D.①②③④

29.以下关于 PSC 的说法,正确的是_____。

①在拒绝船舶进入港口前,港口当局必须与该船舶的船旗国进行协商;②检查当局对每次检查都应向船长提供检查结果的文件,即 PSC 报告;③在已被滞留而未支付相关检查费用或提供担保之前,该船滞留可以解除

A.①   B.②
C.③   D.①②③

30.关于港口国(Port State)管辖,下列说法错误的是_____。
  A.港口国管辖的主要表现形式是港口国监督制度
  B.根据《联合国海洋法公约》的规定,在各功能区域内,港口国成了"环境保护的主人"
  C.港口国可以依据相关法律的规定,对船舶技术状况和船舶操作状态进行监督和检查,从而对低标准船舶采取强制性措施,有效控制悬挂"方便旗"的船舶,确保海上航行安全,防止船舶污染海洋环境,以维护港口国的利益,并监督船旗国履行职责
  D.纠正自愿进入其港口的外国船舶不符合公约的做法,弥补船旗国管辖的疏漏

第四节 中华人民共和国船舶安全监督规则

1.根据《中华人民共和国船舶安全监督规则》的规定,中国籍船舶应当建立开航前自查制度,船舶在固定航线航行且单次航程不超过_____的,无须每次开航前均进行自查,但一天内应当至少自查一次。
  A.2 h   B.4 h
  C.50 n mile   D.100 n mile

2.制定《中华人民共和国船舶安全监督规则》的依据包括_____。
  ①《中华人民共和国海上交通安全法》;②《中华人民共和国海洋环境保护法》;③《中华人民共和国港口法》;④《中华人民共和国内河交通安全管理条例》;⑤《中华人民共和国船员条例》
  A.①②③④⑤   B.①②③
  C.①②④⑤   D.①③

3.《中华人民共和国船舶安全监督规则》规定,船舶安全检查的内容包括_____。
  ①船员对与其岗位职责相关的设施、设备的实际操作能力;②中国籍船员对与其所持适任证书相对应的适任能力;③船员人身安全条件;④船员卫生健康条件;⑤船舶安全与防污染管理体系的运行有效性
  A.①②③⑤   B.①②③④
  C.①②③④⑤   D.①③⑤

4.《中华人民共和国船舶安全监督规则》规定,船旗国监督检查记录簿由_____向海事管理机构申请换发、补发。
  A.船员服务机构   B.船员外派公司
  C.船级社   D.船舶所有人、经营人、管理人

5.《中华人民共和国船舶安全监督规则》规定,经海事管理机构检查的中国籍船舶或者经《亚太地区港口国监督谅解备忘录》成员当局检查的外国籍船舶,自检查完毕之日起6个月内不再进行检查,但_____除外。
  A.滚装船   B.集装箱船
  C.大型散装货船   D.油船

6.根据《中华人民共和国船舶安全监督规则》的规定,船舶安全监督分为_____和_____。

A.船舶现场监督;船舶检查　　　　　　　B.船舶现场监督;船舶安全检查

C.船舶监督;船舶安全检查　　　　　　　D.船舶监督;船舶检查

7.根据《中华人民共和国船舶安全监督规则》的规定,下列有关监督报告的表述正确的是_____。

A.海事管理机构完成船舶安全监督后应当签发相应的船舶现场监督报告、船旗国监督检查报告或者港口国监督检查报告,必须由船长签名

B.海事管理机构完成船舶安全监督后应当签发相应的船舶现场监督报告、船旗国监督检查报告或者港口国监督检查报告,必须由船长或大副签名

C.船舶现场监督报告、船旗国监督检查报告、港口国监督检查报告一式两份,一份由海事管理机构存档,另一份留船备查

D.船舶现场监督报告、船旗国监督检查报告、港口国监督检查报告一式两份,一份由船公司存档,另一份留船备查

8.根据《中华人民共和国船舶安全监督规则》的规定,船舶安全检查的内容包括_____。
①船员配备情况;②海事劳工条件;③船舶保安相关情况;④船舶安全管理体系运行情况

A.①③④　　　　　　　　　　　　　　　B.①②③

C.①②④　　　　　　　　　　　　　　　D.①②③④

9.根据《中华人民共和国船舶安全监督规则》的规定,船舶现场监督的内容包括_____。
①船舶自查情况;②法定证书文书配备及记录情况;③船舶防污染措施落实情况;④船舶进出港报告或者办理进出港手续情况

A.①②③　　　　　　　　　　　　　　　B.②③④

C.①②④　　　　　　　　　　　　　　　D.①②③④

10.根据《中华人民共和国船舶安全监督规则》的规定,海事管理机构采取本规则_____项措施的,应当将采取措施的情况及时通知中国籍船舶的船籍港海事管理机构,或者外国籍船舶的船旗国政府。
①滞留;②禁止船舶进港;③限制船舶操作;④责令船舶离港

A.①②④　　　　　　　　　　　　　　　B.①③④

C.②③④　　　　　　　　　　　　　　　D.①②③④

11.根据《中华人民共和国船舶安全监督规则》的规定,对于海事管理机构可以综合运用船舶安全检查和船舶现场监督等形式,开展_____专项检查。
①国家重要节假日;②国家重大活动期间;③针对特定水域、特定安全事项需要进行检查的;④特定船舶需要进行检查的

A.①②④　　　　　　　　　　　　　　　B.①③④

C.②③④　　　　　　　　　　　　　　　D.①②③④

12.下列关于船舶安全监督的叙述,正确的是_____。

A.船舶现场监督报告一式三份,一份由海事管理机构存档,一份留船备查,一份送船公司

B.船舶现场监督中发现船舶存在危及航行安全、船员健康、水域环境的缺陷或者水上交通安全违法行为的,应当启动安全检查程序

C.海事管理机构应当按照船舶安全监督的内容,制定相应的工作程序,规范船舶安全监督活动

D.为了安全,对船舶实施安全监督,不必考虑对船舶正常生产作业造成的影响

13.船舶现场监督一般不包括下列哪项内容? _____。

　　A.船员岗位职责相关的设施、设备的维护保养和实际操作能力

　　B.中国籍船舶自查情况

　　C.客货载运及货物系固绑扎情况

　　D.船舶进出港报告或者办理进出港手续情况

14.为了保障水上人命、财产安全,防止船舶造成水域污染,规范船舶安全监督工作,根据下列_____等法律法规和我国缔结或者加入的有关国际公约的规定,制定《中华人民共和国船舶安全监督规则》。

　　①《中华人民共和国海上交通安全法》;②《中华人民共和国海洋环境保护法》和《中华人民共和国港口法》;③《中华人民共和国内河交通安全管理条例》;④《中华人民共和国船员条例》

　　A.①②④　　　　　　　　　　　　　B.①③④

　　C.②③④　　　　　　　　　　　　　D.①②③④

15.根据《中华人民共和国船舶安全监督规则》,船舶现场监督的内容包括_____。

　　①船舶航行、停泊、作业情况;②船员配备情况;③按照相关规定缴纳相关费税情况;④法定证书文书配备及记录情况

　　A.①②④　　　　　　　　　　　　　B.②③④

　　C.①②③④　　　　　　　　　　　　D.①③④

16.根据《中华人民共和国船舶安全监督规则》,船舶现场监督的内容包括_____。

　　①船舶进出港报告或者办理进出港手续情况;②船舶防污染措施落实情况;③船舶航行、停泊、作业情况;④客货载运及货物系固绑扎情况;⑤中国籍船舶自查情况

　　A.①②③⑤　　　　　　　　　　　　B.①③⑤

　　C.①②③④⑤　　　　　　　　　　　D.①②③④

17.《中华人民共和国船舶安全监督规则》规定,经海事管理机构检查的中国籍船舶或者经《亚太地区港口国监督谅解备忘录》成员当局检查的外国籍船舶,其中包括_____,自检查完毕之日起6个月内不再进行检查。

　　A.被举报低于劳工条件等要求的船舶

　　B.液化气船

　　C.大型集装箱船

　　D.发生水上交通事故或者污染事故的船舶

18.《中华人民共和国船舶安全监督规则》规定,_____应当督促船舶按时纠正缺陷,并将纠正情况及时反馈给实施检查的海事管理机构。

　　A.船长　　　　　　　　　　　　　　B.航运公司

　　C.轮机长　　　　　　　　　　　　　D.船长和轮机长

19.船舶安全检查通知书中明确指出的检查项目有_____。

　　A.主机说明书　　　　　　　　　　　B.辅发电柴油机性能

　　C.空调压缩机　　　　　　　　　　　D.应急电源和车钟记录簿

20.《中华人民共和国船舶安全监督规则》规定,检查人员在安全检查时对缺陷处理意见为

_____的,应当在船旗国监督检查记录簿或者港口国监督检查报告中注明理由。

A.限制船舶操作
B.驱逐船舶出港
C.禁止船舶进港
D.滞留

21.中国籍船舶在境外发生水上交通事故,或者被滞留、禁止进港、禁止入境、驱逐出港(境)的,航运公司应当及时将相关情况向_____报告。

A.国内第一个靠泊港海事管理机构
B.船籍港海事管理机构
C.船级社
D.国家海事管理机构

22.《中华人民共和国船舶安全监督规则》规定,中国籍船舶在境外发生水上交通事故,或者被滞留、禁止进港、禁止入境、驱逐出港(境)的,_____应当及时将相关情况向船籍港海事管理机构报告,_____应当做好相应的沟通协调和给予必要的协助。

A.船长;航运公司
B.船长;海事管理机构
C.航运公司;海事管理机构
D.船长;船舶管理公司或船东

23.《中华人民共和国船舶安全监督规则》规定,中国籍船舶应当建立开航前自查制度。船舶在离泊前应当对船舶安全技术状况和货物装载情况进行自查,按照国家海事管理机构规定的格式填写_____,并在开航前由船长签字确认。

A.船舶现场监督报告
B.船旗国监督检查报告
C.港口国监督检查报告
D.船舶开航前安全自查清单

24.《中华人民共和国船舶安全监督规则》规定,对按照目标船舶选择标准未列入选船目标的船舶,海事管理机构原则上不登船实施船舶安全监督,但_____除外。

A.按照规定开展专项检查的
B.集装箱船
C.滚装船
D.油船

25.船旗国监督的依据是_____。

①国际海事公约;②船旗国国家的法律、法规;③国际劳工组织(ILO)的有关公约

A.①③
B.①②③
C.②
D.①②

26.根据《中华人民共和国船舶安全监督规则》的规定,对于违反本规则,_____,情节严重的,可对违法人员处以1 000~3 000元罚款。

①拒绝或阻挠检查人员实施船舶安全检查;②弄虚作假欺骗检查人员;③未按照船旗国监督检查记录簿的处理意见纠正缺陷或者采取措施;④涂改,故意损毁,伪造、变造港口国监督检查报告

A.②③④
B.①②③
C.①②③④
D.①④

27.制定《中华人民共和国船舶安全监督规则》的依据包括《中华人民共和国_____》。

①海上交通安全法;②海洋环境保护法;③海商法;④内河交通安全管理条例

A.①③④
B.①②③
C.①②④
D.①③

28.根据《中华人民共和国海上交通事故调查处理条例》,船舶、设施发生海上交通事故,须报告的内容应包括_____。

①船舶或设施的名称、呼号、国籍;②船舶或设施的起讫港;③船舶或设施的所有人或经营人名称;④事故发生的时间、地点、海况;⑤船舶、设施的损害程度;⑥救助要求

A.①②③④⑤⑥　　　　　　　　　　B.①③④⑥

C.①②③④　　　　　　　　　　　　D.①③④⑤

29.船舶医护上的配备,主要考虑_____。

①船上可能发生的病情;②所需的应急处理药品和器具;③船舶的特点

A.①②③　　　　　　　　　　　　　B.①②

C.②③　　　　　　　　　　　　　　D.①③

30.《中华人民共和国船舶安全监督规则》规定,_____可在船旗国监督检查记录簿上签注,使用完毕的船旗国监督检查记录簿应当至少在船上保存_____年。

A.海事管理机构;2　　　　　　　　　B.港务局;4

C.船公司;3　　　　　　　　　　　　D.船级社;1

31._____依照《海关法》和其他有关法律、法规,监管进出境的船舶、货物、物品,征收关税和其他税、费,查缉走私。

A.边防检查机关　　　　　　　　　　B.司法机关

C.海关　　　　　　　　　　　　　　D.海事局

32.根据《中华人民共和国海上交通事故调查处理条例》,船舶、设施在港区水域内发生海上交通事故,必须在事故发生后_____h内向当地海事管理机构提交海上交通事故报告书和必要的文书资料。

A.24　　　　　　　　　　　　　　　B.12

C.48　　　　　　　　　　　　　　　D.36

33.我国对海上交通事故调查处理的法律依据是_____。

A.《1974年国际海上人命安全公约》

B.《中华人民共和国海上交通安全法》

C.《中华人民共和国海商法》

D.《中华人民共和国海洋环境保护法》

34.《中华人民共和国海上交通安全法》规定,国际航行船舶进出我国港口必须接受_____检查,本国籍国内航行船舶进出港口必须办理_____。

A.卫生检疫机关;登记　　　　　　　B.主管机关;船舶签证

C.边防检查机关;海关手续　　　　　D.卫生检疫机关和海关;边防手续

35.根据《中华人民共和国船舶安全监督规则》的规定,船舶安全检查对本国船属于_____。

A.船旗国监督检查　　　　　　　　　B.港口国监督检查

C.船东协会要求　　　　　　　　　　D.国际船级社要求

36.根据《中华人民共和国船舶安全监督规则》的规定,船舶安全检查的内容不包括_____。

A.法律、法规、规章以及我国缔结、加入的有关国际公约要求的其他检查内容

B.船员履行其岗位职责的情况,包括对其岗位职责相关的设施、设备的维护保养和实际操作能力等

C.海事劳工条件

D.按照相关规定缴纳相关费税情况

37.关于船舶安全检查,下列说法错误的是_____。

 A.船旗国监督检查是指对本国籍船舶实施的船舶安全检查

 B.船舶安全检查,应当由至少1名安全检查人员于船舶停泊或者作业期间实施

 C.港口国监督检查是指对航行、停泊、作业于我国港口、内水和领海的外国籍船舶实施的船舶安全检查

 D.船舶安全检查分为船旗国监督检查和港口国监督检查

38.关于船舶安全检查,下列说法错误的是_____。

 A.禁止对在航船舶进行安全检查,但法律、行政法规另有规定的除外

 B.我国交通运输部海事局统一管理全国的船舶安全检查工作,各级海事管理机构按照职责开展船舶安全检查工作

 C.从事船舶安全检查的人员应当具备必要的船舶安全检查知识和技能,无须取得相应执法证书

 D.海事管理机构应配备足够、合格的船舶安全检查人员,满足船舶安全检查工作的需要

39.根据《中华人民共和国船舶安全监督规则》,船舶综合质量管理信息平台应当包括_____。

 ①船舶检验技术状况;②航运公司和船舶的安全诚信情况;③水上交通事故情况和污染事故情况;④船舶基本信息;⑤船员名单

 A.①②③④   B.②③④⑤

 C.①③④⑤   D.①②③④⑤

40.海事管理机构可以综合运用船舶安全检查和船舶现场监督等形式,下列哪些情形会开展专项检查? _____。

 ①国家重要节假日;②重大活动期间;③针对特定水域;④针对特定安全事项;⑤针对需要进行检查的特定船舶

 A.①②③④   B.①②③

 C.④⑤   D.①②③④⑤

41.船舶防污染设备的检验种类中,在检验日期的第二个或第三个周年日前后3个月内,进行的检验应是_____。

 A.期间检验   B.定期检验

 C.特别检验   D.初次检验

42.《中华人民共和国船舶安全监督规则》规定,海事管理机构完成船舶安全监督后应当签发相应的船舶现场监督报告、船旗国监督检查报告和_____,由船长或者履行船长职责的船员签名。报告一式两份,一份由海事管理机构存档,另一份留船备查。

 A.港口现场检查报告   B.港口国监督检查报告

 C.港口国监督报告   D.港口现场监督报告

43.《中华人民共和国船舶安全监督规则》所称的"船舶安全检查",是指海事管理机构按照一定的时间间隔,对船舶的_____实施的安全监督检查活动。

 ①安全和防污染技术状况;②船员配备及适任状况;③海事劳工条件;④货舱适货状况

 A.①③④   B.①②③④

C.②④　　　　　　　　　　　　　　　　D.①②③

44.根据《中华人民共和国船舶安全监督规则》,海事行政执法人员在船舶安全监督过程中发现船舶存在缺陷的,应当按照相关法律、法规、规章和公约的规定提出处理意见,提出的处理意见中不应包括_____。

A.开航前纠正缺陷　　　　　　　　　　　B.限制船舶操作

C.责令船舶完成操作　　　　　　　　　　D.滞留船舶

45.选择安全监督目标船舶的因素包括_____。

①船舶类型;②船龄;③以往接受船舶安全监督的缺陷;④航运公司安全管理情况;⑤按照规定的时间间隔;⑥被海盗攻击过的船舶

A.①②③④⑥　　　　　　　　　　　　　B.①②③④⑤

C.②③④⑤　　　　　　　　　　　　　　D.①②③④⑤⑥

46.制定《中华人民共和国船舶安全监督规则》的目的包括_____。

①规范船舶安全监督工作;②规范船舶安全检查活动;③保障水上人命、财产安全;④防止船舶造成水域污染

A.①③④　　　　　　　　　　　　　　　B.①③

C.②③④　　　　　　　　　　　　　　　D.①②③

47.根据《中华人民共和国船舶安全监督规则》,船舶安全检查分为_____。

①船旗国监督检查;②港口国监督检查;③缔约国监督检查

A.①②　　　　　　　　　　　　　　　　B.①③

C.②③　　　　　　　　　　　　　　　　D.①②③

48.《中华人民共和国船舶安全监督规则》规定,《船舶开航前安全自查清单》应当在船上保存至少_____年。

A.1　　　　　　　　　　　　　　　　　　B.2

C.3　　　　　　　　　　　　　　　　　　D.5

49.关于中华人民共和国海事局和中国船级社,下列说法正确的是_____。

A.中国船级社是船舶登记主管机关

B.中国船级社负责 ISM 的审核与发证

C.中华人民共和国海事局是中国船级社的主管机关

D.船舶法定检验的职能归属中国船级社

50._____属于中国船级社的职责。

①制定船舶入级标准;②对申请入级的船舶进行船级检验;③承办公证检验;④对悬挂中国国旗的船舶实施法定检验;⑤对船公司和船舶执行 SMS 认证;⑥提供咨询和培训

A.①②③④⑥　　　　　　　　　　　　　B.①②③

C.①②③⑥　　　　　　　　　　　　　　D.①②③④⑤⑥

51.《中华人民共和国船舶安全监督规则》适用于_____。

A.航行于我国管辖海域的军事船舶

B.停泊于我国内水的公安和边检船舶

C.作业于我国沿海的渔业船舶

D.停泊、作业于我国管辖水域的外国籍船舶

52.《中华人民共和国船舶安全监督规则》适用于对_____实施的安全监督工作。
①中国籍船舶；②停泊于我国港口的外国籍船舶；③作业于我国管辖水域的外国籍船舶；④航行于我国管辖水域的外国籍船舶

A.①③④   B.②④
C.①②③   D.①②③④

53.《中华人民共和国船舶安全监督规则》不适用于_____。
①停泊、作业于外国港口的中国籍船舶；②停泊、作业于外国港口的外国籍船舶；③停泊、作业于我国管辖水域的外国籍船舶；④渔业船舶

A.①④   B.②④
C.①②④   D.①②③

54.《中华人民共和国船舶安全监督规则》的适用范围包括_____。
①中国籍船舶和水上设施；②航行、停泊、作业于我国管辖水域的外国籍船舶；③军事船舶、渔业船舶和体育运动船艇

A.①②   B.①②③
C.①③   D.②③

55.《中华人民共和国船舶安全监督规则》规定,船舶安全检查的内容包括_____。
①船舶配员情况；②客货载运及货物系固绑扎情况；③船舶保安相关情况；④船舶安全管理体系运行情况

A.①③④   B.①④
C.①②③④   D.①②④

56.《中华人民共和国船舶安全监督规则》规定,依据我国加入的港口国监督区域性合作组织和国家海事管理机构规定的目标船舶选择标准,综合考虑船舶类型、船龄、以往接受船舶安全监督的缺陷、航运公司安全管理情况等,按照_____,选择船舶实施船舶安全监督。

A.每隔6个月   B.每隔12个月
C.规定的时间间隔   D.每年至少2次

57.如果船舶和船员实质上不符合适用公约的要求,港口国为保证该船只有在不会对船舶和船上人员构成危险并且不会对海上环境造成威胁时方可开航所采取的干涉行动为_____。

A.扣押   B.滞期
C.滞留   D.罚款

58.发现船舶存在安全缺陷,提出的处理意见包括_____。
①警示教育；②开航前纠正缺陷；③在开航后限定的期限内纠正缺陷；④滞留；⑤禁止船舶进港；⑥限制船舶操作；⑦责令船舶驶向指定区域；⑧责令船舶离港；⑨罚款

A.①②③④⑤⑥⑦⑨   B.①②③④⑤⑥⑧
C.①②③④⑤⑥⑦⑧   D.①②③④⑤⑥⑦⑧⑨

59.《中华人民共和国船舶安全监督规则》规定,船舶现场监督是指海事管理机构对船舶实施的_____活动。

A.日常安全检查   B.日常安全监督抽查

C.所有安全设备的检查　　　　　　　D.所有安全设备的监督

60.船舶现场监督的内容包括_____。

①中国籍船舶自查情况;②法定证书文书配备及记录情况;③船员配备情况;④客货载运及货物系固绑扎情况;⑤船舶防污染措施落实情况;⑥船舶航行、停泊、作业情况;⑦船舶进出港报告或者办理进出港手续情况;⑧按照相关规定缴纳相关费税情况;⑨船员政治思想状况

A.①②③④⑤⑥⑧⑨　　　　　　　B.①②③④⑤⑥⑦⑧

C.①②③④⑤⑥⑦　　　　　　　　D.①②③④⑤⑥⑦⑧⑨

61.某国内航行船舶到达某港口,两名中国海事局官员登船检查,通常检查的项目不包括_____。

A.船舶证书、文件和手册　　　　　　B.船员配备、劳动及生活条件

C.船体、机器和设备状态　　　　　　D.船舶货运安全状况

62.根据《中华人民共和国船舶安全监督规则》,船舶安全检查的内容包括_____。

①法律、法规、规章以及我国缔结、加入的有关国际公约要求的其他检查内容;②海事劳工条件;③船舶结构、设施和设备情况;④船舶配员情况

A.①③④　　　　　　　　　　　　　B.①②③④

C.②③④　　　　　　　　　　　　　D.①②④

63.根据《中华人民共和国船舶安全监督规则》,船舶现场监督中发现船舶存在_____的缺陷或者水上交通安全违法行为的,应当按照规定进行处置。

①危及航行安全;②危及船员健康;③危及水域环境

A.①②　　　　　　　　　　　　　　B.①③

C.②③　　　　　　　　　　　　　　D.①②③

64.《中华人民共和国缔结条约程序法》规定,国际公(条)约和主要协定的批准由_____决定。其他公(条)约和协定,由_____批准。

A.国务院;全国人大　　　　　　　　B.国务院;全国人大常委会

C.全国人大;国务院　　　　　　　　D.全国人大常委会;国务院

65.根据《中华人民共和国船舶安全监督规则》的规定,_____统一负责全国船舶安全监督工作,_____按照职责和授权开展船舶安全监督工作。

A.国家海事管理机构;各级海事管理机构

B.中华人民共和国港务监督局;各港务(航)监督

C.交通运输部;中华人民共和国海事局

D.中华人民共和国海事局;中国船级社

参考答案

第一节　国际安全管理规则

1.A　　2.A　　3.B　　4.C　　5.A　　6.D　　7.B　　8.A　　9.A　　10.B

11.A	12.A	13.D	14.B	15.A	16.A	17.D	18.B	19.B	20.A
21.B	22.D	23.D	24.A	25.A	26.A	27.A	28.D	29.D	30.C
31.A	32.C	33.B	34.B	35.A	36.D	37.D	38.A	39.D	40.C
41.B	42.A	43.B	44.A	45.A	46.C	47.B	48.D	49.C	50.C
51.C	52.C	53.A	54.B	55.B	56.C	57.C	58.C	59.A	60.C
61.A	62.C	63.D	64.C	65.B	66.B	67.C	68.B	69.C	70.D
71.D	72.C	73.D	74.B	75.D	76.C	77.C	78.D	79.C	80.B
81.D	82.D	83.A	84.D						

第二节　船舶检验和船舶证书

1.D	2.B	3.D	4.C	5.B	6.B	7.D	8.C	9.B	10.A
11.A	12.B	13.A	14.D	15.A	16.A	17.C	18.C	19.B	20.D
21.A	22.B	23.C	24.C	25.A	26.D	27.A	28.C	29.D	30.B
31.B	32.A	33.C	34.A	35.C	36.D	37.D	38.B	39.D	40.A
41.C	42.B	43.A	44.B	45.C	46.D	47.C	48.B	49.C	50.D
51.D	52.D	53.C	54.B	55.A	56.D	57.D	58.A	59.D	60.A
61.A	62.C	63.C	64.A	65.D	66.A	67.C	68.B	69.B	70.C
71.B	72.C	73.A	74.C	75.D	76.C				

第三节　港口国监督

1.B	2.A	3.C	4.A	5.D	6.D	7.C	8.C	9.C	10.A
11.B	12.B	13.A	14.D	15.C	16.C	17.D	18.D	19.A	20.D
21.A	22.D	23.A	24.C	25.C	26.D	27.C	28.D	29.B	30.B

第四节　中华人民共和国船舶安全监督规则

1.A	2.A	3.C	4.D	5.D	6.B	7.C	8.D	9.B	10.D
11.D	12.C	13.A	14.D	15.C	16.C	17.C	18.B	19.D	20.D
21.B	22.C	23.D	24.A	25.B	26.C	27.C	28.A	29.A	30.A
31.C	32.A	33.B	34.B	35.A	36.D	37.B	38.C	39.A	40.D
41.A	42.B	43.B	44.C	45.B	46.A	47.A	48.B	49.B	50.C
51.D	52.D	53.C	54.A	55.C	56.C	57.C	58.C	59.B	60.B
61.D	62.B	63.D	64.D	65.A					

第四章

船舶安全操作与管理

第一节 船舶安全应急/临时维修方法

1.两台并联运行的发电机发生负荷来回转移的原因可能是_____。

A.淡水压力偏低 　　　　　　　　　B.滑油滤器脏堵

C.海水压力偏低 　　　　　　　　　D.燃油滤器脏堵

2.在事故起因里面,与_____有关的因素属于潜在因素。

A.海上环境 　　　　　　　　　　　B.轮机员、管理人员

C.公司的组织机构、政策 　　　　　D.客观条件

3.检查键与艉轴键槽及桨毂键槽的紧配情况,一般应不能插入_____的塞尺,允许沿键槽周长的_____局部插入。

A.0.05 mm;20% 　　　　　　　　　B.0.05 mm;10%

C.0.02 mm;10% 　　　　　　　　　D.0.02 mm;20%

4.船规规定,锚机在不小于额定拉力 1.5 倍的力作用下,应能连续工作_____ min。

A.3 　　　　　　　　　　　　　　　B.5

C.2 　　　　　　　　　　　　　　　D.4

5.空气压缩机总排量对空气启动系统应能从大气压力开始在_____ h 内充满所有主机启动用空气瓶。

A.0.5 　　　　　　　　　　　　　　B.1

C.2 　　　　　　　　　　　　　　　D.4

6.备件的验收项目应包括_____等的检查核实,对任何有问题的备件应登记,并及时报告公司。

①备件号;②备件数量;③备件质量;④备件价格

A.①②③ 　　　　　　　　　　　　B.①③④

C.②③④ 　　　　　　　　　　　　D.①②③④

7._____是签发给公司,表明该公司符合本规则要求的证明文件。

A.安全管理证书 　　　　　　　　　B.符合证明

C.船舶安全证书 　　　　　　　　　D.安全管理体系证书

8.当海水吸入阀发生进水时,应使用_____等,以限制漏水或水淹。

　①木栓;②破布;③毯子;④楔子

　A.②③④　　　　　　　　　　　　　　　　B.①②③④

　C.①②③　　　　　　　　　　　　　　　　D.①③④

9.烟管锅炉受热面管子破裂,可以采用_____的方法进行紧急修理维持使用。

　A.焊补　　　　　　　　　　　　　　　　　B.用夹箍、耐热橡皮堵漏

　C.用钢制锥形塞子堵住破管两端　　　　　　D.用堵棒将破管堵死

10.冷却器用_____等进行维修。

　①堵头堵死;②更换新管;③换板;④环氧树脂

　A.①②④　　　　　　　　　　　　　　　　B.①③④

　C.①②③　　　　　　　　　　　　　　　　D.②③④

11.船舶机舱一般配备的灭火设备有_____。

　①水灭火系统;②水喷淋系统;③机舱大型灭火系统;④砂箱;⑤可移动泡沫灭火器;⑥灭火毯

　A.①②③④⑤⑥　　　　　　　　　　　　　B.①②③④⑤

　C.①②③⑤⑥　　　　　　　　　　　　　　D.②③④⑤⑥

12.带压维修阀门是一项_____的工作。

　①复杂;②危险;③技术性强;④费用昂贵

　A.②③④　　　　　　　　　　　　　　　　B.①③④

　C.①②④　　　　　　　　　　　　　　　　D.①②③

13.关于机舱工作人员使用车床,下列说法错误的是_____。

　A.加工细长件超过主轴后 200 mm,加设防护装置

　B.启动后应试用"应急 STOP"按钮是否应用自如

　C.脚卡盘不允许夹持不规则的工件

　D.在使用机床时应戴手套等防护用品

14.在使用砂轮机时,当砂轮片磨损到原来的_____时,必须进行更换。

　A.1/2　　　　　　　　　　　　　　　　　B.2/3

　C.1/4　　　　　　　　　　　　　　　　　D.1/3

15.船舶上,实施 PMS 的负责人是_____。

　A.船长　　　　　　　　　　　　　　　　　B.轮机长

　C.大管轮　　　　　　　　　　　　　　　　D.公司的指定人员

16.在船厂修理时的防火安全工作,应由_____拟定具体措施,施工区域的防火安全以_____为主。

　A.船方、厂方;厂方　　　　　　　　　　　　B.厂方;厂方

　C.船方、厂方;船方　　　　　　　　　　　　D.船方;船方

17.坞修时,_____是对海底阀箱的修理要求。

　A.海底阀箱要整体换新

　B.钢板要敲锈出白,涂防锈漆 4~5 度,必要时要做测厚检查

　C.钢板换新之后,必须对海底阀箱进行水压试验

D.海底阀箱上的隔栅必须整体换新

18.以下哪项是船舶坞修抽轴前应预先订购好的重要备件？_____。

　　A.舵角指示器　　　　　　　　　　B.舵机油缸

　　C.艉轴密封装置　　　　　　　　　D.舵机密封圈

19.关于修船原则,下面说法错误的是_____。

　　A.对于船龄较小的船舶,修理时应尽可能保持其原设计性能

　　B.对船舶进行更新和改造时,需要做经济论证,但不需要船级社认可

　　C.对于大龄船舶,修理时要保证安全营运和使用年限

　　D.对于老龄船只进行维持性修理,同时采取适当减载和限制功率的措施,以保证船舶的强度
　　　　和安全运输的要求

20.下列有关修船原则,说法错误的是_____。

　　A.修船工作实行预防为主,维护保养和计划修理并重的原则

　　B.船舶使用年限是修船的重要依据

　　C.缩短修船时间,降低修船费用

　　D.远洋船、沿海船均应按入级标准进行修理

21.如果艉轴到了检修周期,对滑油密封装置,坞修时_____。

　　A.如果密封装置密封漏油,应将密封圈从外部压紧,可以防止泄漏

　　B.如果密封装置密封漏油,应多增加几道密封圈

　　C.密封装置如果状况良好,没有必要更换密封圈

　　D.密封装置无论状况如何,都应更换密封圈

22.在放大电路中引入交流负反馈,能_____。
①稳定放大倍数;②抑制干扰,扩展频带;③改变放大电路的输入电阻和输出电阻;④稳定工
作点

　　A.①②③　　　　　　　　　　　　B.①②④

　　C.①③④　　　　　　　　　　　　D.②③④

23.安装连杆大端轴承螺栓的开口销时,应把其开口端_____。

　　A.沿螺栓的轴线上下分开　　　　　B.绕螺栓的轴线左右分开

　　C.分开方向任意　　　　　　　　　D.不需分开

24.Sulzer 低速柴油机的主轴承撑杆螺栓和贯穿螺栓的上紧顺序是_____。

　　A.先上紧贯穿螺栓,后上紧撑杆螺栓　　B.先上紧撑杆螺栓,后上紧贯穿螺栓

　　C.撑杆螺栓和贯穿螺栓同时上紧　　　　D.任意

25.在研磨阀杆和阀座的过程中,主机排气阀研磨机磨轮的轴线与水平方向的夹角应
该_____。

　　A.保持一致　　　　　　　　　　　B.磨阀杆时调大,磨阀座时调小

　　C.根据磨损情况调整　　　　　　　D.根据磨轮直径调整

26.发电机的电气部分故障需修理,其修理单应由_____编制。

　　A.轮机长　　　　　　　　　　　　B.二管轮

　　C.三管轮　　　　　　　　　　　　D.检修分工明细表规定的专人

27.热校法是对发生了塑性变形的金属零件进行_____加热来校正变形零件的方法。

A.全面缓慢
B.全面快速
C.局部快速
D.局部缓慢

28.船舶机械需进行小修的情况是_____。

A.该规定的周期结合定期检验而进行的短期计划性修理

B.公司要求

C.按规定的周期结合特别检验

D.发生了影响安全航行的一般事故

29.拆卸过程中,必要时应对重要的零件进行_____,以查明其表面或内部存在的损伤。

A.无损探伤
B.拆卸
C.观察
D.测量

30.液压试验法用于检查零部件的_____。

A.裂纹大小
B.裂纹与渗漏现象
C.裂纹深度
D.表面和内部缺陷

31.轮机坞修时,位于水线以下的阀门如_____等应严格修理。

①船舷排出阀;②海水出海阀;③锅炉排污阀;④海底阀;⑤应急吸入阀

A.①②③⑤
B.①②③④
C.③④⑤
D.①②④⑤

32.为了使沉积在滑油管壁上的污垢松动,通常采用_____管系的方法。

A.热水冲泡
B.浸泡
C.振动或敲击
D.冷水冲洗

33.尺寸选配法属于_____的一种。

A.钳工修配法
B.机械加工修配法
C.修理尺寸法
D.调节装配法

34.更换新轴瓦后,往往需要对轴瓦进行拂刮以满足轴与瓦的配合要求,属于_____。

A.调节装配法
B.机械加工修配法
C.钳工修配法
D.修理尺寸法

35.金属扣合工艺要求扣合键的材料强度高、塑性好、初始硬度不高和_____等。

A.形变强化效果明显
B.膨胀系数小
C.热胀冷缩性好
D.抗变形性好

36."改变配合件原设计尺寸,恢复配合件形状及原设计配合间隙"的修理方法有_____。

①修理尺寸方法;②尺寸选配法;③恢复尺寸法;④调节装配法

A.①②
B.①②③
C.①②③④
D.②③④

37.在修理发电柴油机时,不仅应对连杆螺栓进行着色探伤或磁粉探伤,以检查连杆螺栓有无表面裂纹,还应_____以检查有无变形。

A.与新件比较
B.测量弯曲度
C.测量直径
D.测量长度

38.如需要在坞内进行锅炉检查,进坞前_____。

A.应将锅炉补满水,以保证锅炉检验顺利进行

B.应将锅炉控制方法改为手动控制

C.如需在坞内进行锅炉检验,进坞前应将炉水放光,以免在坞内烫伤人员和影响坞期工程

D.应将锅炉拆解,清洁干净,等待验船师检验

39.金属扣合工艺的种类主要有_____。

①强固扣合法;②强密扣合法;③加强扣合法

A.①③   B.①②

C.②③   D.①②③

40.运营期间的自修是船舶常规的防御检修,其工作计划的依据是_____。

①船舶检修的周期;②设备说明书的规定;③PMS周期;④附加检验

A.②   B.①④

C.①②   D.①②③

41.不能除去零件表面的积炭的方法是_____。

A.油洗   B.化学清洗

C.碱性清洗剂清洗   D.机械清洗

42.船舶机械需要进行航修通常是因为_____。

A.按规定时间要求

B.发生了严重的海损事故

C.发生了一般性事故而海员难于自行修复

D.公司要求

43.船舶修理的目的是使机械和设备_____。

A.恢复使用性能   B.提高使用性能

C.提高原有性能   D.恢复原有性能

44.金属扣合工艺适用于修复_____等零件。

A.精密偶件、气阀   B.轴瓦、气阀

C.曲轴、增压器转子   D.机座、机架、缸体、缸套和缸盖

45.精研时选用较细的研磨剂、较小的压力和较高的研磨速度是为了_____。

A.提高效率   B.切削均匀

C.提高精度   D.迅速消除误差

46.船机装配时一些零部件需要进行平板研磨。在平板研磨时,需要不断改变_____。

A.研磨工具   B.研磨方向和部位

C.研磨压力   D.研磨速度

47.如果测得的活塞承磨环外径等于活塞裙部外径,此时应_____。

A.取消承磨环   B.换新承磨环

C.不用处理,继续使用   D.换新活塞

48._____不是零件修复时应满足的要求。

A.零件修复后必须保证具有足够的强度和刚度

B.零件修复后必须保证具有原来的使用寿命

C.修复工艺必须能够充分满足零件的修复要求

D.修复费用应低于新件制造成本或购买新件的费用

49.轮机部坞修,以下关于螺旋桨检查与修理的说法中,不确切的是_____。

A.桨叶表面抛光

B.测量螺距

C.桨叶如有变形,应予矫正和做动平衡试验

D.如发现桨叶有裂纹和破损,需按螺旋桨修理标准进行焊补和修理

50.航行试验中,要求所测得的各缸排气温度误差不得超过平均值的_____。

A.±2.5%   B.±4%

C.±5%   D.±10%

51.船员自修的优越性最主要的是_____。

A.提高船员技能   B.船员掌握该设备的技术状况

C.保证船舶安全   D.节约修理费用

52.修船进坞前,船方应准备好_____。

①坞修专用工具;②船员适任证书;③有关图纸资料

A.①②   B.①③

C.②③   D.①②③

53.修理单应分类编制,不属于轮机部编制的是_____。

A.甲板部分   B.轮机部分

C.坞修部分   D.电气部分

54.修船中,不属于轮机坞修工程的项目有_____。

A.海水出海阀   B.艉轴润滑油截止阀

C.锅炉排污阀   D.螺旋桨轴密封装置

55.船舶进厂修理,轮机员监修的范围是_____。

①修理工程进程;②材料、工艺和测量数据;③单项工程完工后的验收

A.②③   B.①②

C.①③   D.①②③

56.船进厂修理时,以下哪项不是船方和厂方共同遵守的事项?_____。

A.船舶进厂后,应遵守厂各有关规章制度,厂方人员只遵守厂方的有关规定

B.船舶进厂后的安全平时由工厂负责、船方协助

C.船舶进厂后如遇不可抗拒的自然灾害,其造成的一切损失由船方负责或向保险公司索赔

D.与修理工程无关的设备、零部件等,均由船方自行保管保养

57.以下哪项不是船舶在即将进坞修理前应准备好的有关图纸资料?_____。

A.船体的进坞安排图   B.螺旋桨图和螺旋桨轴及其轴承图

C.舵机安装图   D.上次坞修的测量记录和检验报告

58.对营运期已超过_____使用年限的船舶,可以在减载或限制功率的条件下进行维持性修理,充分利用其剩余价值,但必须满足入级的最低要求和营运安全。

A.1/3 B.1/2

C.2/3 D.全部

59.轮机部坞修的主要项目是_____。

①海底阀及阀箱的检查和修理;②艉轴及轴承的检修;③螺旋桨的检修

A.①② B.①③

C.②③ D.①②③

60.船舶进厂修理,船舶所有人应当_____。

①指派监修师进行监修;②不派专人监修时,应由轮机长负责监修轮机修理项目;③聘请验船师监修

A.①或③ B.①或②

C.②或③ D.①或②或③

61.以下关于船舶进厂自修的说法中,错误的是_____。

A.进厂时自修主要项目应该编入修船计划,并由船厂审核和检查质量

B.对船员自修所必需的备品、配件和物料,各主管部门要给予优先安排及时供应

C.厂方要为船员自修安排必要的协作加工任务

D.船舶进厂时船员要固定,必须调动时要征得船技部门的同意以保持自修力量

62.修船前备件的准备有_____。

①备件订货困难,提前向厂方提出;②备好自修项目的备件;③换新时由厂方备妥备件

A.①② B.①③

C.②③ D.①②③

63.坞修中的各海底阀和通海阀必须解体、清洁、打磨完好,阀与阀座的密封面经_____检查认可后才能装复。

A.轮机长 B.验船师

C.轮机员 D.工厂技术人员

64.船舶修理的要求是_____。

①以原样修复为主;②保证修船质量,降低成本;③按入级标准、修理标准修理

A.①② B.①③

C.②③ D.①②③

65.船舶坞修时换新艉轴密封装置,应首先在车间做液压试验,且_____。

A.大管轮应在现场监督试验 B.轮机长应在现场监督试验

C.轮机员应在现场监督试验 D.不需要监督

66.轮机部坞修,以下关于螺旋桨轴及轴承的说法中,错误的是_____。

A.当抽轴检查时,应对螺旋桨轴全部进行探伤检查

B.检查铜套是否密封,滑油密封装置应换新密封圈

C.锥部的键槽和键应仔细检查,如换新,必须与键槽研配

D.测量轴承下沉量和轴承间隙,检查轴承磨损情况

67.经修理后的螺旋桨或换新螺旋桨,需做静平衡试验,为消除叶片不平衡重量,铲除金属的位置是_____。

A.靠近叶片边缘 10%宽度处

B.叶片压力面上 10%边缘宽度以内

C.叶片吸力面上 10%边缘宽度以内

D.靠近叶片边缘 20%宽度处

68.船舶海底阀箱钢板换新后,首先应做的工作是_____。

①涂防锈漆;②进行水压试验;③加装锌块

A.①   B.②

C.①②③   D.①③

69.下列关于修理尺寸法的说法,错误的是_____。

A.可延长零件的使用寿命   B.会使零件失去互换性

C.简单,经济   D.不会破坏零件的强度

70.一般来说,船机设备拆卸时应遵循一定的原则,下列说法不对的是_____。

A.应从上到下,从外向里   B.先拆附属件,后拆主要部件

C.先拆部件,再将部件拆成零件   D.先拆主要部件,后拆易损件

71.铸铁件的局部损坏多采用_____修复。

A.堆焊   B.钎焊

C.喷焊   D.镀铁

72.以下修复工艺中,适用于腐蚀件修理的是_____。

①修理尺寸法;②尺寸选配法;③热喷涂;④电镀;⑤焊补;⑥金属扣合工艺;⑦粘接

A.②③⑤⑥   B.①②③④⑤

C.①②③⑤   D.①②③⑤⑦

73.一般泡沫灭火机不能扑救哪一类火?_____。

A.甲类火   B.汽油火

C.柴油火   D.酒精火

74.研磨时,为了防止产生偏差,零件与研磨工具应不受_____。

A.外力作用   B.外力强制引导

C.条件限制   D.运动限制

75.为消除燃油中硫分的危害,可适当提高冷却水温度,其目的是_____。

A.减少冷却水带走的热量,促进硫酸蒸气转化

B.使气缸壁温度保持在硫酸的露点之上,以减少硫酸的凝结

C.促进碱性气缸油的中和作用

D.保持一定的温度,减少 SO_2 生成

76.水密舱壁上的水密门,不论是动力操纵的还是手动的,凡在航行中使用的,都应_____进行操作。

A.每天   B.每两天

C.每周   D.每两周

77.喷油器针阀偶件的_____是配合面,在船上研磨修复时采用_____方法。

A.锥面;平板研磨   B.圆柱面;互研

C.锥面;互研 　　　　　　　　　　　　　 D.圆柱面;平板研磨

78.清除净油机分离片表面上的严重积炭应选用_____方法。

A.机械清洗 　　　　　　　　　　　　　 B.合成洗涤剂清洗

C.油洗 　　　　　　　　　　　　　　　 D.碱洗

79.冷校法适用于修复零件材料塑性较高、变形不大或_____的变形零件。

A.精度不高 　　　　　　　　　　　　　 B.尺寸较小

C.厚度不大 　　　　　　　　　　　　　 D.重量较小

80.金属扣合工艺可有效地修复_____的零件。

①磨损;②腐蚀;③裂纹、断裂;④难焊补;⑤不允许产生变形

A.②③④⑤ 　　　　　　　　　　　　　 B.③④⑤

C.②③⑤ 　　　　　　　　　　　　　　 D.①④⑤

81.对使用中要求具有较高_____的零件通常进行液压或气压试验来检查零件有无缺陷。

A.密封性 　　　　　　　　　　　　　　 B.使用性

C.强度 　　　　　　　　　　　　　　　 D.耐磨性

82.在检查发电柴油机连杆大端轴承螺栓时,下列操作中_____是错误的。

A.必须检查每个螺母锁紧装置的安装是否合理、是否有松动

B.必须测量连杆螺栓的拉伸长度

C.换新某个螺栓时,必须将其他螺栓松开,然后交叉上紧

D.同一大端轴承的螺栓和螺母可以互换

83.对船上平时无法拆卸的部件或部位检查后,不能确切地决定修理内容的项目称为_____工程。

A.待定 　　　　　　　　　　　　　　　 B.重点

C.隐蔽 　　　　　　　　　　　　　　　 D.待查

84.船机修理前的拆卸范围是根据机器的_____来确定的。

A.结构 　　　　　　　　　　　　　　　 B.类型

C.运转情况 　　　　　　　　　　　　　 D.故障

85.不必要的拆卸会_____、增加零件损伤和安装误差。

A.破坏机件配合精度 　　　　　　　　　 B.扩大修理范围

C.增加修理工作量 　　　　　　　　　　 D.降低修理质量

86.拆卸过程中除应保证不破坏零件精度和不损坏零件外,特殊情况下为保护_____可采用牺牲_____来完成拆卸工作。

A.配合件;非配合件 　　　　　　　　　 B.大件;小件

C.难拆件;易拆件 　　　　　　　　　　 D.高精度件;不重要件

87.活塞环黏着在环槽中时,应在保护_____的前提下进行拆卸。

A.活塞环 　　　　　　　　　　　　　　 B.活塞

C.环槽 　　　　　　　　　　　　　　　 D.活塞环和活塞

88.重要的或精密的部件不应在_____进行拆卸和修复。

A.现场 　　　　　　　　　　　　　　　 B.工作室

C.车间   D.船上

89.为了保证正确装复机器,首先应_____;其次应在拆卸过程中采用一些必要的手段,如做记号、系标签等。

A.充分准备   B.制定拆卸工艺

C.搞清机器结构   D.明确拆卸范围

90.船上检修工具包括_____。

①随机辅助设备;②通用和专用量具;③通用和专用工具;④随机工具;⑤随机量具

A.①②③   B.①②③⑤

C.①②③④   D.①②③④⑤

91.船舶发电原动机的运行管理应_____。

①保证滑油、冷却水等参数的正常;②定期吊缸检修,但空气滤器没必要定期清洁;③定期检查调速器;④定期检查安全装置

A.①②③   B.②③④

C.①③④   D.①②③④

92.粗研时选用较粗的研磨剂,较高的_____和较低的_____,以期较快地消除几何形状误差和切削较多的加工余量。

A.硬度;脆性   B.研磨效率;切削力

C.研磨压力;研磨速度   D.研磨速度;研磨压力

93.磨料的研磨性能与其_____有关。

①刚度;②粒度;③硬度;④强度;⑤耐磨性

A.②④   B.①③⑤

C.②③④   D.②③⑤

94.拆卸过程中,必要时应对重要的零件进行无损探伤。如发电原动机修理时,对连杆螺栓进行_____,检查连杆螺栓表面有无疲劳裂纹。

A.着色探伤或磁粉探伤   B.超声波探伤或磁粉探伤

C.着色探伤或超声波探伤   D.射线探伤或磁粉探伤

95.可选用尺寸选配法修复的零件是_____。

A.活塞环槽-活塞环   B.活塞-活塞销

C.柱塞-套筒   D.曲轴主轴颈-主轴瓦

96.加强扣合法适用于修理承受_____的零件。

A.高冲击   B.高载荷

C.高温   D.高振动

97.船舶修理完毕,轮机长应组织力量认真审核轮机部的完工单,因为完工单是_____,必须严格把关,属于质量问题应有文字注明,并且由_____。

A.计算船舶成本的主要依据;验船师签字

B.计算船舶折旧的依据;验船师签字

C.编制账单的主要依据;双方签字

D.计算船舶年营运支出的依据;厂方及验船师签字

98.船舶柴油机的哪些零部件装复后需要采用液压试验法进行检查？_____。

①气缸盖;②气缸套;③活塞;④轴承;⑤机体;⑥油底壳

A.①②③⑤　　　　　　　　　　B.①②③

C.①②③④⑤⑥　　　　　　　　D.①②⑤

99.关于摩擦轮传动,下列说法正确的是_____。

A.弹性滑动不会影响传动比的准确性

B.轮面采用高弹性模量材料可以根除弹性滑动

C.弹性滑动造成速度损失,但并不造成功率损失

D.弹性滑动是由于材料弹性变形而产生的微量滑动

100.空气渗入冷却系统的危害包括_____。

①压力波动;②冷却效果不佳;③局部温度异常

A.①②③　　　　　　　　　　　B.①②

C.②③　　　　　　　　　　　　D.①③

101.当发生重大机损海损事故,抢救失败时,谁有权做出弃船决定？_____。

A.船长或轮机长　　　　　　　　B.船长或政委

C.指定人员　　　　　　　　　　D.公司或船长

102.船尾部搁浅后,可用盘车机盘车检查轴系是否卡阻,需检查_____。

A.盘车机电流　　　　　　　　　B.艉轴承温度

C.中间轴承温度　　　　　　　　D.艉轴油柜油位

103.回火的目的是减少或消除淬火_____。

A.内应力　　　　　　　　　　　B.拉力

C.压力　　　　　　　　　　　　D.外应力

104.正火是把钢加热至 Ac_3 或 Ac_1 或 $Accm$ 以上 $30 \sim 50$ ℃,保温后在_____中冷却的一种操作。

A.风　　　　　　　　　　　　　B.静止空气

C.随炉　　　　　　　　　　　　D.水

105.柴油机清洗时,滑油系统最好采用_____清洗,燃油系统最好采用_____清洗。

A.标准润滑油;燃油

B.$60 \sim 65$ ℃的标准润滑油;燃油

C.标准润滑油;柴油

D.$60 \sim 65$ ℃的标准润滑油;柴油

106.船机常用拆卸方法有_____。

①击卸法;②拉卸法;③顶压法;④温差法;⑤粘接法

A.①③④⑤　　　　　　　　　　B.①②③⑤

C.②③④⑤　　　　　　　　　　D.①②③④

107.粗研时,应选用_____进行研磨。

①较粗的研磨剂;②较多的研磨剂;③较大的压力;④较小的压力;⑤较低的速度;⑥较高的速度

A.①③⑥　　　　　　　　　　　　B.②④⑥
C.①③⑤　　　　　　　　　　　　D.①④⑤

108.分段多层堆焊法是_____,然后分段一层一层堆焊。
A.把长焊层分成若干短焊层　　　B.把长焊道分成若干短焊道和分层
C.把焊道分段和分层　　　　　　D.把焊道分层

109.航行中舵机失灵,轮机部自行抢修困难或无效时,_____应立即报告_____,说明舵机失灵的原因、已经进行的抢修措施、需得到的支援和准备进一步采取的措施。
A.船长;公司　　　　　　　　　B.轮机长;船长
C.值班轮机员;轮机长　　　　　D.值班轮机员;船长

110.铸铁件难焊补的原因是_____。
①有害杂质硫、磷引起焊缝脆性;②冷却速度快、焊缝易生成白口;③高温下石墨氧化生成一氧化碳,容易引起焊缝气孔;④强度低;⑤硬度低
A.①②④　　　　　　　　　　　B.①③⑤
C.②③④　　　　　　　　　　　D.②③⑤

111.进行明火作业的舱室或油柜,其油气浓度值应在爆炸下限的_____。
A.1%以下　　　　　　　　　　B.3%以下
C.4%以下　　　　　　　　　　D.5%以下

112.下列有关管路泄漏临时修理的方法中,说法正确的是_____。
A.管路焊接带压堵漏可以直接在泄漏处进行焊接
B.粘接法不适宜在介质是易燃易爆和危险防爆环境中进行
C.捆绑法适用范围广,不用动火,安全性好
D.若泄漏点比较大的管道泄漏,可用粘接法

113.堆焊工艺适于修补大面积磨损、腐蚀破坏的零件,或修理_____的零件。
A.裂纹　　　　　　　　　　　　B.断裂
C.烧蚀　　　　　　　　　　　　D.尺寸超差

114.船舶舵机的操作系统有_____。
①驾驶台自动舵操作系统;②驾驶台手动舵操作系统;③机舱集控室手动操舵系统;④舵机室手动操舵系统
A.①②③④　　　　　　　　　　B.①②③
C.①②④　　　　　　　　　　　D.②③④

115.气焊焊接铸铁时,往往有较多的 SiO_2 出现,因此通常会_____。
A.不采用焊剂　　　　　　　　　B.采用碱性焊剂
C.采用酸性焊剂　　　　　　　　D.采用中性焊剂

116.影响燃烧产物成分的指标主要有_____。
①十六烷值、柴油指数、热值和黏度等;②硫分、灰分、沥青分、残炭值、钒和钠含量等;③闪点、密度、凝点、倾点、浊点、水分、机械杂质等
A.①③　　　　　　　　　　　　B.①②
C.②　　　　　　　　　　　　　D.①②③

117.影响燃油燃烧性能的指标主要有_____。
①十六烷值、柴油指数、热值和黏度等;②硫分、灰分、沥青分、残炭值、钒和钠含量等;③闪点、密度、凝点、倾点、浊点、水分、机械杂质等
A.②　　　　　　　　　　　　B.③
C.①②③　　　　　　　　　　D.①

118.对于船舶中央空调风机采用的维修方式是_____。
A.定时维修　　　　　　　　　B.视情维修
C.事后维修　　　　　　　　　D.视情维修和定时维修

119._____不是主管轮机员在燃油加装前应做的准备工作。
①做好防污染工作;②测量存油,并尽量并舱,以空舱受油;③将加装的数量和舱位告知大副;④开妥油舱相关阀门;⑤到油船上检查油的品种和流量计读数,商定联络信号
A.③　　　　　　　　　　　　B.①②
C.④　　　　　　　　　　　　D.③⑤

120.空气渗入情况下冷却系统的操作包括_____。
①降低负荷;②消除泄漏处;③高处泄气
A.②③　　　　　　　　　　　B.①②
C.①②③　　　　　　　　　　D.①③

121.滤器堵塞情况下的操作程序包括_____。
①转换滤器;②及时清洗滤器;③紧急情况下降低负荷运行;④应急情况下旁通管路运行
A.①②③　　　　　　　　　　B.①③④
C.②③④　　　　　　　　　　D.①②③④

122.船舶机械设备拆卸后,应对其进行清洗,以下清洗方法中不属于机械清洗的是_____。
A.手工机械清洗　　　　　　　B.喷丸机械清洗
C.油洗　　　　　　　　　　　D.超高压水射流除锈工艺

123.机床急停开关的一般形式是_____锁住、_____释放的红色蘑菇头按钮开关。
A.按下;按下　　　　　　　　B.按下;旋转
C.旋转;按下　　　　　　　　D.旋转;旋转

124.在使用磨床进行平面磨削时的主运动是指_____。
A.工件纵向进给运动　　　　　B.工件横向进给运动
C.砂轮的高速旋转　　　　　　D.砂轮垂直进给运动

125.下列关于自动排油阀和排水阀的状态,说法正确的是_____。
A.排油阀通气关闭,排水阀通气开启
B.排油阀通气开启,排水阀通气关闭
C.排油阀通气开启,排水阀通气也开启
D.排油阀断气关闭,排水阀通气开启

126.正火的目的包括_____。
①提高硬度;②细化组织;③调质处理;④提高钢的综合机械性能
A.①③④　　　　　　　　　　B.①②③

C.①②③④   D.②③④

127.控制空气故障包括_____。

①气源故障;②滤器故障;③减压阀故障

 A.①②   B.②③

 C.①②③   D.①③

128.手电钻不使用时要_____开关。

 A.拆卸   B.关闭

 C.合上   D.解体

129.大型低速柴油机最为常用的缸头螺栓紧固方法是_____。

 A.钢线串接防松法   B.测量伸长法

 C.防松销固定法   D.液压拉升法

130.车削加工的进给量表示_____。

 A.工件转速的变化   B.切削速度的变化

 C.刀具在单位时间内移动的距离   D.工件每转一周刀具移动的距离

131.车床的基本参数中的主运动是指_____。

 A.刀具的纵向移动   B.刀具的横向移动

 C.工件的旋转运动   D.工件的轴向运动

132.加油前,轮机人员负责安排好_____,并逐一检查,确认无误。

①取油样设备;②通信设施;③警告牌;④溢油材料;⑤试水膏或粉笔;⑥化学品安全技术说明书(MSDS)

 A.①②③④⑤   B.①②③④⑥

 C.①②③⑤⑥   D.①②③④⑤⑥

133.空气渗入冷却系统的途径包括_____。

①高压燃气窜入;②低压处空气渗入;③高压处空气渗入

 A.①②③   B.①②

 C.①③   D.②③

134._____指的是将钢加热至适当温度保温,然后缓慢冷却(炉冷)的热处理工艺。

 A.回火   B.正火

 C.淬火   D.退火

135.往复泵填料根据活塞杆的直径截取,切口呈_____。

 A.50°   B.45°

 C.60°   D.30°

136.在采用金属丝锁紧螺母时,金属丝缠绕螺母的方向应_____。

 A.与螺母的旋紧方向一致   B.与螺母的旋紧方向相反

 C.任意   D.不予要求

137.对损坏的管路进行应急维修的方法包括_____。

①焊补法;②管箍法;③打水法;④铁水泥修补;⑤环氧树脂修补

 A.①②③④⑤   B.②③④

C.①②③   D.③④⑤

138.下列属于呆扳手(开口扳手)使用不当的是_____。

A.用于拧紧力矩较大的螺栓或螺母

B.可以从上、下或横向部位插入

C.用于拧紧或拧松标准规格的螺栓或螺母

D.只能在一个有限的空间扳动螺栓或螺母

第二节 船舶安全工作环境

1.船舶进厂修船后,修理施工区域的防火安全应由_____。

A.船方负责修船期间全部安全工作   B.厂方负责全部安全工作

C.以船方为主,厂方配合   D.以厂方为主,船方配合

2.下列船机零件中,_____可以采用堆焊进行翻修。

①活塞;②气缸盖;③排气阀及其阀座;④机架;⑤螺旋桨

A.①②③   B.②④⑤

C.①③④   D.①②③④⑤

3.选择修复工艺需要考虑_____。

①修复工艺是否适合零件的材料;②修复工艺是否能达到待修零件所需要的修补层厚度;③零件的结构和尺寸是否限制修复工艺的实施;④修复工艺是否能引起零件变形和改变零件材料的组织与性能;⑤修复工艺是否能保证零件的各种强度和刚度的要求

A.①③④⑤   B.②③④⑤

C.①②③④   D.①②③④⑤

4.坞修工程应申请验船师_____,而安装艉轴和螺旋桨应由_____在现场监督安装。

①现场检验;②签署检验报告;③公证;④轮机长;⑤大副和轮机长

A.①;④   B.①②;⑤

C.①②③;⑤   D.①②;④

5.修船中万一发生火灾害事故,船员要坚守岗位,首先_____。

A.服从厂方统一指挥   B.保卫船厂安全

C.抢救其他船舶   D.保卫本船的安全

6.使用水溶性研磨膏时需用_____研磨液稀释。

A.水煤油   B.汽油、柴油

C.甘油、煤油   D.水甘油

7.船舶装配的主要方法有_____。

①调节装配法;②机械加工修配法;③钳工修配法;④镶套法

A.①③④   B.②③④

C.①②③④   D.①②③

8.对于在修理过程中损坏的船上备件及设备,应_____。

A.在保修合同上注明   B.在轮机日志上注明

C.在修理单上注明　　　　　　　　　D.在完工单上注明

9.船舶机械需要进行航修的情况是_____。
　　A.发生影响安全航行的局部故障　　　B.发生较大的事故
　　C.按规定的时间　　　　　　　　　D.按公司的要求

10.厂修时,船舶的安全平时由_____负责,如遇不可抗拒的自然灾害所造成的损失应由_____负责。
　　A.厂方;厂方　　　　　　　　　　　B.船方;船方
　　C.厂方;船方　　　　　　　　　　　D.船方;厂方

11.以下关于修船准备工作的说法中,正确的是_____。
　　A.自修的项目及需要的配件材料,应与修理单合写,报船技部门
　　B.重大工程、机电设备、特殊材料和预制件一经提出不能随意更改
　　C.修理单一式两份,在规定的日期送船技部门审核
　　D.由船厂申请验船部门有重点地对船舶做修理前的检验

12.修理单是重要的修船文件和修船依据,故修理单上应列出_____。
　　A.修理工程的项目、进度等　　　　　B.机械设备的运转状况
　　C.拆装工艺和检验方法　　　　　　　D.修理方法和要求

13.在坞修中,安装艉轴和螺旋桨时,船方应在场监督的是_____。
　　A.轮机长　　　　　　　　　　　　　B.轮机员
　　C.船长　　　　　　　　　　　　　　D.轮机部任一成员

14.使用易燃或有刺激性的液体清洗部件时,应_____。
　　①在机舱进行;②注意通风;③注意防止发生污染海面的事故
　　A.①③　　　　　　　　　　　　　　B.①②③
　　C.①②　　　　　　　　　　　　　　D.②③

15.下列有关车床、钻床作业时安全注意事项的说法,不正确的是_____。
　　A.工件应夹持牢固,夹头扳手用完应立即从夹头上取下
　　B.操作者要戴手套
　　C.操作者要戴好防护眼镜
　　D.禁止使用手柄不牢的手锤

16.对金属材料进行切削加工是为了获得所需的_____。
　　①几何形状;②加工精度;③表面质量
　　A.①②　　　　　　　　　　　　　　B.②③
　　C.①③　　　　　　　　　　　　　　D.①②③

17.使用拧入式吊环螺栓吊机械设备时,操作人员要确保_____。
　　①螺纹完好无损;②螺纹配合要合适;③附有垫圈1只;④拧入时拧至紧抵垫圈;⑤拧入时不能紧抵垫圈,以防咬死
　　A.①③④　　　　　　　　　　　　　B.①②⑤
　　C.①②③④　　　　　　　　　　　　D.②③④⑤

18.在船上,气缸盖轻微裂纹可采用_____消除。

152

A.锉刀 B.刮刀

C.扁铲 D.焊补

19.船上钻床钻削工件时,注意事项是_____。

①工作时严禁戴手套;②工件应装配牢靠;③不能用手或棉纱清洁切屑

A.①② B.①③

C.①②③ D.②③

20.在磨制工具和砂轮机作业时(包括除锈、除炭时),作业者应_____。

A.戴防护眼镜和口罩,并站在与砂轮旋转方向略偏一个角度处

B.戴防毒面具,并站在与砂轮旋转方向略偏一个角度处

C.戴防护眼镜和口罩,并站在与砂轮旋转正方向不可略偏一个角度处

D.戴防毒面具,并站在与砂轮旋转正方向不可略偏一个角度处

21.在磨制工具和砂轮机作业时(包括除锈、除炭时),作业者应戴防护眼镜和口罩,并和砂轮旋转

方向_____。

A.略偏一个角度 B.垂直

C.正对 D.平行

22.与磨削加工相比,车削的加工质量_____,一般用于_____。

A.较低;精加工 B.较高;精加工

C.较低;粗加工 D.较高;粗加工

23.车床可以用于_____的表面加工。

①成型面;②锥面;③端面

A.①② B.②③

C.①③ D.①②③

24.车床可以用于_____加工。

①车螺纹;②表面滚压;③切槽

A.①②③ B.②③

C.①③ D.①②

25.进行车床作业时,必须做好_____等安全注意事项。

①操作者衣着要紧身,袖口要扣好;②戴好防护眼镜和手套;③工件应装配牢靠

A.②③ B.①②

C.①③ D.①②③

26.进行车床、钻床作业时的安全注意事项有_____。

①应严格遵守操作规程;②工件应装配牢靠;③操作者衣着要紧身,袖口要扣好;④操作者戴

好防护眼镜;⑤操作者要戴手套操作

A.①②③ B.①②③④

C.①②③⑤ D.①②③④⑤

27.进行以下_____操作时不能戴手套。

A.凿削 B.焊接

C.钻床 D.研磨

28.以下关于使用压力钢瓶时的说法,正确的是_____。

A.待灌的空瓶应做好明显标记并按原来气体充灌,不准互换使用或改灌其他气体

B.氧气、乙炔钢瓶瓶口钢帽若取不下,可敲击取下钢帽

C.钢瓶一般在电焊间存放

D.为了防止钢瓶跌倒,应卧放使用

29.磨床可以磨削的表面有_____。

①平面;②内圆面;③外圆面

A.①②

B.①③

C.①②③

D.②③

30.当气缸套工作表面有轻微的拉痕或磨痕时,应使用_____进行打磨予以消除。

A.刮刀

B.油石

C.扁铲

D.锉刀

31.燃油化验报告是燃油管理、储存和使用的重要依据,它一般提供了_____。

①主要燃油指标的极限值;②使用注意事项和建议;③对可能影响柴油机正常工作的指标提出警示;④燃油的参考价格

A.①②④

B.①②③④

C.②③④

D.①②③

32.进行吊运作业时,不应_____。

A.起吊前认真检查吊环、绳索等工具

B.严禁超重吊运

C.允许戴安全帽的人员通过吊运件的下方

D.严格遵守吊运安全规则

33.当吊运重物时,_____。

A.绝对不能超负荷使用起吊工具

B.场地狭窄处所可以在吊起部位下方短时工作

C.只有先吊起重物才能确定是否绑扎牢固可靠

D.断股钢丝绳可以接好以备使用

34.关于吊运作业安全注意事项,下列说法错误的是_____。

A.在吊运前,应认真检查起吊工具,确认其牢固可靠,方可吊运

B.吊起的部件应立即在稳妥可靠的地方放下,并衬垫绑系稳固

C.断股钢丝经修理后,可以继续使用

D.严禁超负荷使用起吊工具

35.下列吊运作业安全注意事项中,不正确的是_____。

A.吊运作业必须由两人以上操作

B.吊运过程中,禁止在起吊的部件下方进行工作

C.使用气动吊车时,应派人员看守控制阀,一旦失控立即切断电源

D.起吊时,先用低速将吊索绷紧,再缓慢起吊

36.国际及我国都规定,船舶油舱柜的油气浓度在爆炸下限的_____或以下时,才能进行热工

作业;在爆炸下限的_____或以下时,才能进入某些区域。

A.1%;3% B.1%;5%

C.3%;5% D.3%;7%

37.关于封闭场所作业的安全注意事项,下列叙述正确的是_____。

A.要想进入刚刚进去过的封闭住所,首先要申请进入许可

B.进舱抢救人员必须戴过滤式防毒面具

C.船员在舱内发生缺氧窒息时,应立即进入抢救

D.检测点的选择应根据船舱结构、货物装载状况等实际情况合理布点

38.氧气、乙炔等压力钢瓶应存放在_____。

A.锅炉平台 B.电焊间

C.靠近热源处 D.阴凉处

39.在_____等恶劣气候条件下,船上不宜布置高处作业。

①遇见强风;②遇见暴雨;③遇见大雪;④遇见涌浪

A.①②③④ B.②③④

C.①②③ D.①②④

40.关于清洗作业时的安全注意事项,下列叙述错误的是_____。

A.油管、过滤器或加热器等如有泄漏,应尽快消除,并注意防止漏油流散

B.在处理酸、碱或其他化学品时,需相应地戴手套、防护眼镜、口罩、面罩等

C.在用水冲洗机舱底部时,要防止水柱和水珠冲到电机设备上引起损坏,并防止人员滑倒跌伤

D.使用易燃或有刺激的液体清洗部件时,一般应在船舶两舷进行,同时要注意防止污染海面事故

41.在以下什么情况下,船舶应使用低位主海底门?_____

A.大风浪中航行 B.港内航行

C.浅水航区航行 D.候潮

42.关于船舶机舱消防安全注意事项,下列叙述正确的是_____。

A.人员进入空油舱前必须用测爆仪测量含氧量

B.在爆炸下限的5%及以下时才能进入该区域

C.油舱的油气浓度必须低于2%及以下时才能热工作业

D.发现机舱火情,值班人员应及时灭火,控制火势蔓延

43.以下关于压力容器使用安全注意事项,说法错误的是_____。

A.压力钢瓶不准卧放使用,应直立安放在妥善处并用卡箍或绳子紧固

B.钢瓶内气体应全部用光

C.在开阀前应仔细检查钢瓶,特别要注意阀门是否反螺牙,开阀时要缓慢开大

D.钢瓶如因严寒结冻,不能用明火烘烤,但可用蒸汽或热水适当加温。一般瓶体温度不得超过40 ℃

44.十六烷值过高使柴油机排气冒黑烟,主要原因是_____。

A.蒸发速度太快 B.燃油发生高温裂化而生成游离碳

C.雾化质量太差　　　　　　　　　　　　D.蒸发量太大

45.起重作业起吊时,正确的顺序是_____。
①确认牢固;②摇晃绳索;③慢慢起吊;④低速绷紧吊索
A.②③①④　　　　　　　　　　　　B.①④③②
C.①②③④　　　　　　　　　　　　D.④①②③

46.惰性气体系统的功用就是使油舱气体中的含氧量控制在_____以下,方能开始洗舱作业,以防油船爆炸。
A.12%　　　　　　　　　　　　B.8%
C.5%　　　　　　　　　　　　D.10%

47.油船残油处理技术中,采用原油洗舱时必须同时配置_____。
A.CO_2固定灭火系统　　　　　　　　B.大型泡沫灭火系统
C.惰性气体防爆系统　　　　　　　　　D.干粉灭火系统

48.哪些器材适用于扑灭带电电气设备火灾?_____。
①水;②二氧化碳;③蒸汽;④泡沫灭火器;⑤干粉灭火器;⑥黄沙
A.②⑤　　　　　　　　　　　　B.①②③
C.④⑥　　　　　　　　　　　　D.④⑤⑥

49.船舶封闭处所通常包括但不限于_____等。
①双层底舱、燃料舱、压载水舱;②污水舱、泵舱;③压缩机舱、机器曲轴箱;④隔离空舱、货舱;⑤箱型龙骨、内部隔离处所
A.①④⑤　　　　　　　　　　　　B.①②③④
C.②③④⑤　　　　　　　　　　　D.①②③④⑤

50.目测法就是用肉眼或放大镜对零件进行观察,以确定其磨损及损坏程度、性质变化等。下面_____可以用目测法判断。
①缸体与缸盖的裂纹;②齿牙的折断或齿面疲劳;③轴承表面的疲劳与腐蚀;④离合器或制动器的烧损变色与拉毛;⑤橡胶零件的老化
A.①②③④　　　　　　　　　　　　B.①③④⑤
C.①②④⑤　　　　　　　　　　　　D.①②③④⑤

51.发现拆下的连杆螺栓有_____等情况时应换新。
①变形;②伸长;③螺纹损伤;④裂纹
A.①③④　　　　　　　　　　　　B.①②③
C.②③④　　　　　　　　　　　　D.①②③④

52.要求舱内涂抹水泥的是_____。
A.燃油舱　　　　　　　　　　　　B.污水舱
C.淡水舱　　　　　　　　　　　　D.润滑油舱

53.使用易燃或有刺激性的液体清洗部件时,应在_____进行。
A.艏甲板下风处　　　　　　　　　　B.艉甲板下风处
C.机舱　　　　　　　　　　　　　D.艉甲板上风处

54.船上人员下舱,在舱口附近探测所得的可燃气体浓度应低于爆炸下限的_____。

A.5%
B.10%

C.15%
D.18%

55.奥妙全能清洗剂在室温下可迅速清除零件表面上的油污、铁锈、积炭和氧化物,但其
_____,应加以防护。

A.闪点<61 ℃
B.有毒

C.有刺激性
D.易燃

56.使用砂轮磨削工具时,操作人员应站在砂轮机的_____。

A.正前方
B.正后方

C.正前方90°侧面
D.正前方45°侧面

57.符合安全操作规定的作业是_____。

①在砂轮上进行作业时应戴手套,并与砂轮旋转方向略偏一个角度;②拆装舱底泵浦时必须
戴安全帽;③高层作业应穿软底鞋并系安全带;④起吊作业时发现吃力应立即停止作业;⑤操
作者在进行车、钻床作业时袖口应收紧并戴防护眼镜

A.①②③④⑤
B.③④⑤

C.②③④⑤
D.①②③④

58.以下关于船机零件的清洗,说法错误的是_____。

A.常规清洗又称油洗,是利用有机溶剂如汽油、柴油或煤油溶解零件表面上油污垢的一种手
工清洗方法

B.碱性清洗剂洗后应用清水冲洗干净,故零件表面容易生锈

C.酸性清洗剂是用无机酸或有机酸配制而成的,用于清洗零件上的水垢和铁锈

D.积炭清洁剂具有很强的溶解力,可溶解油、油脂、积炭

59.一般来说,船上轮机部的物料申请单应由_____填写,经_____审核后交公司供应处。

A.轮机长;船长
B.机工长;轮机长

C.大管轮;轮机长
D.轮机员;轮机长

60.在车床加工或修理零件时,操作人员不允许_____。

A.戴防护眼镜
B.穿紧身工作服

C.戴手套
D.穿长袖衣服

61.关于通用工具安全使用,下列说法不正确的是_____。

A.使用活动扳手扳动大螺母时,常用较大的力矩,手应握在靠近柄尾处

B.可以用开口钳拆装螺丝钉或螺母

C.如发现梅花套筒及扳手手柄变形或有裂纹,应停止使用

D.活动扳手不可反用,以免损坏扳唇,也不可以用钢管接长手柄来加大扳拧力矩

62.关于通用工具安全使用,下列说法正确的是_____。

A.活络扳手可以用作临时锤子,敲打部件

B.开口扳手可以反方向用力拧动螺栓或螺母

C.拆装时,如梅花扳手放得不平,则容易损坏螺栓甚至会伤到操作人员

D.可以用开口钳拆装螺丝钉或螺母

63.对正常到期换下的旧备件,要_____。

A.及时上报公司,做废品处理,以免与新备件混淆

B.尽量修复,留作备用,以备不时之需

C.单独摆放,不可丢弃,以备公司或有关部门检查

D.在到港后,及时处理出船,以免占用舱容

64._____泡沫消防系统常用于油船油舱区域、钻井平台的飞机起落平台、小型油船等; _____泡沫消防系统用于各类船舶的机舱和油船的货油泵舱,也可作为液化气船的辅助灭火系统。

    A.低膨胀;低膨胀   B.高膨胀;高膨胀

    C.高膨胀;低膨胀   D.低膨胀;高膨胀

65.FSS 规定消防员应装备一套个人设备和一副呼吸器,其中呼吸器通常是自给式压缩空气呼吸器,空气瓶储气量至少为_____ L,或者供气时间至少为_____ min。

    A.1 000;30   B.1 200;30

    C.1 000;40   D.1 200;40

66.船舶备件申请及接收应该注意的事项包括_____。

①备件改型后是否可以通用;②严格把好备件质量关;③节约开支;④对急需备件要求交货迅速,按期送上船;⑤做好备件验收工作

    A.①②   B.①②④

    C.③④⑤   D.①②③④⑤

67.在船上电焊作业时,_____是不适当的。

    A.施焊时必须由两人作业,一人操作,另一人监守

    B.施焊时不得调整电流

    C.施焊人员必须戴手套和墨镜

    D.施焊后不得立即离开现场

68.气焊时如遇回火,应迅速将胶管曲折握紧,并_____。

    A.首先关闭焊枪上的氧气阀

    B.首先关闭焊枪上的乙炔阀

    C.首先关闭氧气钢瓶出口阀

    D.必须同时关闭焊枪上的氧气阀和乙炔阀

69.在油船或有油气存在的舱处所进行电、气焊作业时,首要工作是_____。

    A.施焊人员要戴好防护面具、绝缘手套并穿好工作服等

    B.备好一定数量的消防器材

    C.检查工作现场和周围的可燃物,铲除焊区附近的油漆

    D.对施焊的有关舱柜进行测爆

70.关于焊接作业,下列错误的做法是_____。

    A.施焊时必须由两人作业,一人操作,另一人监守

    B.作业人员应穿长袖衣裤,戴手套、眼镜,必要时应戴防护面具

    C.电焊时必须使用面罩,但在特殊情况下可以用墨镜代替

    D.施焊现场不得有任何易燃物品

71.为了保证焊补修理质量,除严格要求焊补工艺外,还应_____。

　　A.由技术高的工人施焊　　　　　　B.保证焊条质量

　　C.对零件待修表面进行清洁　　　　D.焊前预热,焊后退火

72.在船舶实际工作中,除小直径钢管外,其他直径和壁厚的钢管均采用_____来焊接。

　　A.气焊　　　　　　　　　　　　　B.手工电弧焊

　　C.等离子焊　　　　　　　　　　　D.电渣焊

73.用熔化焊条的方法在零件磨损或腐蚀的表面上熔敷一层或多层金属的操作,称为_____。

　　A.堆焊　　　　　　　　　　　　　B.焊接

　　C.气焊　　　　　　　　　　　　　D.电渣焊

74.堆焊时采用分段多层堆焊法和逐步退焊法的目的是_____。

　　A.使零件受热均匀　　　　　　　　B.使堆焊层与零件结合强度高

　　C.提高效率　　　　　　　　　　　D.使焊接容易

75.铸铁件的局部损坏均可采用_____进行修复。

　　A.黄铜钎焊　　　　　　　　　　　B.锡铋合金钎焊

　　C.软钎焊　　　　　　　　　　　　D.硬钎焊

76.用熔点低于金属零件的金属材料作钎料,将零件与钎料加热至_____的温度,使液态钎料润湿零件金属,并与之相互扩散达到连接零件裂纹的方法称为钎焊。

　　A.较高　　　　　　　　　　　　　B.高于钎料熔点

　　C.低于零件金属熔点　　　　　　　D.高于钎料熔点、低于零件金属熔点

77.气焊作业时,气瓶总阀的开度一般不超过_____,以便应急关闭。

　　A.1/4　　　　　　　　　　　　　B.1/3

　　C.1/2　　　　　　　　　　　　　D.3/4

78.铸铁件的黄铜钎焊修复的优点是_____。

　　A.延长零件使用寿命

　　B.质量可靠

　　C.接口处无白口出现,也不会产生裂纹

　　D.零件上出现两种颜色

79.手工电弧焊修工艺适合_____零件,且修复效果良好。

　　A.高碳钢　　　　　　　　　　　　B.铜合金

　　C.低碳钢　　　　　　　　　　　　D.铝合金

80.关于焊接作业时的安全注意事项,下列说法错误的是_____。

　　A.在任何部位施焊均必须先清理现场,现场不得有任何易燃物品,并注意周围环境有无易燃的物品和气体,必要时应予挪移和通风

　　B.根据不同环境备妥适当的灭火器材

　　C.严禁对存有压力的容器,未经清洁和通风的油柜、油管施焊

　　D.对有色金属或合金施焊时应注意通风,作业人员应在下风位置或戴防护面具,以防中毒

81.气焊焊枪熄火的正确操作应是_____。

　　A.先关总阀,再关焊枪

B.先关闭氧气,后关闭乙炔

C.关小氧气,关闭乙炔,熄火后关闭氧气

D.先关闭乙炔,后关闭氧气

82.铸铁件焊接困难不是由_____造成的。

    A.含碳量高和冷却速度较大易产生白口

    B.焊接时热应力大

    C.容易产生气孔等焊补缺陷

    D.冷却速度慢,容易形成石墨

83.气焊前,连接胶管时要注意颜色标志,接氧气的应是_____,不能反接。

    A.黄色或红色   B.蓝色或黑色

    C.蓝色或黄色   D.红色或黑色

84.钎焊所用的钎料_____。

    A.熔点高于母材

    B.熔点低于母材

    C.熔化后与零件金属成晶间结合

    D.熔化后与零件金属机械结合

85.铸铁零件焊补难于保证质量的主要原因是_____。

    A.操作不当   B.零件温度高

    C.焊缝处易生白口   D.焊后没有退火处理

86.焊补工艺具有成本低、工时少、效率高和焊层_____高的优点。

    A.强度   B.硬度

    C.结合强度   D.疲劳强度

87.关于气焊作业安全注意事项,下列说法正确的是_____。

    ①连接各部分焊具前,应先吹净阀口,检查并确认各阀门无漏气;②任何时候,气瓶阀口和焊枪喷嘴均不应对人;③胶管要牢固,接口要紧密,宜用铁丝捆扎胶管接口;④烧焊时胶管不应拉得过紧,并尽量远离火焰和焊件

    A.①②④   B.③④

    C.①②③④   D.①②

88.铜管或小直径钢管的裂缝和断裂常采用_____修复。

    A.气焊   B.电焊

    C.等离子焊   D.电渣焊

89.为了保证焊补质量,对其工艺要求严格,应焊前预热,且要求焊后_____。

    A.清洁和加工   B.退火

    C.检查质量   D.快速冷却

90.粘接与焊接、铆接、键连接等工艺相比,以下叙述错误的是_____。

    A.粘接不增加零件的重量

    B.粘接不破坏材料的性能

    C.室温下粘接对零件无热影响

D.粘接固化时间长,收缩率大,膨胀系数大

91.焊补燃油或滑油管子必须_____。

　　A.关紧相邻近的一只阀门,放尽存油,清洁后焊补

　　B.切断燃油或滑油供应,清洁破口,用水冲洗后才能焊补

　　C.把管子拆下,清洁除油后在专用修理间焊补

　　D.拆下管子,清洁后到甲板上烧焊

92.航行中机舱外施焊必须报告_____,征得_____同意后方可进行。

　　A.轮机长;船长　　　　　　　　　　B.船长;公司

　　C.值班轮机员;轮机长　　　　　　　D.机工长;大管轮

93.堆焊是用_____的方法,在零件磨损或腐蚀的表面上熔敷一层或多层金属的操作。

　　A.加热　　　　　　　　　　　　　　B.熔化焊条

　　C.熔化零件　　　　　　　　　　　　D.加热和加压

94.船舶上,铸铁件焊接方法主要有_____。

　　①手工电弧热焊法;②手工电弧冷焊法;③黄铜钎焊法

　　A.①②　　　　　　　　　　　　　　B.①③

　　C.②③　　　　　　　　　　　　　　D.①②③

95._____适用于弯曲变形较大并且尺寸较大的零件,如螺旋桨桨叶弯曲变形较大时。

　　A.冷校法　　　　　　　　　　　　　B.热校法

　　C.加热-机械校直法　　　　　　　　D.敲击法

96.恢复配合件的原设计尺寸、形状和配合间隙值,从而恢复其工作性能,下列修理工艺属于此原则的是_____。

　　①修理尺寸法;②尺寸选配法;③喷焊;④电镀;⑤焊补

　　A.①②③　　　　　　　　　　　　　B.②③④

　　C.③④⑤　　　　　　　　　　　　　D.①④⑤

97.在编制修理单的同时,应根据修理项目的需要_____。

　　①做好所需备件的订货工作;②备件由船方提供需在修理单上注明;③在修理单上注明备件的来源

　　A.①　　　　　　　　　　　　　　　B.①②③

　　C.①②　　　　　　　　　　　　　　D.③

98.船上通常对事故风险进行_____。

　　A.定量分析　　　　　　　　　　　　B.定性分析

　　C.不确定分析　　　　　　　　　　　D.原因分析

99.风险评估的过程就是要解决_____。

　　①确定保护的对象是什么;②资产面临哪些潜在威胁;③资产中哪里存在弱点可能会被利用;④组织应采取怎样的安全措施才能避免或减少损失

　　A.①②③　　　　　　　　　　　　　B.①②④

　　C.②③④　　　　　　　　　　　　　D.①②③④

100.船舶坞修时,艉轴抽出前应先测量_____。

A.艉轴下沉量   B.艉轴承间隙

C.两端轴总曲折   D.主机拐挡差

101.下述_____属于磨削加工的危险因素。

①砂轮旋转入体与砂轮接触;②砂轮破裂飞出碎片;③工作楔入工件托架与砂轮间;④磨削时产生磨屑和粉尘;⑤砂轮主轴缠住衣服

A.①②④⑤   B.②③④⑤

C.①②③④⑤   D.①②③⑤

102.下列有关车床安全使用注意事项,说法错误的是_____。

A.严格遵守规章制度操作

B.操作者必须穿着紧身工作服并扎紧,避免被工具转动部分缠绕

C.操作者穿着个人防护装备

D.更换刀片、钻头等附件时,专业人士可以带电操作

103.根据"风险程度＝伤害的潜在产生可能性×危害的严重程度"预测评估结果,可能发生轻微伤害的工作属于_____。

A.中度风险   B.非常低风险

C.低风险   D.高风险

104.在车床切削深度确定以后,增大进给量会使切削力增大,表面粗糙度_____。

A.变细   B.可能变细或变粗

C.变粗   D.不变

105.下列关于磨床的说法中,_____是错误的。

A.加工余量小,生产效率高   B.多刃加工,高速旋转

C.加工精度低,表面质量差   D.适用于各种表面加工

106.拧紧长方形布置的成组螺母或螺钉时,应从_____进行。

A.外端向内   B.中间开始向两边对称扩展

C.左端开始向右端扩展   D.右端开始向左端扩展

107.下列关于活动扳手的使用注意事项中,_____是错误的。

A.不能随意加长力臂

B.应使开口的活动部分承受主要作用力

C.扳手开口尺寸应调整到与被扳紧部位尺寸一致

D.使用时容易滑脱伤人或挤伤螺母的棱角,一般不予优先选用

108.主机排气阀研磨机机体上 4 个脚的螺栓在磨阀时要旋松,以便放下减振橡皮垫块,目的在于_____。

A.保护磨阀机机体   B.减少机舱振动对磨阀精度的影响

C.保护减振橡皮垫块   D.减少磨轮振动对磨阀精度的影响

109.主机排气阀研磨机机体上 4 个脚的螺栓在不磨阀时要旋紧,以便提起减振橡皮垫块,目的在于_____。

A.保护磨阀机机体   B.减少机舱振动对磨阀精度的影响

C.保护减振橡皮垫块   D.减少磨轮振动对磨阀精度的影响

110.为保证车床操作者的安全,车床照明灯的电压为_____。
    A.380 V　　　　　　　　　　　B.110 V
    C.220 V　　　　　　　　　　　D.不高于 36 V

111._____主要用于非标准螺母的拆装。
    A.鲤鱼钳　　　　　　　　　　　B.活动扳手
    C.套筒扳手　　　　　　　　　　D.梅花扳手

112.电焊焊条药皮的作用是_____。
    A.传导电流引燃电弧
    B.作为填充材料,以形成焊缝
    C.稳定电弧和保护合金元素
    D.形成焊渣和放出气体覆盖焊池表面的隔离空气

113.关于扳手的安全使用注意事项,下列说法中错误的是_____。
    A.尽量不要使用加长杆
    B.为拆装时更便利,优先选用活扳手
    C.按螺栓尺寸,选用与螺栓完全配合的扳手
    D.不要用锤子击打扳手,扳手容易跳出或损坏

114.气动工具的气缸和气马达属于_____。
    A.辅助元件　　　　　　　　　　B.气动元件
    C.控制元件　　　　　　　　　　D.执行元件

115.钎焊时,下列_____说法正确。
    A.工件先熔化,钎料后熔化　　　B.钎料先熔化,工件后熔化
    C.钎料熔化,工件未熔化　　　　D.工件、钎料同时熔化

116.当车床刀具前角增大时,切屑容易从前刀面流出,且变形小,因此_____。
    A.切削力增大　　　　　　　　　B.楔角增大
    C.切削力减小　　　　　　　　　D.切削力不变

117.关于手工电弧焊产生"咬边"的原因中,下列说法正确的是_____。
    A.焊接电流过小　　　　　　　　B.焊接电流过大
    C.电弧拉得过短　　　　　　　　D.电弧电压太低

118.风险评估时,应当评价伤害的严重程度,以下属于中度伤害的是_____。
    A.灰尘入眼　　　　　　　　　　B.擦伤
    C.身体不适(例如头痛)　　　　　D.烧伤

119.风险评估时,应当评价伤害的严重程度,以下属于轻度伤害的是_____。
    A.身体不适(例如头痛)　　　　　B.割伤
    C.烧伤　　　　　　　　　　　　D.脑震荡

120.关于预防低碳钢手工电弧焊时焊缝产生"气孔"的措施中,错误的是_____。
    A.酸性焊条电弧压短,碱性焊条电弧拉长
    B.熔池直径不得超过焊条直径的 3 倍
    C.焊条使用前按规定烘干

D.适当加大焊接电流,降低焊速,延长熔池停留时间

121.要使螺纹自锁,必须使螺纹升角_____摩擦角。

A.等于
B.大于

C.等于或小于
D.小于

122.车床车孔的关键在于_____。

A.进给量
B.提高刀杆的刚性

C.合理选用切削用量
D.排屑

123.关于磨床作业,下列_____的做法是错误的。

A.在砂轮运转时,不能调整平面磨床、紧固工作或测量工作

B.用砂轮侧面磨削工具

C.戴防护目镜

D.磨削时站在砂轮侧方

124._____坚固耐用,刀柄可用榔头轻击。

A.一字型螺丝刀
B.夹柄螺丝刀

C.十字型螺丝刀
D.塑料手柄螺丝刀

125.壳管式海水冷却器的某根管子泄漏,可采用_____的方法进行紧急修理,维持使用。

A.用锌棒将破管堵死

B.用车床加工铜制锥形塞子堵住破管两端

C.放空海水,找到漏点,用夹箍配合橡皮,处理漏点灭漏

D.放空海水,晾干后进行焊补

126.焊补工艺适用于_____材料的零件。

A.铸铁
B.高碳钢

C.低碳钢
D.铜合金

127._____可不设风机或油泵速停装置。

A.强力送风机或抽风机
B.燃油驳运泵

C.燃油循环泵
D.空调风机

128.液压工具所使用的油,必须是洁净的_____。

①液压油;②透平油;③气缸油;④柴油的系统油

A.①②
B.①③④

C.③④
D.①②③④

129.对于铜与铝异种金属的焊接,一般不应采用_____。

A.电阻焊
B.熔焊

C.钎焊
D.压焊

130.在影响谷物呼吸强度的因素中,_____是最重要的因素。

A.水分
B.温度

C.籽粒状态
D.储运场所中空气的含氧量

131.根据《商船海员安全工作守则》的规定进行风险评估时,_____类风险属于"可接受"风险。

A.非常低　　　　　　　　　　　B.非常高

C.中、高度　　　　　　　　　　D.低

132.进行风险评估后,确认风险类别是非常高风险,那么可容忍程度的评估结论是_____。

A.可接受　　　　　　　　　　B.应降低风险至可容忍或可接受

C.不可接受　　　　　　　　　D.可容忍

133.风险类别决定风险监控计划,_____类风险不可接受,应降低至可容忍或可接受水平,风险降低前必须停工。

A.高度　　　　　　　　　　　B.非常高

C.低　　　　　　　　　　　　D.中度

134.进行风险评估后,确认风险类别是中、高风险,那么可容忍程度的评估结论是_____。

A.可接受　　　　　　　　　　B.应降低风险至可容忍或可接受

C.不可接受　　　　　　　　　D.可容忍

135._____应对所管辖的设备进行定期检查。

A.检修人员　　　　　　　　　B.生产人员

C.试验人员　　　　　　　　　D.检修人员及试验人员

136.按照轮机值班要求,出现以下_____情况,交班人员应该拒绝交班并报告轮机长。

①没有巡视机舱,直接到现场接班;②满身酒气;③语言、行动发现异常;④提早下机舱

A.①②③　　　　　　　　　　B.②③④

C.①②③④　　　　　　　　　D.①③④

137.关于轮机日志,以下说法错误的是_____。

A.如发现填写有误,可进行涂改

B.轮机日志是重要的法定记录材料,航行中由值班轮机员负责填写,停泊中由大管轮负责记载

C.必须按时间顺序进行填写,不得间断,内容应该明确反映出船舶航行、停泊、作业或修理的基本情节

D.记载内容必须真实,不得弄虚作假,不得隐瞒重要事实

138.衡量燃油在储存、运输中火灾危险程度的指标是_____。

A.馏程　　　　　　　　　　　B.自燃点

C.闪点　　　　　　　　　　　D.燃点

139.燃油黏度是双重性指标,对柴油机工作的影响在管理上体现在_____,在燃烧性能上体现在_____。

①黏度高,则影响燃油的输送、过滤;②黏度高,则雾化质量差,燃烧恶化;③黏度过低,则会造成油泵柱塞偶件、喷油器针阀偶件加快磨损

A.①;②　　　　　　　　　　B.③;②

C.①②;③　　　　　　　　　D.①③;②

140.关于加油时的各事项,下列说法错误的是_____。

A.在全部装油过程中,都要有人在加油现场监督

B.轮机长或主管轮机员应使用油样提取装置,在加油全过程中点滴取样,加油完毕后摇匀,

均分成 2 到 3 份,由双方代表现场铅封瓶口,再将有双方签字的标签贴在瓶上

C.如受油发生争议,现场双方不能通过协议解决,轮机长不要在加油收据上签字,也暂不要让供方代表及油驳等离开现场

D.如受油发生争议,轮机长与供应代表交涉,待解决后告知船长,再在加油收据上签字

141.关于机舱发生火灾的应急措施,下列说法错误的是_____。

A.轮机长迅速做出判断,报告船长采取果断措施

B.启动应急消防水泵,要求至少使用一支满足要求的水枪

C.检查有关的通信设备

D.检查供随后弃船用的必要装置

142.对有色金属或合金施焊时应注意通风,作业人员应_____,以防中毒。

①在上风位置;②在下风位置;③戴防护面具

A.①或②   B.①③

C.②③   D.①或②或③

143.气焊作业点火前,打开钢瓶上的阀门,转动减压器的调节螺丝,将氧气和乙炔工作压力分别调到_____。

A.0.03～0.05 MPa,0.1～0.5 MPa

B.0.3～0.5 MPa,0.01～0.05 MPa

C.0.01～0.05 MPa,0.3～0.5 MPa

D.0.1～0.5 MPa,0.03～0.05 MPa

144.车床不可以_____。

A.镗孔   B.攻丝

C.钻、扩、铰孔   D.铣槽

145.在进行车床、钻床作业时,应_____。

A.严格遵守操作规程,工件应夹持牢固,夹头扳手用完应立即从夹头上取下

B.严格遵守操作规程,工件应夹持牢固,夹头扳手用完不应从夹头上取下

C.操作者衣着紧身,袖口扣好,禁止戴防护眼镜与手套操作

D.操作者衣服宽松,袖口扣好,戴好手套,禁止戴防护眼镜操作

146.关于风险评估的主要任务,下列说法正确的是_____。

A.确定个人承受风险的能力   B.识别评估对象面临的某一种风险

C.无须确定风险控制的优先等级   D.评估风险可能带来的消极影响

147.关于风险评估的主要任务,下列说法错误的是_____。

A.识别评估对象面临的各种风险

B.确定组织承受风险的能力

C.推荐风险消减对策

D.评估风险发生的时间和可能带来的积极影响

148.事故风险管理的目标是_____。

①预防事故的发生;②预防事故的扩大;③识别危险;④评价危险

A.①②③④   B.①②

C.③④ | D.①②④

149.设备安全风险评估的目的是_____等。
①及时发现安全隐患;②主动采取措施;③有效降低风险;④实现船舶设备安全管理的科学化

A.②③④ | B.①③④
C.①②③④ | D.①②③

150.下列船舶机舱消防安全注意事项中,说法正确的是_____。
①机舱内应保持清洁,但设备允许有少量残油和油脂;②定期清洁喷油嘴;③木料、油漆、酒精和罐装油均不得放于机舱;④机舱内严禁晾烤衣物;⑤易燃物品要远离高温场所

A.①②③④ | B.①③④⑤
C.①②③④⑤ | D.②③④⑤

151.通过抑制法来灭火的灭火剂是_____。
A.干粉 | B.二氧化碳
C.泡沫 | D.水

152.如果火灾现场充满烟雾,应就近取用_____,撤离现场,尽量减少烟雾的窒息和毒害。
A.过滤式呼吸装置 | B.紧急脱险呼吸装置
C.救生衣 | D.消防服(含头盔)

153.总吨位 2 000 及以上的船舶应设_____动力应急救火泵,该泵应安放在机舱_____。
A.固定式;以外 | B.移动式;以外
C.固定式;之内 | D.移动式;之内

154.燃油密度修正公式是_____。(t 为燃油密度;P_{15} 为燃油在 15 ℃时的密度;A 为修正系数,为 0.000 65)
A.$P = P_{15} - A(t-15)$ | B.$P = P_{15} - A(t+15)$
C.$P = P_{15} + A(t-15)$ | D.$P = P_{15} + A(t+15)$

155.固定式探火和失火报警系统工作中使用的电气设备的供电源应不少于_____套,其中_____套应为应急电源,应由专用的独立馈线来供给电力,这些馈线应接至位于或邻近探火系统配电板上的自动转换开关。
A.2;2 | B.2;1
C.3;2 | D.3;1

参考答案

第一节　船舶安全应急/临时维修方法

1.D	2.B	3.A	4.C	5.B	6.A	7.B	8.B	9.D	10.C
11.B	12.D	13.D	14.D	15.B	16.A	17.C	18.C	19.B	20.D
21.D	22.A	23.B	24.A	25.B	26.D	27.C	28.A	29.A	30.B

31.B	32.C	33.B	34.C	35.A	36.A	37.D	38.C	39.D	40.D
41.A	42.C	43.D	44.D	45.C	46.B	47.C	48.B	49.C	50.C
51.B	52.B	53.A	54.B	55.B	56.C	57.C	58.C	59.D	60.B
61.A	62.A	63.C	64.D	65.B	66.A	67.C	68.B	69.D	70.D
71.B	72.D	73.D	74.B	75.B	76.A	77.C	78.B	79.B	80.B
81.A	82.D	83.C	84.D	85.D	86.B	87.C	88.A	89.C	90.D
91.C	92.C	93.C	94.A	95.C	96.C	97.C	98.B	99.D	100.A
101.D	102.A	103.A	104.B	105.D	106.D	107.C	108.A	109.B	110.A
111.A	112.C	113.D	114.C	115.B	116.C	117.D	118.C	119.A	120.C
121.B	122.C	123.B	124.C	125.B	126.C	127.C	128.B	129.D	130.D
131.C	132.A	133.B	134.D	135.B	136.A	137.C	138.A		

第二节　船舶安全工作环境

1.D	2.D	3.D	4.D	5.D	6.D	7.D	8.D	9.A	10.C
11.B	12.A	13.A	14.D	15.B	16.D	17.C	18.A	19.C	20.A
21.A	22.C	23.D	24.A	25.C	26.B	27.C	28.A	29.C	30.B
31.D	32.C	33.A	34.C	35.C	36.B	37.D	38.D	39.A	40.D
41.A	42.B	43.B	44.B	45.D	46.B	47.C	48.A	49.D	50.D
51.D	52.C	53.B	54.A	55.C	56.C	57.C	58.D	59.C	60.C
61.B	62.D	63.B	64.D	65.B	66.D	67.C	68.A	69.D	70.C
71.D	72.B	73.A	74.A	75.A	76.D	77.C	78.C	79.C	80.D
81.C	82.D	83.B	84.B	85.C	86.C	87.A	88.A	89.B	90.D
91.C	92.A	93.B	94.D	95.C	96.C	97.C	98.B	99.D	100.A
101.C	102.D	103.C	104.C	105.C	106.B	107.B	108.B	109.C	110.D
111.B	112.C	113.B	114.D	115.C	116.C	117.B	118.D	119.A	120.A
121.C	122.B	123.B	124.B	125.B	126.C	127.D	128.A	129.A	130.A
131.A	132.C	133.B	134.B	135.B	136.A	137.A	138.C	139.D	140.D
141.B	142.B	143.B	144.D	145.A	146.D	147.D	148.B	149.C	150.D
151.A	152.B	153.A	154.A	155.B					

第五章

船舶人员的安全管理

第一节 保持安全的轮机值班

1.船舶在_____时,必须将船舶最低安全配员证书妥善存放在船备查。

①航行;②停泊;③作业;④建造

A.①②④ B.①③④

C.①②③ D.②③④

2.在_____,轮机长必须到机舱指挥。

①遥控监测设备进行模拟试验时;②调整发电机排气温度时;③每次启动主机之前直至主机到达正常工况时;④值班轮机员有疑难要求前往时;⑤应变部署或船长要求时

A.①②③④⑤ B.①②④⑤

C.①③④⑤ D.①②③④

3.轮机值班人员在接班前,应巡回检查,应该了解清楚下列哪些内容?_____。

①轮机长关于船舶系统和机电设备运转的常规命令和特别指令;②所有机电设备和系统的工作状况是否存在潜在危险;③接班轮机员应检查轮机日志,并核对与自己观察的情况一致时,方可接班;④淡水舱、污水舱、污油舱等的使用状态和液面高度,以及对其中储存物的使用情况或有关卫生系统处理的特殊要求情况

A.①②③④ B.①③④

C.①②④ D.①②③

4.能见度不良时航行,轮机部安全管理注意事项有_____。

①轮机部加强值班,集控室不能无人值班,保持主机、发电机、锅炉及空压机等机器设备处在正常使用状态;②保证汽笛的工作空气正常使用;③保持船内通信畅通;④燃油的日用柜和沉淀柜要及时放残水,并保持较高的油位和适当的油温;⑤必要时增开一部发电机;⑥机舱舱底水要及时处理;⑦随时听从驾驶台的命令

A.①②③⑤⑦ B.①②③

C.③④⑤⑥⑦ D.①②③④⑤⑥⑦

5.船上加装燃油时需注意温度,这是因为要考虑温度对_____的影响,它直接影响燃油加装量。

A.燃油密度　　　　　　　　　　　B.燃油压力

C.燃油成分　　　　　　　　　　　D.燃油流速

6.船上加装燃油时需注意温度,这是因为要考虑温度对密度的影响,它直接影响_____。

A.燃油加装量　　　　　　　　　　B.燃油密度

C.燃油压力　　　　　　　　　　　D.燃油成分

7.台风季节期间,船舶进行洗刷锅炉或拆卸_____等重要机械属具,应征得_____同意。

①主机;②舵机;③副机;④起锚机;⑤锚链;⑥船长;⑦轮机长

A.①②④⑤;⑥　　　　　　　　　　B.①③④⑤;⑥

C.①②③④⑤;⑦　　　　　　　　　D.②④⑤;⑦

8.以下属于船舶电站本身故障造成全船失电的是_____。

A.调速器故障　　　　　　　　　　B.燃油供油中断

C.电气短路　　　　　　　　　　　D.空气开关故障

9._____属于船舶发电机原动机本身故障造成全船失电的原因。

A.相复励变压器故障　　　　　　　B.滑油低压

C.电气短路　　　　　　　　　　　D.空气开关故障

10.船舶抵港后,如需对主机进行临时吊缸检修,轮机长应将情况报告_____,取得有关部门同意后方可进行。

A.海事局　　　　　　　　　　　　B.船检局

C.公司经理　　　　　　　　　　　D.船长

11.以下关于机舱应急舱底阀的说法中,哪项是错误的?_____。

A.应急舱底阀与主海水吸入管相连

B.应急舱底阀是截止阀,阀的开关手轮在花钢板以上

C.该阀可使主海水泵在应急情况下作舱底水泵使用

D.该阀投入使用时,海水吸入阀应全开

12.船舶燃油加装过程中,出现_____情况,应立即停止作业。

①码头上着火;②雨、雷、电交加的恶劣天气;③船后泊位上的油船正在靠泊;④突然下大雪

A.①②　　　　　　　　　　　　　B.①②③

C.①②③④　　　　　　　　　　　D.③④

13.船舶加油时,如果出现以下哪些情况,则应立即停止加油?_____。

①码头上起火;②船上失火;③出现大雾;④下雨、雷、电交加;⑤发现船边海面有油;⑥油面上升突然很慢

A.①②⑤⑥　　　　　　　　　　　B.①②③⑤⑥

C.③④⑥　　　　　　　　　　　　D.①②④⑤⑥

14.轮机日志的大事记录栏,应记载_____内容。

①船舶的重要活动;②燃润料加装、调驳的时间、地点、品种及数量;③船舶应急设备的检查、试验情况;④船舶设备的更换情况及主要技术数据;⑤轮机部人员的重大人事变动

A.①②③⑤　　　　　　　　　　　B.②③④⑤

C.①②④⑤　　　　　　　　　　　D.①②③④⑤

15.关于轮机日志的记载,下列说法错误的是_____。

　　A.燃润料的耗存量,不得使用估算数字或定额数字

　　B.航行中,轮机长每日认真检查轮机日志的记载并签署

　　C.航行中,三管轮计算推进器的滑失率并记入轮机日志

　　D.公司机务主管对轮机日志进行审阅

16.轮机日志中轮机员记事栏应记载的内容不包括_____。

　　A.机舱各主要设备工作中的特殊情况

　　B.驳油、驳水情况

　　C.本班发生的问题及其处理情况

　　D.船舶机动航行时的车令

17.燃油应使用专用的取样器进行_____取样。

　　A.间歇全程　　　　　　　　　　　　B.点滴全程

　　C.分阶段　　　　　　　　　　　　　D.一次性快速

18.当船舶居住舱室着火,烟雾很大时,应_____。

　　A.开亮电灯寻找火源　　　　　　　　B.打开门窗散出烟雾

　　C.关闭门窗立即扑救　　　　　　　　D.立即施放 CO_2

19.轮机员航行值班时,应按时巡回检查,仔细观察,倾听机电设备轴系的运转情况,如发现不正常现象,应_____。

　　A.立即设法排除,如不能解决,立即报告大管轮

　　B.立即设法排除,如不能解决,立即报告轮机长

　　C.立即报告大管轮

　　D.立即报告轮机长

20.根据《钢质海船建造入级规范》对船舶应急消防泵的要求,以下叙述中_____属于不符合要求。

　　A.2 000 总吨及以上的船舶应设立固定式动力泵

　　B.可以设在机舱内,也可以设在机舱外的特设舱内

　　C.可以用柴油机或电动机拖动

　　D.电动泵可由主配电板和应急配电板供电

21.关于船舶应急消防泵,以下说法正确的是_____。

　　①应急消防泵每周进行运转测试;②应急消防泵的维护和保养由主管人员进行;③为保证设备安全运行,应急消防泵操作应当由主管人员进行;④为预防事故发生,全船人员应当接受培训,可以操作应急消防泵

　　A.①②④　　　　　　　　　　　　　B.②③④

　　C.①③④　　　　　　　　　　　　　D.①②③

22.某船增压器故障,轮机部船员自行拆检增压器更换轴承时,轮机长担心如再发生故障会没有备件更换,决定不使用船存的新轴承备件,而是换上了一对情况不明的旧轴承,结果由于轴承损坏而导致增压器发生扫膛的严重事故。轮机长的决策失误在于_____。

　　A.情景评估阶段没有弄清楚问题

B.没有考虑到所选择方案带来的严重后果

C.情景评估阶段没有充分评估风险

D.没有评估行动方案的有效性

23.贯穿螺栓上紧后,应当记录_____,以备检查比较。

A.最后测得的各螺栓的外露部分长度、伸长量和上紧时油泵的压力

B.螺栓转动的角度和上紧时油泵的压力

C.贯穿螺栓的自由长度和上紧后的长度

D.贯穿螺栓的上紧顺序

24.为使船舶和船员的安全免遭任何威胁,值班轮机员应该在_____情况下,立即通知驾驶台。

①船舶推进系统发生故障引起速度变化或停止运转;②舵机瞬间失灵或失效;③机舱发生火灾;④电站发生故障

A.①②③   B.①③④

C.②③④   D.①②③④

25.船底水系统的管理要点是_____。

①定期清洗污水井和吸水口滤器,保持系统通畅;②做好油水分离器的管理维护工作,保证其处于良好的工作状态;③严格按照程序排放含油污水,并按要求认真填写油类记录簿

A.②③   B.①②

C.①③   D.①②③

26.船舶发生火灾,机舱消防水必须在_____内供水。

A.5 min   B.3 min

C.2 min   D.1 min

27.除非另有指示,值班驾驶员和值班轮机员都应严格执行由_____制定的主机各种转速。

A.船长   B.轮机长

C.轮机长与船长共同商定   D.轮机长与公司机务主管共同

28.航行中,交班轮机员应向接班轮机员介绍_____。

①运转中机电设备工况;②驾驶台的通知;③轮机长的通知;④曾发生的问题和处理结果;⑤需继续完成的任务;⑥见习人员跟班情况

A.①②③④⑤   B.①②③④⑤⑥

C.②③④⑥   D.①②③

29.船舶在冰区航行时,注意的事项不包括_____。

A.由专人负责主、副海水泵的工作,及时换用低位海底阀

B.做好必要的防冻工作

C.特别注意舵机的运转情况

D.特别注意主、副机燃润油系统工作情况,勤洗滤器

30.年度申请备件时,应根据_____。

①年度检修的需要;②备件库的贮存能力;③备件的库存情况

A.②③   B.①②

C.①②③   D.①③

31.出于船舶、船上人员或货物的紧急安全需要,或出于帮助海上遇险的其他船舶或人员的目的,_____可中止工作时间或休息时间安排,要求一名海员从事任何时间的必要工作,直至情况恢复正常。一旦情况恢复正常,_____应尽快地确保所有在计划安排的休息时间内从事工作的海员获得充足的休息时间。
A.船长;船长　　　　　　　　B.船长;轮机长
C.大副;大副　　　　　　　　D.轮机长;轮机长

32.燃用不同品种的燃油,加热温度也不同,在雾化加热器中的温度应按_____。
A.该油品的密度确定
B.该油品的闪点确定
C.该油品的分离温度确定
D.燃油的黏温曲线图进行黏度确定

33.每日正午,_____应计算当日燃油消耗和船舶燃油存量,并由_____电报公司及租家。
A.主管轮机员;轮机长　　　　B.轮机长;船长
C.轮机长;驾驶员　　　　　　D.主管轮机员;船长

34.船舶在大风浪中航行时轮机部安全管理的事项有_____。
①适当降低主机转速;②关好门窗和通风道;③放日用油柜残水;④清洗燃油滤器;⑤换用低位海底门;⑥固定可移动工具、备件和物品
A.①②④⑤⑥　　　　　　　　B.②③④⑤
C.①②③④⑤⑥　　　　　　　D.①③⑤⑥

35.下列有关轮机日志的记载的叙述中,错误的是_____。
A.公司机务监督员有责任对轮机日志进行审阅并签署
B.记载轮机日志必须使用不褪色的墨水
C.风浪天航行时,燃料的耗存量应尽可能地准确估算
D.大事记录栏由轮机长或大管轮负责填写

36.外国籍船舶进出我国港口或者在港内航行、移泊以及靠离港外系泊点、装卸站等,_____。
A.可由船长自己指挥　　　　B.须由公司协助船长指挥
C.须由引航员引航　　　　　D.由引航员或船长自己指挥均可

37.燃油存量记录簿由_____保存记录,一般在加油前后、抵离港时及长航中间进行测量,详细记录各种燃油的存量及存放舱柜。
A.轮机长
C.二管轮
B.三管轮
D.主管轮机员

38._____应当确保所供燃油的质量符合相关标准要求,并将所供燃油送交至取得国家规定资质的燃油检测单位检测。
A.船舶管理公司　　　　　　B.受油船舶
C.燃油供给单位　　　　　　D.作业船舶

39.以下关于滑油的微生物污染的说法,错误的是_____。
A.滑油中的烷烃易于被微生物氧化
B.滑油中的氧化烃类微生物除了碳之外还需要水和矿盐营养物质

C.滑油中的微生物种类繁多,微生物能在较大的 pH 值环境中生长,偏碱性

D.滑油被微生物长时间污染,油质就会变色、发臭

40.反渗漏式造水机制淡过程中_____。

A.有相变过程,存在结垢危险

B.需要加热

C.如长期使用,只需定期清洗滤器即可

D.对海水侧浓溶液施加压力,水会透过渗透膜向淡水侧稀溶液移动实现海水淡化

41.关于锅炉点火升汽的以下说法,错误的是_____。

A.自动锅炉冷炉点火升汽过程应改为手动操作

B.供汽前应进行表面排污

C.烟管锅炉达到满压的时间应控制为比水管锅炉长

D.应等达到工作汽压后冲洗水位计

42.下列关于废气锅炉形成积灰的描述,错误的是_____。

A.燃油充分含钙时,灰渣容易脱落

B.柴油机燃烧不良导致积灰严重

C.锅炉使用肋片器和针形管导致积灰增加

D.烟气流速低,容易导致积灰

43.轮机部在申请备件时,不同机型的备件要_____填写申请单,_____。

A.统一;以节省申请单用纸　　　　B.分别;也可统一填写

C.统一;以方便公司订购　　　　　D.分别;不要一单多用

44.分油机净化重质燃油,分水时加热温度限制在_____。

A.90～95 ℃　　　　　　　　　　B.80～85 ℃

C.85～90 ℃　　　　　　　　　　D.95～100 ℃

45.当值班轮机员错记轮机日志时,处理方法是_____。

A.涂掉重做记录

B.错记内容画一横线,另起一行做记录,在括号内签名

C.使用褪色剂去掉错记部位,再做记录

D.撕去错记的一页,再做记录

46.下列关于航行中舵机失灵的原因,叙述错误的是_____。

A.舵机液压油采用透平油　　　　　B.主油路旁通或者严重泄漏

C.主泵只能单向供液　　　　　　　D.油路中有大量空气

47.航行试验时,要对减速齿轮箱及轴系的温度情况进行检查,一般要求滚动轴承温度不超过_____℃,而轴系滑动轴承温度不超过_____℃。

A.65;15　　　　　　　　　　　　B.70;70

C.80;65　　　　　　　　　　　　D.70;65

48.在冬季,燃油驳运时通常要适当加温,以确保油温至少高于_____值少许。

A.倾点　　　　　　　　　　　　　B.浊点

C.闪点　　　　　　　　　　　　　D.凝点

49.下列轮机记录簿中记录数据不合适的是_____。

　　A.主机转速,108.3 r/min　　　　　　　B.海水压力,0.15 MPa

　　C.燃油存量,1 024.6 MT　　　　　　　D.某缸排烟温度,365.6 ℃

50._____是能见度不良时航行轮机部安全管理注意的事项之一。

　　A.燃油的日用柜和沉淀柜要及时放残水,并保持较高的油位和适当的油温

　　B.密切注意辅助锅炉和废气锅炉的工况,特别是辅助锅炉的水位,防止出现假水位

　　C.保证汽笛的工作空气正常使用

　　D.机舱舱底水要及时处理

51.无人值班机舱,_____轮机长必须到机舱亲自指挥。

　　①值班轮机员有疑难要求前往时;②机电设备发生故障危及安全运转时;③遥控装置进行模拟试验时;④调整排气温度时;⑤应变部署有要求时

　　A.②⑤　　　　　　　　　　　　　　　B.①②③④⑤

　　C.①②③⑤　　　　　　　　　　　　　D.①④⑤

52.加油开始前,轮机长应亲自或指派主管轮机员检查油驳或油罐,_____。

　　①检验合格证和规范图表;②弄清油驳的舱位分布及数量,与供油方代表一起测量并记录供油油驳的所有油舱或油罐的油位、油温和密度,计算出储油量;③审核驳船装单;④核对并记录流量计的初始读数,如为油罐车供油,则应检查其铅封是否完好;⑤要求供油方提取油样

　　A.①②③④　　　　　　　　　　　　　B.②③④⑤

　　C.①②③　　　　　　　　　　　　　　D.①③④⑤

53.船舶日用淡水系统中保持压力水柜中如果空气太少,则_____。

　　A.会使水泵启动频繁,对泵的工作不利,应打开水柜补水阀,用淡水泵进行补水

　　B.有利于泵的工作,并保证供水质量,否则供应淡水中会有大量气泡

　　C.会使水泵长期不能启动,对泵的工作有利

　　D.会使水泵启动频繁,对泵的工作不利,应打开水柜顶部的补气阀,用压缩空气进行补气

54.轮机员在交接班过程中由于操作不当而造成的机械损坏由_____负责。

　　A.值班人员　　　　　　　　　　　　　B.交班轮机员

　　C.接班轮机员　　　　　　　　　　　　D.轮机长

55.船舶航行或锚泊可能遭遇的恶劣海况不包括_____。

　　A.大风浪天气　　　　　　　　　　　　B.大雾、能见度不良

　　C.冰区　　　　　　　　　　　　　　　D.狭窄水道

56.船舶通过狭水道、浅滩时,驾驶台应提前_____通知机舱。

　　A.24 h　　　　　　　　　　　　　　　B.2 h

　　C.1 h　　　　　　　　　　　　　　　D.15 min

57.调动职务交接工作包括_____。

　　①实物交接;②情况介绍;③现场交接

　　A.②③　　　　　　　　　　　　　　　B.①③

　　C.①②　　　　　　　　　　　　　　　D.①②③

58.船舶航行交接班时的问题汇总,应由_____将主要问题记入轮机日志中。

A.轮机长　　　　　　　　　　　　B.大管轮

C.交班轮机员　　　　　　　　　　D.主管轮机员

59.关于值班期间的内部沟通,下列说法错误的是_____。

A.值班轮机员应告诉其他值班人员有关机器的潜在危险情况,以及危及人命和船舶安全的情况

B.日常的机器保养工作不应纳入值班日常工作制度之内

C.在进行一切预防性保养、损害控制或维修工作时,值班轮机员应与负责维修工作的轮机员合作

D.值班轮机员应将保证安全值班的一切适当指示和信息告知值班人员

60.调动交接班中,交班轮机长应负责_____。

①新上船人员的工作分配;②有关机损事故报告;③下航次修船的修理报告;④有关机损索赔报告;⑤下航次物料订购单的填写

A.①②　　　　　　　　　　　　B.②④

C.①②③　　　　　　　　　　　D.②③④⑤

61.下列哪项不属于轮机值班人员巡回检查路线及巡回检查要点的内容?_____。

A.检查时,尤其应注意冷僻角落的溢水、漏油、火情等

B.巡回检查路线必须是经过全部检查点的路线,执行中不允许当值人员改变巡查路线

C.检查时要关注各机械、设备、舱柜的压力、温度、液位是否处于正常范围,并将其真实记载在轮机日志、副机日志中

D.轮机部所有人员应熟悉巡回检查路线及检查要点,轮机长负责督促、考核

62.无人值班机舱船舶在港期间,当轮机长不在船上时,_____负责处理轮机部的日常工作和外单位来船人员的接待工作。

A.大管轮　　　　　　　　　　　B.值班轮机员

C.轮机长指定人员　　　　　　　D.船长指定人员

63.下列有关大管轮基本职责的说法中,错误的是_____。

A.在轮机长领导下,熟悉和执行公司安全环保方针

B.履行轮机值班职责

C.协助轮机长进行轮机技术和轮机部日常工作的管理

D.确保全船机电设备适航

64.航行中交班轮机员应向接班轮机员介绍_____。

①轮机长的通知;②需要继续完成的任务;③燃润油存量;④曾经发生的问题及处理结果;⑤进出港注意事项

A.①②④　　　　　　　　　　　B.①④⑤

C.②③④　　　　　　　　　　　D.①②③④⑤

65.船舶日用淡水系统的压力水柜中正常的气、水比例通常为1:2,如果空气太多,则可能使供水中断,应_____。

A.打开水柜顶部的放气阀,放掉一部分气体

B.打开水泵及其出口阀,向柜内补充淡水

C.打开水柜顶部的补气阀,补充一部分气体

D.关闭补水阀,打开补气阀

66.船上轮机值班时,要合理分配人员,下列哪些体现了人员合理分配的原则? _____。

①应确保根据情况合理地安排值班人员;②在安排值班人员时应考虑人员的资格或适合能力的局限性;③值班人员在任何情况下都应保持适当的相互交流;④即使有人员换班时,也要完全按照既有计划安排人员值班

A.①②③ B.①②③④

C.①② D.①③④

67.STCW 公约要求船上值班应基于驾驶台和机舱的资源管理原则,下列体现资源的有效分配原则的是_____。

①应确保根据情况合理地安排值班人员;②在安排值班人员时应考虑人员的资格或适合能力的局限性;③值班人员在任何情况下都应保持适当的相互交流;④对为安全而采取的行动产生任何怀疑时,值班人员应毫不犹豫地通知船长/轮机长/负责值班的高级船员

A.①②③ B.①②③④

C.①② D.①③④

68.轮机长应当将值班时拟进行的预防性保养、破损控制或者修理工作等情况通知_____。

A.船长 B.驾驶台

C.大管轮 D.值班轮机员

69.从保持轮机安全值班的角度看,下列因素中最重要的是_____。

A.个人的能力 B.充足的人员

C.舒适的环境 D.轮机值班人员的沟通

70.无人值班机舱船舶的轮机值班制度规定,从 1600 时至次日 0800 时由_____按值班职责处理警报,并在 2200 时到机舱巡回检查一次。

A.大管轮 B.值班机工

C.轮机长 D.值班轮机员

71.船舶进行机舱值班时,轮机部负责的_____应定期巡回检查机舱和舵机室,以便及时发现机械设备的故障和损坏情况,并执行其他一切需要的任务。

A.轮机长 B.三管轮

C.轮机员 D.值班人员

72.值班规则规定,在值班期间值班轮机员应当定期巡回检查_____,及时发现机械设备的故障和损坏情况,并采取相应措施。

A.机舱、舵机房和货泵舱 B.机舱、舵机房和厨房

C.机舱和舵机房 D.机舱和货舱

73.关于机舱值班,下列说法正确的是_____。

A.交班轮机员交班后,应马上进行机舱巡回检查,然后与轮机日志核对

B.值班轮机员如有理由认为接班轮机员显然不能有效执行值班任务,交班后应立即报告轮机长

C.进出港、移泊、过运河等机动操纵时间超过 3 h 必须终止机舱无人值班

D.接班轮机员应检查轮机日志,核对与自己观察的情况一致后,方可接班

74.值班规则规定,值班轮机员应当执行驾驶台的命令。当人工操作时,值班轮机员应当确保_____的操纵装置有人不间断地值守,并随时处于准备和操作状态。

A.舵机 B.主推进动力装置

C.主锅炉 D.主发电机

75.二管轮应确保对在航行中使用的燃油存储舱适当加温,一般吸口处应保持在_____℃左右。

A.60 B.40

C.80 D.20

76.航行中,接班人员提前_____min到达机舱,按照职责分工认真检查舵机、主副机、轴系、锅炉及各种机电设备的运转情况,以及日用油、水柜的液位情况。

A.5 B.15

C.10 D.20

77.船舶在航行期间,舱底污水井污水高位报警,值班轮机员下列工作安排合理的是_____。

A.命令值班机工启动油水分离器,将污水排至舷外

B.命令值班机工启动舱底水泵,将污水排至舷外

C.命令值班机工检查设备有无泄漏,然后启动舱底水泵,将污水排至污水柜

D.命令值班机工打开应急舱底水吸口,启动相连的泵,将污水排至舷外

78.根据我国相关规定,主机功率750 kW及以上船舶轮机部船员中,大管轮属于_____船员,二管轮属于_____船员。

A.管理级;支持级 B.操作级;支持级

C.管理级;操作级 D.高级;普通

79.某船在靠港期间轮机部人员大量换班,轮机长为完成保养计划,安排刚接班的二管轮进行副机吊缸工作,这样的工作安排是_____。

A.合适的,只有对设备进行定期保养,才能保证设备安全

B.不合适的,靠港期间人员需要多休息

C.合适的,接班人员精力充沛、工作能力强

D.不合适的,换班人员多,需要有熟悉的时间

80.非本船人员进入机舱,须经_____准许。

A.值班人员 B.轮机长

C.船长 D.船东代表

81.发电机跳闸造成全船失电,属于电站本身故障的是_____。

A.相复励变压器故障 B.电动辅机启动控制箱延时故障

C.电站用量太小,造成副机飞车 D.柴油机燃油系统有水

82.船舶在港区水域内_____的,应取得海事管理机构的许可。

①洗舱;②清舱;③驱气;④排放压载水

A.①③④ B.②③④

C.①②③④ D.①②④

83.下列关于船舶停泊时,值班轮机员的职责,说法错误的是_____。

A.根据船长和值班驾驶员的通知,按时做好移泊准备工作

B.根据轮机长的书面通知,移注、排灌压载水

C.轮机长不在船上时,由其负责处理轮机部的日常工作和外单位来船人员的接待工作

D.及时供应日常工作及生活所需要的水、电、气、汽

84.下列关于船舶航行时值班轮机员的职责,说法错误的是_____。

A.根据驾驶台的命令迅速准确地操纵主机,并填写轮机日志和车钟记录簿

B.主机故障须立即停车检修,应征得驾驶台同意

C.在恶劣天气航行,为防止主机飞车而需要主机适当降速时,应取得轮机长同意

D.驳注日用油柜前,应事先与大副联系

85.机舱传令钟是用在_____之间传送主机运转情况的命令和回令的装置。

①驾驶室;②机舱集中控制室;③机旁操作台

A.①②   B.①③

C.②③   D.①②③

86.轮机日志记事栏内应记载_____。

①主机、副机、锅炉等设备工作中的特殊情况;②驳油、驳水情况;③船长、轮机长的命令,驾驶台的通知或命令,重要的车令;④本班发生的问题及其处理情况

A.①③④   B.①②③

C.①②③④   D.①②④

87.通常在机舱中都设有一台排量较小的_____,用于日常抽除机舱污水。

A.往复泵或单螺杆泵   B.离心泵或单螺杆泵

C.往复泵或离心泵   D.离心泵或喷射泵

88.船舶在海上航行时,船长为保障船上人员和船舶的安全,可以依照法律的规定,对在船上_____的人员采取禁闭或者其他必要措施。

①进行偷渡;②进行走私;③失职;④饮酒

A.①②③   B.①②

C.②③   D.①②③④

89.在调动交接班中,交班船员应亲自办理_____。

A.新上船人员的工作分配   B.有关机损事故报告

C.下次修船的修理报告   D.下航次物料订购单的填写

90.船舶机械计划保养系统(PMS)对主要的动力设备采用_____。

A.定时维修方式,并逐步向视情维修方式发展

B.视情维修方式,并逐步向计划维修方式发展

C.定时维修方式,并逐步向计划维修方式发展

D.事后维修方式,并逐步向定时维修方式发展

91.发生_____情况需向船籍港海事管理机构报告。

①境外接受检查和处罚;②在境外发生水上交通事故或者污染事故;③接受PSC检查;④境外被滞留、禁止进港、驱逐出港

A.①②③④   B.①③
C.①④   D.①②④

92.对于无人机舱而言,值班轮机员遇到_____,需通知轮机长。
①工作有疑难时;②遥控检测装置模拟试验时;③机电设备发生故障危及安全运转时;④机电设备发生故障报警时

A.①②③④   B.②③④
C.①②③   D.①③④

93.两台向空气瓶供气的船用空压机分别由两只压力继电器自动控制启、停,如产生调节动作的压力值分别为2.4、2.5、2.9、3.0(MPa),气瓶在_____MPa压力范围内只可能有一台空压机运转。

A.2.4~2.5   B.2.9~3.0
C.2.4~2.9   D.A和B

94.根据《中华人民共和国海船船员值班规则》的规定,值班轮机员应负责值班责任内的拟处理的所有机械设备的_____,并将已完成的全部工作做好记录。
①隔离;②旁通;③调整;④操作

A.②③④   B.①②④
C.①②③   D.①③④

95.轮机值班的所有成员都应当掌握的情况包括_____。
①本船内部通信系统的适当使用;②本船机舱逃生途径;③本船机舱报警系统和辨别各种警报的能力;④本船机舱的消防设备和破损控制装置的数量、位置和种类

A.①③④   B.①②③
C.②③④   D.①②③④

96.《中华人民共和国海船船员值班规则》规定,船长应根据_____的要求,安排并保持适当有效的保安值班。

A.船舶安全   B.船舶周围环境
C.保安等级   D.船旗国及公司

97.在船上,_____是船舶的最原始的动力源。

A.发电机   B.应急发电机
C.空压机   D.应急空压机

98.在船舶正常航行中,主机的操作是根据_____。

A.驾驶台命令   B.轮机长命令
C.机器运转情况   D.船舶工况

99.负责编制轮机部电气设备预防检修计划的是_____。

A.大管轮   B.轮机长
C.轮机长指定人员   D.船舶公司机务

100.无人值班机舱,值班轮机员每天_____时必须下机舱巡回检查一次,离开机舱前应将召唤警报开关转至_____的位置。

A.2200;轮机长房间   B.2200;自己房间

C.2400;轮机长房间   D.2400;自己房间

101.《中华人民共和国海船船员值班规则》规定,所有值班船员在_____必须有至少_____的休息时间。
A.12 h 内;6 h   B.24 h 内;10 h
C.12 h 内;5 h   D.24 h 内;12 h

102.《中华人民共和国海船船员值班规则》在关于轮机值班应遵守的原则中规定,航行中,值班轮机员主要负责_____。
①对与船舶安全有关的机械设备进行安全、有效的操作和保养;②根据要求,负责轮机值班责任范围内的一切机械设备的检查、操作和测试;③保证值班安全
A.①②③   B.②③
C.①   D.①②

103.值班轮机员在轮机日志记事栏内应该记录的内容包括_____。
①主机、副机、锅炉等设备工作中的特殊情况;②驳油、驳水情况;③船长或轮机长的命令;④本班发生的问题及其处理;⑤甲板维修保养情况
A.①②③   B.①③④⑤
C.①②③④⑤   D.①②③④

104.人员进入封闭场所,应穿戴好个人防护装备,包括_____等。
①防护手套;②工作衣;③安全帽;④工作鞋
A.①②③   B.①③④
C.①②③④   D.②③④

105.船舶航行交接班时,接班轮机员发现问题应向交班轮机员提出,并由_____记入轮机日志。
A.接班轮机员   B.交班轮机员
C.轮机长   D.交班或接班轮机员

106.轮机值班期间,下列关于保持值班团队成员情景意识的说法,比较恰当的是_____。
A.团队成员坚决服从领导安排,有疑问待下班后提出
B.在团队成员出现问题后,马上进行严厉批评
C.资历低的团队成员如果感觉某些安排不妥,应毫不犹豫地提出
D.值班轮机员是轮机长的代表,不能对其工作安排提出质疑

107.以下关于轮机员航行值班职责,说法不正确的是_____。
A.主机有故障必须停车检查时,应先获得驾驶台同意并即刻报告轮机长
B.大管轮吃晚餐时,交代值班加油多费心检查就可
C.负责带领、督促严格执行"机炉舱规则"及各项安全操作,确保机电设备正常运转
D.根据驾驶台的命令准确操作主机并做好记录

108.关于正常航行轮机值班交接要求,以下说法错误的是_____。
A.交接必须在现场进行,交班人员必须得到接班人员同意后才可下班,做到交清接明,并在轮机日志上签字
B.交班人员必须向接班人员介绍:①曾经发生的问题及处理结果;②后续需要注意的事项;

③轮机长的指令;④进出港注意事项

C.交班人员应提早 30 min(白天 45 min)通知接班人员并做好交班准备

D.接班人员应至少提早 15 min 下机舱按巡回路线进行全面检查

109.为防止海水溅入而烧坏电机,应采取的措施包括_____。

①用防水布和遮阳篷覆盖设备;②用木板、钢板等作为护墙;③用单板、钢板等改变喷水方向;④停用受影响的电机

A.②③④   B.①③④

C.①②③   D.①②④

第二节 船舶人员管理公约、法规

1.《2006 年海事劳工公约》规定,应保持对海员的日工作时间或日休息时间进行记录,以便监督。海员应得到一份由_____签字认可的有关其本人记录的副本。

①船长;②船长或轮机长;③船长或船长授权人员;④海员本人

A.②④   B.①④

C.③④   D.③

2.船舶配员时,船上总人数不得超过经中华人民共和国海事局认可的船舶检验机构核定的_____定员标准。

A.防污染设备   B.消防设备

C.机舱设备   D.救生设备

3._____的基本职责是在轮机长和大管轮的领导下,熟悉和执行公司安全环保方针,履行轮机值班职责,主管锅炉、甲板机械等设备,确保主管设备适航。

A.值班机工   B.机工长

C.三管轮   D.二管轮

4.在《中华人民共和国海船船员适任考试和发证规则》中,航行和轮机值班适任证书有效期不超过_____,有效截止日期不超过持证人_____生日。

A.5 年;60 周岁   B.10 年;60 周岁

C.5 年;65 周岁   D.10 年;65 周岁

5.《中华人民共和国海船船员适任考试和发证规则》规定,发生下列_____情况之一,有明显理由认为持证人未能保持值班标准时,海事管理机构可对持证人进行专业性评估。

①船舶发生碰撞;②船舶发生搁浅;③船舶发生触礁;④在航行、锚泊或靠泊时,从船上非法排放物质;⑤违反航行规则;⑥以其他危及海上人命、财产安全和海洋环境的方式操作船舶

A.①②③④⑤   B.①②③④⑤⑥

C.②③④⑤⑥   D.①③④⑤⑥

6.海员证是由_____颁发的。

A.外交部   B.公安部

C.交通运输部   D.船级社

7.下列说法不正确的是_____。

A.上下外国船舶的人员,必须向边防检查人员交验出境、入境证件,经许可后,方可上船、下船

B.进出境的船舶,必须向边防检查站申报船员、旅客清单,并接受其检查

C.进出境的船舶,在我国领海、内海、港湾或者江湾内行驶时,准予中途上下人员或者装卸货物

D.外国籍船舶上下人员,必须向边防检查机关交验上下船的有效证件,检查行李物品,并经许可

8.为了维护国家利益,保护人民身体健康,船员进出境不得携带国家禁止进出口的物品。船员因休假离船时,应向_____申报并结清手续。

A.海事局　　　　　　　　　　　B.边防检查机关

C.海关　　　　　　　　　　　　D.港务监督机构

9.《中华人民共和国海船船员值班规则》规定,机舱处于备车状态时,值班轮机员应当保证_____。

①一切在操纵时可能用到的机器设备处于随时可用状态;②使电力有充足的储备,以满足舵机和其他设备的需要;③必要时将已修理过的机器和设备进行测试、调整,投入使用

A.①②③　　　　　　　　　　　B.①③

C.①②　　　　　　　　　　　　D.③

10.《中华人民共和国海船船员值班规则》规定,机舱处于备车状态时,_____应当保证一切在操纵时可能用到的机器设备处于随时可用状态,并使电力有充足的储备,以满足舵机和其他设备的需要。

A.值班轮机员　　　　　　　　　B.主管轮机员

C.轮机长　　　　　　　　　　　D.大管轮

11.《中华人民共和国海船船员值班规则》规定,航行中值班轮机员_____。

①应当执行驾驶台的命令;②在恶劣天气下航行时,为防止主机飞车或超负荷,需要降低主机转速时应先取得轮机长同意并通知驾驶台;③如调换发电机、并车,应事先通知驾驶台;④按时检查机电设备、轴系运转的情况

A.①②③④　　　　　　　　　　B.②③④

C.①②③　　　　　　　　　　　D.①④

12.《中华人民共和国海船船员值班规则》规定,航行中值班轮机员_____。

①应当执行驾驶台的命令;②对主推进动力装置进行变向操作,应做好记录;③对主推进动力装置进行变速操作,应做好记录

A.①②③　　　　　　　　　　　B.②

C.①　　　　　　　　　　　　　D.②③

13.《中华人民共和国海船船员值班规则》规定,轮机值班的所有成员除熟悉被指派的值班职责外,还应掌握_____等情况。

①内部通信系统的适当使用;②机舱逃生途径;③机舱报警系统;④机舱消防设备的数量、位置、种类和使用方法;⑤破损控制装置的使用方法

A.①②③　　　　　　　　　　　B.①②③④⑤

C.①④⑤　　　　　　　　　　　D.②③④⑤

14.《中华人民共和国海船船员值班规则》在关于轮机值班应遵守的原则中规定,值班轮机员在值

班期间应采取必要措施_____。

①以减轻由设备损坏所造成的损害；②以减轻由失火、进水所造成的损害；③以减轻由破裂、碰撞、搁浅和其他原因所造成的损害

A.①   B.②

C.②③   D.①②③

15.《中华人民共和国海船船员值班规则》在关于轮机值班应遵守的原则中规定,航行中,值班轮机员主要负责_____。

①对与船舶安全有关的机械设备进行安全有效的操作和保养；②根据要求,负责轮机值班责任范围内的一切机械设备的检查、操作和测试；③保证安全值班

A.①   B.②③

C.①②   D.①②③

16.《中华人民共和国海船船员值班规则》规定,出现_____等情况,值班轮机员应立即报告轮机长,并根据情况采取措施。

①机器发生故障可能危及船舶的安全运行；②发生可能引起监视系统损坏失常的现象；③遇到情况感到疑虑时

A.①   B.①③

C.②③   D.①②③

17.《中华人民共和国海船船员值班规则》规定,除紧急或者超常工作情况外,负责值班的船员休息时间_____。

A.任何 24 h 内不少于 12 h   B.任何 7 天内不少于 84 h

C.任何 24 h 内不少于 10 h   D.任何 7 天内不少于 70 h

18.《中华人民共和国海船船员值班规则》规定,在港内值班时,值班轮机员应做到_____。

①遵守有关防范危险情况的特殊操作命令、程序和规定；②查看污水井中污水的变化情况；③了解驾驶员对装卸货物时所需设备的要求以及对压载和船舶稳性控制系统的附加要求；④对影响船上机械的运转、调节或修理的重要事项做好记录；⑤监测运行中的所有机械设备及系统的仪表和控制系统

A.①②④⑤   B.①②③④⑤

C.①②③⑤   D.①③④⑤

19.关于船员管理的有关规定,以下说法错误的是_____。

A.承认另一缔约国证书签证的有效期不得超过被承认证书内载明的有效期

B.中国籍海员不得持另一缔约国签发的证书在中国籍船舶上任职

C.STCW 规则中有关建议和指导的内容在规则 B 部分中

D.一艘船上同时持特免证明的高级船员不得超过 2 名

20.我国船舶最低安全配员规则规定,_____不得同时离船。

A.大管轮和大副   B.轮机长和大管轮

C.轮机长和轮机员   D.船长和轮机长

21.《中华人民共和国海船船员适任考试和发证规则》规定,船员职务根据服务部门分为_____。

①船长;②甲板部船员;③轮机部船员;④无线电操作人员

A.②③   B.①②③

C.②③④   D.①②③④

22.根据《2006 年海事劳工公约》的规定,海员的正常工作标准依据是_____。

①每天 8 h;②每周休息 1 天;③公共节假日休息

A.①②   B.②③

C.①③   D.①②③

23.劳动合同应当以书面形式订立,下列属于劳动合同必备条款的是_____。

①劳动合同期限和工作内容;②劳动报酬和劳动纪律;③劳动保护和劳动条件;④保守用人单位商业机密

A.①②③④   B.①②③

C.①②④   D.②③④

24.根据《中华人民共和国船员条例》的规定,船员用人单位应当向在劳动合同有效期内的待派船员,支付不低于_____所在地的最低工资。

A.船员户口   B.船员居住地

C.船东单位   D.船员用人单位

25.根据我国有关法律、法规的规定,劳动者不必缴纳的保险费有_____。

A.养老保险费   B.失业保险费

C.医疗保险费   D.工伤保险费

26.《中华人民共和国海船船员适任考试和发证规则》规定,取得航行和轮机值班适任证书,应当具备下列哪些条件? _____。

①年满 18 周岁且初次申请不超过 60 周岁;②符合国家海事管理机构规定的海船船员任职岗位健康标准;③完成本规则附件规定的基本安全培训合格证考试;④具备本规则附件规定的海上任职资历,并且任职表现和安全记录良好;⑤通过相应的适任考试、特殊培训

A.①②③④⑤   B.①②③⑤

C.①②④⑤   D.①③④⑤

27.国家在不违背国际法的情况下,对领海行使一切主权,包括_____。

①自然资源的所有权和专属管辖权;②沿海国对其领海享有属地优越权,对于领海内的人和事物(除国际条约或国际法的限制外)行使排他的管辖权;③海上航行权和空中飞行管辖权;④海洋研究的专属权;⑤海洋环境保护和保全管辖权;⑥国防自卫

A.①②③④⑤   B.①②③④⑤⑥

C.①③④⑤⑥   D.①②③⑤⑥

28.根据我国《劳动法》,下列有关劳动争议处理途径的说法中,错误的是_____。

A.当事人可以向本单位劳动争议调解委员会申请调解

B.调解不成,当事人可以向劳动争议仲裁委员会申请仲裁

C.调解不成,当事人可以直接向人民法院提起诉讼

D.调解原则适用于仲裁和诉讼程序

29.根据我国《海上交通安全法》相关规定,对于由海上交通事故引起的民事纠纷的处理方式,下

列说法错误的是_____。

A.由中华人民共和国海事管理机构进行调解

B.当事人不愿意调解,可以向人民法院起诉

C.调解不成,可以向人民法院起诉

D.单方面提交仲裁机构仲裁

30.《中华人民共和国海船船员适任考试和发证规则》规定,申请适任证书再有效时,适任证书_____应当参加模拟器培训和知识更新培训,并通过相应的抽查科目的理论考试和项目的评估,而不必完成 3 个月以上的船上见习。

A.过期 5 年以内的　　　　　　　　　B.过期 5 年及以上 10 年以下的

C.过期 1 年及以上的　　　　　　　　D.过期 10 年及以上的

31.《中华人民共和国船员条例》中的船员是指依照本条例的规定取得船员适任证书的人员,_____。

A.包括船长、高级船员、普通船员

B.是指船长以外的其他船员

C.特指普通船员

D.是指除船长、高级船员以外的其他船员

32.用人单位不可以代扣劳动者的工资的情况为_____。

A.用人单位代扣代缴应由劳动者个人负担的各项社会保险费用

B.应债权人请求代扣欠款

C.用人单位代扣代缴个人所得税

D.法院判决、裁定中要求代扣的抚养费、赡养费

33.《2006 年海事劳工公约》中"海员上船工作最低要求"规定了_____。

A.海员发出提前终止"就业协议"的最短时间

B.确保海员经过培训具备履行船上职责的资格

C.海员在船工作的最长时间和最短休息时间

D.船东应付给的基本报酬或工资

34.《2006 年海事劳工公约》规定,应确保海员享有规范工作或休息时间和充足假期。最短休息时间在任何 24 h 时段内不得少于_____h,任何 7 天时间内不得少于_____h。

A.8;56　　　　　　　　　　　　　　B.10;70

C.12;77　　　　　　　　　　　　　　D.10;77

35.《中华人民共和国船员条例》规定,船员适任证书的有效期不超过_____年。

A.5　　　　　　　　　　　　　　　　B.3

C.2　　　　　　　　　　　　　　　　D.1

36.《中华人民共和国船员条例》规定,海事管理机构应当自受理船员注册申请之日起_____日内做出注册或者不予注册的决定。

A.5　　　　　　　　　　　　　　　　B.10

C.20　　　　　　　　　　　　　　　　D.30

37.属于我国《劳动法》的内容有_____。

①劳动合同和集体合同；②工作时间和休息、休假工资；③职业培训；④卫生检疫

A.①②③④   B.②③④

C.①②③   D.①②④

38.中国籍船员_____，须到卫生检疫机关或其授权机构接受健康检查、预防接种、领取签署的_____等卫生文书。

A.入境后；健康证书   B.入境后；登记证

C.出境前；国际预防接种证书   D.出境前；防止传染病证书

39.劳动合同约定的试用期最长不得超过_____。

A.1个季度   B.半年

C.9个月   D.1年

40.根据《2006年海事劳工公约》的相关规定，船员休息时间最多可分为两段，其中一段至少有_____h，且相连的两段休息时间的间隔不得超过14 h。

A.4   B.6

C.8   D.10

41.《2006年海事劳工公约》在规则4.2船东的责任中规定，如果海员在船上因身体状况需要医疗或因身体状况留在非主管会员国的领土上，船东应向他们提供_____。

①适当和充分的医疗；②膳宿；③遣返

A.①②   B.①③

C.②③   D.①②③

42.IMO和国际劳工组织（ILO）以及《2006年海事劳工公约》均规定所有船舶应配备_____，这些也是PSC检查的内容之一。

①药品；②医疗器具；③《国际船舶医疗指南》

A.①和③，②可以不配备   B.①和②，③可以不配备

C.②和③，①不强制配备   D.①②③

43.根据《中华人民共和国海船船员适任考试和发证规则》的规定，安全记录良好，是指自申请之日起向前计算，5年内未发生负有主要责任的_____及以上等级事故。

A.特别重大事故   B.大事故

C.较大事故   D.海上交通事故

44.根据《中华人民共和国海船船员适任考试和发证规则》的规定，持有船长和高级船员适任证书者在证书有效期内，满足_____，并经过与其职务相适应的知识更新培训，可以在适任证书有效期届满前12个月内申请适任证书再有效。

①从申请之日起向前计算，5年内具有不少于12个月的海上服务资历，且任职表现和安全记录良好；②从申请之日起向前计算，12个月内具有与其适任证书所记载范围相应的累计不少于3个月的海上服务资历，且任职表现和安全记录良好；③从申请之日起向前计算，6个月内具有与其适任证书所记载范围相应的累计不少于3个月的海上服务资历，且任职表现和安全记录良好；④从申请之日起向前计算，12个月内具有与其适任证书所记载范围相应的累计不少于6个月的海上服务资历，且任职表现和安全记录良好

A.①③   B.①②

C.②③   D.①④

45.根据《中华人民共和国海船船员适任考试和发证规则》的规定,以下有关海船船员持证表述正确的有_____。

①船员职能根据技术要求分为管理级、操作级和支持级;②适任证书持有人可以在适任证书适用范围内担任低于适任证书适用范围的职务;③持有高级值班水手适任证书可以担任值班水手职务;④持有三副适任证书可以担任值班水手职务

A.①②③④   B.①②④

C.②③④   D.①②③

46.根据《中华人民共和国船员违法记分办法》的规定,船员违法记分达到15分,下列叙述正确的是_____。

①船员需参加为期5天的法规培训;②船员可向最后被实施船员违法记分地、船员注册地或船员适任证书签发地的海事管理机构报名;③海事管理机构收到船员的报名后,应在15个工作日内组织培训;④被扣留船员适任证书的船员经相应考试合格后,海事管理机构应发还其船员适任证书,记分分值重新起算

A.①②③④   B.①②③

C.①③④   D.②③④

47.根据《中华人民共和国船员违法记分办法》的规定,下列说法正确的是_____。

①船员累计记分周期为1个公历年,满分15分,自每年1月1日始至12月31日止;②船员违法记分由船员违法行为发生地的海事管理机构管辖;③船员一次存在两种以上违法行为的应当分别计算,累计记分分值;④本办法自2016年1月1日起施行

A.①②③④   B.①②③

C.①②④   D.①③④

48.根据《中华人民共和国船员违法记分办法》的规定,下列叙述正确的是_____。

A.被扣留船员适任证书的船员未经考试合格的,可以在船舶上继续服务到本航次结束

B.本办法规定的法规培训及考试,不收取费用

C.船长在弃船或者撤离船舶时未最后离船的应扣8分

D.《中华人民共和国船员违法记分办法》制定的法律依据是《中华人民共和国海上交通安全法》

49.《中华人民共和国船员违法记分办法》规定,海事管理机构对船员违法记分管辖发生争议的,报请_____指定管辖。

A.共同的上一级海事管理机构   B.国家海事管理机构

C.国务院   D.交通运输部

50.船员违法记分由船员违法行为发生地的海事管理机构管辖。船员违法行为发生地,包括船员违法行为的_____。

①结果发现地;②初始发生地;③过程经过地;④船籍港所在地

A.①②③   B.①③④

C.②③④   D.①②③④

51.依据《中华人民共和国海员船上工作和生活管理办法》的规定,下列表述不正确的

是_____。

A.船东应当为船员免费提供船上的娱乐和福利设施

B.船东为海员提供的船岸电话通信、电子邮件、互联网和邮件的投递,不得收取额外的费用

C.船东应当采取适当的措施,在满足保安审查的条件下,保证船舶在港口停留期间允许海员的亲属和朋友登船探视

D.船东应当在满足船舶安全的情况下允许海员的配偶陪同其航海,并为海员的配偶投充分的人身意外和疾病保险

52.依据《中华人民共和国海员船上工作和生活管理办法》的规定,船东应当确保船舶设备、设施和建造要求持续符合船舶检验技术规范的规定,并取得船员舱室设备的证明文件,其中包括_____。

①房间和其他起居舱室空间的尺寸;②噪声和振动及其他环境因素;③卫生设施及更衣室;④餐厅

A.①②③④　　　　　　　　　　　　　B.①②③

C.①②④　　　　　　　　　　　　　　D.①③④

53.《中华人民共和国海员船上工作和生活管理办法》适用于_____。

A.在中国籍国际航行海船上的海员工作和生活条件

B.在中国籍国内沿海航行海船上的海员工作和生活条件

C.在中国籍内河船舶上的船员工作和生活条件

D.在中国籍国际航行或国内沿海航行船舶上的海员工作和生活条件

54.劳动合同分为_____。

①书面合同;②固定期限劳动合同;③无固定期限劳动合同;④以完成一定工作任务为期限的劳动合同

A.①②③　　　　　　　　　　　　　　B.①③④

C.②③④　　　　　　　　　　　　　　D.①②③④

55.根据《劳动合同法》的规定,建立劳动关系,应当订立书面劳动合同,用人单位与劳动者在用工前订立劳动合同的,劳动关系自_____起建立。

A.用工之日　　　　　　　　　　　　　B.签订合同之日

C.双方协议商定　　　　　　　　　　　D.签订合同1个月后

56.根据《中华人民共和国船舶最低安全配员规则》的有关规定,下列说法错误的是_____。

A.规则所要求的船舶安全配员标准是船舶配备船员的最高要求

B.船舶不得使用涂改、伪造以及采用非法途径或者舞弊手段取得船舶最低安全配员证书

C.船舶在航行、停泊、作业时,必须将船舶最低安全配员证书妥善存放在船上备查

D.在中华人民共和国内水、领海及管辖海域的外国籍船舶,应当按照中华人民共和国缔结或者参加的有关国际条约的规定,持有其船旗国政府主管机关签发的船舶最低安全配员证书或者等效文件

57.《中华人民共和国船员条例》所称的高级船员是指依照本条例的规定取得相应任职资格的_____。

A.船长、大副、轮机长、大管轮以及其他在船舶上任职的高级技术或者管理人员

B.大副、二副、三副、轮机长、大管轮、二管轮、三管轮、通信人员以及其他在船舶上任职的高级技术或者管理人员

C.船长、大副、轮机长、大管轮等管理级人员

D.驾驶部管理人员

58.根据我国《劳动法》，提出仲裁要求的一方应当自劳动争议发生之日起_____日内向劳动争议仲裁委员会提出_____申请。

A.30；口头   B.30；书面

C.60；口头   D.60；书面

59.海员自受伤之日起不少于_____周内，船东应支付医疗、膳宿费和工资。

A.12   B.14

C.16   D.10

60.《2006年海事劳工公约》保障海员健康包括_____等。

①健康保护；②医疗；③福利；④社会保障

A.①②③④   B.①②③

C.①③④   D.②③④

61.按照《中华人民共和国海上交通安全法》的规定，对于由海上交通事故引起的国内船舶民事纠纷，当主管机关调解不成时，有关当事人可以_____。

A.向法院提起诉讼   B.提交仲裁机构仲裁

C.请求海事机构解决   D.请求法院仲裁

62.《中华人民共和国海上交通事故调查处理条例》规定，调解由当事人各方在事故发生之日起_____内向负责该事故调查的海事部门提交书面申请。

A.15日   B.30日

C.45日   D.60日

63.《中华人民共和国船员条例》规定，海事管理机构在实施监督检查时，应当有_____名以上执法人员参加，并出示有效的执法证件。

A.2   B.3

C.4   D.5

64.《2006年海事劳工公约》在规则6.3"卫生与安全保护及事故预防"中规定，各主管当局应对_____等事故进行充分的统计分析。

①工伤；②死亡；③船舶事故；④机械事故

A.②③   B.②③④

C.③④   D.①②③

65.劳动争议当事人对仲裁裁决不服时，可自收到裁决书之日起_____向人民法院提起诉讼。

A.10日内   B.15日内

C.30日内   D.60日内

66.《中华人民共和国船员违法记分办法》适用于对船员违反_____的行为实施累计记分。

①水上交通安全相关法律；②防治船舶污染水域相关法律；③行政法规

A.①②   B.②③

C.①②③　　　　　　　　　　　　D.①③

67.对于劳动争议的处理途径,当事人可依法提请_____。

①调解;②仲裁;③诉讼;④协商解决

A.①②③　　　　　　　　　　　　B.①②④

C.②③④　　　　　　　　　　　　D.①②③④

68.根据《2006年海事劳工公约》的有关规定,每一海员均有权_____。

①享有符合安全标准的安全且受保护的工作场所;②获得公平的就业条件;③获得体面的船上工作和生活条件;④享受健康保护、医疗、福利措施及其他形式的社会保护

A.①②　　　　　　　　　　　　　B.①②④

C.③④　　　　　　　　　　　　　D.①②③④

69.IMO文件在法律地位上属于条约文件,具有_____特点。

A.建议性的,非强制的,没有法律约束力

B.文件可以被全部否认,也可以被部分引用

C.条约性文件的一成不变

D.强制性,一经生效,即对缔约国产生法律效力

70.为防止船员疲劳工作,《2006年海事劳工公约》对船员工作和休息时间均进行了限制,下列说法正确的是_____。

①规定了一个工作日最长工作时间不能超过14 h;②规定了任何7天内最短休息时间不能少于77 h;③规定了休息时间可以分为不超过两段

A.②③　　　　　　　　　　　　　B.③

C.①　　　　　　　　　　　　　　D.①③

71.《中华人民共和国船员条例》规定,船员注册的最小年龄为_____。

A.16周岁　　　　　　　　　　　　B.18周岁

C.19周岁　　　　　　　　　　　　D.20周岁

72._____制定的海事公约对港口国监督(PSC)做出具体授权。

A.联合国教科文组织　　　　　　　B.国际海事组织和国际劳工组织

C.国际卫生组织　　　　　　　　　D.国际劳工组织

73.《中华人民共和国船舶最低安全配员规则》规定,海事管理机构应当在依法对船舶国籍登记进行审核时_____船舶的最低安全配员。

A.核定　　　　　　　　　　　　　B.检验

C.审查　　　　　　　　　　　　　D.检查

74.750 kW及以上的轮机部人员,属于管理级的是_____。

A.二管轮、三管轮和电子电气员　　B.值班机工

C.船长、轮机长、大副和大管轮　　D.轮机长和大管轮

75.下列有关轮机值班期间倒班工作的描述,错误的是_____。

A.倒班与人体生物节律不同步,会带来相应问题

B.倒班工作时,应该严格要求进餐和睡眠时间

C.大多数人能够适应倒班工作,年龄的增长也不会影响人们对倒班工作的适应

D.夜间工作会导致白天光线和噪声带来的睡眠问题

76.《2006 年海事劳工公约》规定,船员经常进出的地点应张贴一份船上工作安排表,该表应至少包括每一岗位在海上和在港口的_____。

①工作时间;②最长工作时间;③最短休息时间

A.①②
B.②③
C.①③
D.①②③

77.《中华人民共和国船舶最低安全配员规则》规定,海事管理机构应当在核发_____时,向当事船舶配发船舶最低安全配员证书。

A.船舶安全管理证书
B.船舶国籍证书
C.船级证书
D.法定证书

78.《2006 年海事劳工公约》出于计算工资的目的,在海上和港口的正常工作时间每天不应超过_____h;对于由基本报酬或工资所涵盖的每周正常工作时间,应由国家法律或条例确定,但每周不得超过_____h。

A.7;40
B.7;49
C.8;40
D.8;48

79.根据我国《劳动法》,下列有关劳动争议处理途径的说法,正确的是_____。

①当事人可以向本单位劳动争议调解委员会申请调解;②调解不成,当事人可以向劳动争议仲裁委员会申请仲裁;③调解不成,当事人也可以直接向人民法院提起诉讼;④调解原则适用于仲裁和诉讼程序

A.①②③④
B.①②③
C.①②④
D.②③④

80.根据《〈2006 年海事劳工公约〉2014 修正案》的规定,各成员国应保证当海员被遗弃时,能获得快速、有效财政担保体系的援助。其中海员被遗弃的情形包括_____。

①船东未支付遣返费用;②船东未给海员必要的生活需求和支持;③船东单方面中断与海员的关系,包括至少 2 个月未支付合同工资

A.①②③
B.②③
C.①②
D.①③

81.《中华人民共和国船员条例》规定,参加航行和轮机值班的船员,应当依照本条例的规定取得相应的船员适任证书。申请船员适任证书(不包含在船实习、见习人员),应当具备_____等条件。

①年满 18 周岁且初次申请不超过 60 周岁;②符合船员任职岗位健康要求;③经过相应的船员基本安全培训、适任培训、特殊培训;④具备相应的船员任职资历,并且任职表现和安全记录良好

A.①②③④
B.①④
C.②③④
D.②③

82.按职务分工,_____应负责安排和领导机舱人员进行日常工作。

A.轮机长
B.大管轮
C.船长
D.当班轮机员

83.《中华人民共和国海船船员值班规则》规定,航行中交接班轮机员应当清楚交接_____等事项。

①修理工作的性质、涉及的人员以及潜在的危险;②有关污水系统处理的特殊要求;③轮机长关于船舶系统和机械设备运行的常规命令和特别指示

A.①②③　　　　　　　　　　　　B.①②

C.②③　　　　　　　　　　　　　D.①③

84.ILO 对船上起居处所进行了较详细的规定,但不包括_____。

A.照明　　　　　　　　　　　　　B.通风

C.取暖　　　　　　　　　　　　　D.空调装置

85.船舶所有人或船舶经营人与被聘用的船员签订劳动合同时,应坚持_____的原则,以书面的形式明确规定双方的责任、义务和权利。

A.保障船员的利益　　　　　　　　B.平等自愿和协商一致

C.保障船东的利益　　　　　　　　D.保障船东和船员双方的利益

86.根据《2006 年海事劳工公约》,海员最长工作时间为_____。

A.在任何 24 h 内不得超过 14 h

B.在任何 7 天内不得超过 77 h

C.在任何 24 h 内不得超过 10 h

D.在任何 7 天内不得超过 88 h

87.我国海船船员考试发证等规则的制定,是以_____公约为主要依据的。

A.SOLAS　　　　　　　　　　　　B.STCW

C.MARPOL　　　　　　　　　　　D.LL

88.根据《2006 年海事劳工公约》的规定,船东有责任支付_____。

①海员患病期间的治疗及必要的药品费用;②海员患病期间的膳宿费用;③如果海员在受雇期间死亡,船东有责任支付丧葬费用;④如果海员在受雇期间死亡,船东有责任支付保险赔偿费用

A.①②③　　　　　　　　　　　　B.①③④

C.②④　　　　　　　　　　　　　D.①②③④

89.《2006 年海事劳工公约》规定海员在任何 24 h 内最短休息时间不得少于_____h,且在任何 7 天时间内不得少于_____h。

A.14;72　　　　　　　　　　　　B.10;77

C.8;56　　　　　　　　　　　　　D.10;60

90.劳动者有以下_____情况,用人单位不得解除劳动合同。

A.不能胜任工作

B.患职业病丧失或部分丧失劳动能力

C.客观情况使原合同无法履行,又不能达成变更合同协议

D.劳动者患病或非因工负伤,医疗期满后,不能从事用人单位的工作

91.根据《中华人民共和国船员条例》的有关规定,船员在船工作期间,_____可以要求遣返。

①船的劳动合同终止或者依法解除的;②船员不具备履行船上岗位职责能力的;③船舶灭

失的;④未经船员同意,船舶驶往战区、疫区的;⑤由于破产、变卖船舶、改变船舶登记或者其他原因,船员用人单位、船舶所有人不能继续履行对船员的法定或者约定义务的

A.①②④⑤   B.①②③

C.①②③④⑤   D.①③④⑤

92.经济补偿按劳动者在本单位工作的年限,以每满一年支付_____工资的标准向劳动者支付。

A.半个月   B.一个月

C.一个半月   D.两个月

93.根据《中华人民共和国船员条例》的规定,对不称职的轮机部船员,_____可以责令其离岗。

A.轮机长   B.船长

C.公司人事部经理   D.公司岸上指定人员

94.船东有责任支付_____。

①海员患病期间的治疗及必要的药品费用;②海员患病期间的膳宿费用;③如果海员在受雇期间死亡,船东有责任支付丧葬费用;④海员故意不当行为导致自身受伤,治疗产生的相关费用

A.①③④   B.①②③

C.①②③④   D.②④

95.《中华人民共和国船员条例》规定,在船实习、见习人员申请适任证书的最小年龄为_____。

A.16 周岁   B.18 周岁

C.19 周岁   D.20 周岁

96.提前终止"海员就业协议"发出预先通知的时间不得少于_____天。

A.3   B.15

C.9   D.7

97.船长和船员进行除见习以外的船上培训时,应按照相关国际、国内公约及相关强制性规定实施,每项培训完成后,由_____及时进行评估,并做好记录。

A.公司培训师   B.船长

C.船上培训师   D.轮机长

98.《2006 年海事劳工公约》要求,500 总吨及以上的船舶应持有_____。

①海事劳工证书;②海事劳工符合证明;③海事劳工公约检查记录簿;④海事劳工公约免除证书

A.①②③④   B.①②

C.③④   D.①②③

99.《2006 年海事劳工公约》的宗旨是,要求各成员国履行公约的规定,以确保_____。

①海员海上人命安全及健康;②海员体面就业的权利;③海员满足就业条件;④海员获得体面的船上工作和生活条件

A.①②③④   B.①②④

C.②④   D.②③④

100.为防止船员疲劳工作,《2006 年海事劳工公约》对船员工作和休息时间均进行了限制,但哪

些情况可以要求船员从事更长时间的工作？_____。

①船长出于船舶、船上人员或货物的紧急安全需要；②船舶在狭窄水道长时间航行；③船长出于帮助海上遇险的其他船舶或人员的目的；④港内长时间加装燃油；⑤船舶靠港时间短，必须进行吊缸工作

A.①②③④⑤　　　　　　　　　　B.②④⑤

C.①②③④　　　　　　　　　　D.①③

101.《2006年海事劳工公约》标题四"健康保护、医疗、福利及社会保障"包括_____等方面。

①船上和岸上医疗；②船东的责任；③保护健康和安全保护及防止事故；④获得使用岸上福利设施和社会保障；⑤居住舱室和娱乐设施、食品和膳食

A.①②③④⑤　　　　　　　　　　B.②③

C.①④⑤　　　　　　　　　　D.①②③④

102.根据我国《劳动合同法》，在哪些情况下用人单位可以随时解除劳动合同？_____。

①严重违反劳动纪律或用人单位规章制度；②在试用期内证明不符合录用条件；③劳动者不能胜任工作，经培训或调整岗位后仍不能胜任；④严重失职，营私舞弊，对用人单位利益造成重大损害

A.①②③④　　　　　　　　　　B.①②③

C.①②④　　　　　　　　　　D.②③④

103.为防止船员疲劳工作，STCW公约、MLC公约对船员工作和休息时间均进行了限制，下列说法正确的是_____。

①两者均规定了最长工作时间和最短工作时间；②两者的规定一致；③两者均规定了休息时间可以分为不超过两段

A.①②③　　　　　　　　　　B.③

C.①　　　　　　　　　　D.①③

104.船员调动交接班制度规定，交接时双方必须共同到现场进行交接的是_____。

①经常容易出故障的设备及应急操作措施；②安全报警装置或信号的可靠性；③应急设备的位置及操作方法；④本船或本部门制定的有关补充规定；⑤本部门总的技术状况和存在的主要问题

A.①②③　　　　　　　　　　B.①③⑤

C.①③　　　　　　　　　　D.②③④

105.根据《2006年海事劳工公约》的有关规定，集合、消防和救生艇训练以及国家法律、条例和国际文件规定的训练应以_____方式进行。

A.不影响休息的

B.对休息时间的影响最小和不会造成疲劳的

C.不影响工作的

D.对工作和休息都不造成影响的

106.《中华人民共和国船员条例》规定，参加航行和轮机值班的船员适任证书有效期不超过_____年，适任证书被吊销后_____年内不得再次申请。

A.6；1　　　　　　　　　　B.5；2

C.4；3　　　　　　　　　　　　　　D.3；5

107.《中华人民共和国船舶最低安全配员规则》规定,每条船都应持有_____。
  A.船员适任证书　　　　　　　　　B.海员证
  C.船舶配员符合声明　　　　　　　D.船舶最低安全配员证书

108.《中华人民共和国海船船员适任考试和发证规则》规定,有下列_____情形之一的,海事管理机构可以组织对船员适任能力进行考核。
  ①船舶发生碰撞、搁浅或者触礁;②在航行、锚泊或者靠泊时,从船上非法排放物质;③违反航行规则;④以危及海上人命、财产安全和海洋环境的方式操作船舶
  A.①③④　　　　　　　　　　　　B.①②③
  C.②③④　　　　　　　　　　　　D.①②③④

109.关于《劳动合同法》,下列说法正确的是_____。
  ①劳动合同依法订立即具有法律约束力;②无效的劳动合同没有法律效力,部分无效的,也全部无效;③违反行政法规的劳动合同无效;④劳动合同是劳动者与用人单位确立劳动关系的协议
  A.①②③④　　　　　　　　　　　B.①②③
  C.①③④　　　　　　　　　　　　D.②③④

110.《中华人民共和国船员条例》规定,船长在_____方面,具有独立决定权,并负有最终责任。
  ①保障水上人身与财产安全;②船舶保安;③防治船舶污染水域
  A.①②　　　　　　　　　　　　　B.①②③
  C.①③　　　　　　　　　　　　　D.②③

111.《中华人民共和国船员条例》规定,船员可以从下列_____中选择遣返地点。
  ①船员接受招用的地点;②上船任职的地点;③船员的居住地;④船员的户籍所在地;⑤船员与船舶所有人约定的地点
  A.①③④⑤　　　　　　　　　　　B.②③④⑤
  C.①②③④　　　　　　　　　　　D.①②③④⑤

112.船上同属于轮机部操作级的船员有_____。
  ①二管轮;②电子电气员;③水手长;④机工长
  A.①②　　　　　　　　　　　　　B.③④
  C.①②③④　　　　　　　　　　　D.①②④

113._____是培训或训练评估的一种方法,它是对管理人员和专门职业人员的培训与训练进行绩效评估的首选方法。
  A.比较法　　　　　　　　　　　　B.评分表法
  C.目标管理法　　　　　　　　　　D.书面描述法

114.《2006年海事劳工公约》规定海员生活条件包括_____等。
  ①起居舱室;②娱乐设施;③食品;④膳食服务
  A.①③④　　　　　　　　　　　　B.①②③④
  C.①②③　　　　　　　　　　　　D.②③④

115.制定《中华人民共和国船员条例》的目的是_____。

①加强船员管理;②提高船员素质;③维护船员合法权益;④维护船东合法权益;⑤保障水上交通安全;⑥保护水域环境

A.①②③④ B.①②③⑤⑥

C.①③④⑤⑥ D.②④⑤⑥

116.确定船舶最低安全配员标准应综合考虑船舶的_____等因素。

①种类;②吨位;③技术状况;④船员值班

A.②③④ B.①②③④

C.①②③ D.①③④

117.根据我国《劳动合同法》,在哪些情况下用人单位可以解除劳动合同?_____。

①劳动者患病或非因公负伤,在医疗期满后,不能从事用人单位的工作;②客观情况使原合同无法履行,又不能达成变更合同协议;③患职业病丧失或部分丧失劳动能力;④不能胜任工作

A.①②③④ B.①②③

C.①②④ D.②③④

118.根据《中华人民共和国海船船员适任考试和发证规则》的有关规定,适任考试有科目或者项目不及格的,在初次适任考试准考证签发之日起,_____补考机会。

A.3 年内 3 次 B.1 年内 1 次

C.3 年内 5 次 D.1 年内 2 次

119.《2006 年海事劳工公约》的主要规定包括_____。

①海员上船工作的最低要求;②就业条件;③起居舱室、娱乐设施、食品和膳食服务;④健康保护、医疗福利和社会保障保护

A.①②③④ B.②③④

C.①②③ D.①③④

120.《中华人民共和国海船船员适任考试和发证规则》规定,船员职能根据分工分为_____。

①航行;②货物操作和积载;③船舶作业和人员管理;④轮机工程;⑤电气、电子和控制工程;⑥维护和修理;⑦无线电通信;⑧船舶保安

A.①②③④⑤⑥⑦ B.①②③④⑤⑥⑧

C.②③④⑤⑥⑦⑧ D.①②③④⑤⑥⑦⑧

参考答案

第一节 保持安全的轮机值班

1.C	2.C	3.A	4.A	5.A	6.A	7.A	8.D	9.B	10.D
11.D	12.A	13.D	14.A	15.C	16.D	17.B	18.C	19.B	20.B
21.A	22.B	23.A	24.D	25.D	26.A	27.C	28.A	29.D	30.D
31.A	32.D	33.B	34.C	35.C	36.C	37.D	38.C	39.C	40.D

41.D	42.A	43.D	44.A	45.B	46.A	47.D	48.A	49.D	50.C
51.C	52.A	53.D	54.B	55.D	56.C	57.D	58.C	59.B	60.B
61.B	62.B	63.D	64.A	65.A	66.C	67.C	68.D	69.D	70.D
71.D	72.C	73.D	74.B	75.B	76.B	77.C	78.C	79.D	80.B
81.A	82.C	83.B	84.D	85.D	86.C	87.A	88.B	89.B	90.A
91.D	92.C	93.B	94.C	95.D	96.C	97.D	98.A	99.C	100.B
101.B	102.A	103.D	104.C	105.B	106.A	107.B	108.B	109.C	

第二节　船舶人员管理公约、法规

1.C	2.D	3.C	4.C	5.B	6.C	7.C	8.C	9.C	10.A
11.A	12.A	13.B	14.D	15.D	16.D	17.C	18.B	19.D	20.B
21.D	22.D	23.D	24.D	25.D	26.A	27.B	28.C	29.D	30.B
31.A	32.B	33.B	34.D	35.A	36.B	37.C	38.C	39.B	40.B
41.D	42.D	43.B	44.A	45.D	46.A	47.A	48.B	49.A	50.A
51.D	52.A	53.D	54.C	55.A	56.A	57.B	58.D	59.C	60.A
61.A	62.B	63.A	64.D	65.B	66.C	67.D	68.D	69.D	70.A
71.A	72.B	73.A	74.D	75.C	76.D	77.B	78.D	79.C	80.A
81.A	82.B	83.A	84.D	85.B	86.A	87.B	88.A	89.B	90.B
91.C	92.B	93.B	94.B	95.B	96.D	97.C	98.B	99.C	100.D
101.D	102.A	103.B	104.A	105.B	106.B	107.D	108.D	109.C	110.B
111.D	112.A	113.C	114.B	115.B	116.D	117.C	118.C	119.A	120.A

第六章

船舶应急反应计划

第一节　安全及应急程序

1.在驾驶台和舵机房内,应有永久显示_____的简单操作说明,并附有方框图。

　A.操舵装置遥控系统和操舵动力装置转换程序

　B.全船失电后舵机操作

　C.主操舵系统和应急操舵系统

　D.舵机操作程序

2.船舶应急救火泵一般_____试运转一次。

　A.3 个月　　　　　　　　　　　　B.1 个月

　C.半个月　　　　　　　　　　　　D.1 个星期

3.关于海上航行时全船失电后所采取的应急措施,下列叙述错误的是_____。

　A.首先停止发电柴油机运行　　　　B.尽快恢复舵机的导航设备的供电

　C.立即通知驾驶台　　　　　　　　D.立即启用备用机组合闸供电

4.货船消防演习应每隔多长时间进行一次?_____。

　A.2 个月　　　　　　　　　　　　B.根据航次长短制定

　C.1 个星期　　　　　　　　　　　D.1 个月

5.下列关于船舶在能见度不良时航行轮机部安全管理注意事项的说法,错误的是_____。

　A.听从轮机长指令操车　　　　　　B.轮机部加强值班,集控室不能无人值班

　C.保证汽笛单位工作空气正常使用　D.保持船内通信畅通

6.全船停电情况下,可以切除_____等次要负载。

　①分油机;②换热器;③起货机

　A.①③　　　　　　　　　　　　　B.①②③

　C.②③　　　　　　　　　　　　　D.①②

7.船上紧急情况的处置瞬间,_____的应急反应能力尤为重要。

　A.船长和高级船员　　　　　　　　B.高级船员

　C.船长　　　　　　　　　　　　　D.船员

8.堵漏的警报信号是_____。

A.二短声,一长声,连放 1 min　　B.二长声,一短声,连放 1 min
C.二长声,二短声,连放 1 min　　D.二短声,二长声,连放 1 min

9.船舶应变部署表需经_____审核,_____批准签署后公布实施。
A.船长;船公司　　B.船长;海事局
C.大副;船长　　D.船长;船级社

10.对不同的船上紧急情况做出相应的反应,下列说法正确的是_____。
①船舶应编制船舶溢油应变部署表、船舶应急设备管理表和应变卡;②如情况严重,船长应向本公司职能部门报告;③船舶应制订应急演习和训练的计划;④船舶定期进行应急演习和训练
A.①②③④　　B.①②③
C.①②　　D.①②④

11.以下哪项不是船舶应变部署表的编制原则?_____。
A.符合本船的船舶条件、船员条件、客货条件、航区条件
B.关键性操作指派得力人员,人员编排应最有利于应变任务的完成
C.轮机部应变部署表由大管轮编制
D.大副具体编制应变部署表

12.关于机舱应急逃生通道,下列说法错误的是_____。
A.应急逃生通道附近不应堆放杂物
B.通往应急逃生通道的指引牌应用荧光材料制成
C.机舱内通往应急逃生通道应有箭头表示的指引牌
D.应急逃生通道都正常的情况下,船员无需进行应急训练

13.当驾驶室舵机的远操系统失败时,采取的应急措施是_____。
A.将操舵位置转换为舵机室内操作并用应急配电板供电
B.将操舵位置转换为舵机室内操作并用主配电板供电
C.立即报告船长和轮机长
D.立即停主机

14.下图是 ALFA-LAVAL 燃油分油机 EPC 操作面板,面板上有"加热器(HEATER)""正常分油(SEPARATION)""停止(STOP)""排渣(DISCHARGE)""可操作(OP ACTIVE)""警报(ALARM)"操作按钮,在船舶航行失电的应急情况下,值班人员的正确操作是_____。

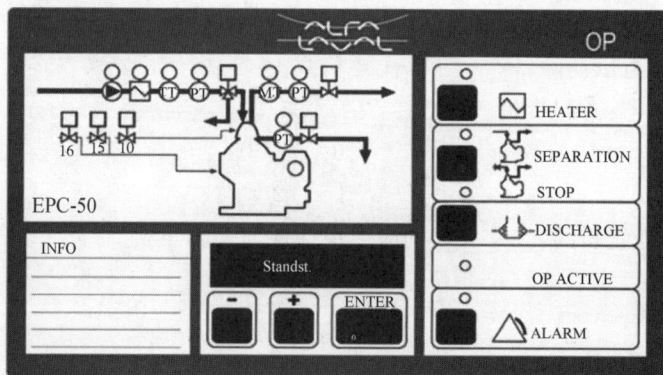

A.船舶失电后操作面板上的警报指示灯"警报(ALARM)"指示报警

B.恢复供电后,启动分油机,转速正常后按下"正常分油(SEPARATION)""加热器(HEATER)"自动运行

C.船舶失电后,应紧急按下操作面板上的"停止(STOP)"按钮

D.恢复供电后,启动分油机,按下"加热器(HEATER)"按钮,待分油机转速正常后按下"正常分油(SEPARATION)"

15.导致全船失电的原因有_____。

①电站本身故障或发电机及其原动机故障;②发生大电流、过负荷或短路现象;③电站用电量太小;④大功率电动辅机故障或启动控制箱的延时发生变化

A.①②③　　　　　　　　　　　　B.②③④

C.①②④　　　　　　　　　　　　D.①④

16.船舶在海上航行,突然失电时,采取的应急措施是_____。

①首先停止主机并立即报告驾驶台;②然后迅速启动备用发电机组,尽快恢复供电;③在恢复正常供电后,再启动为主机服务的各电动泵,然后启动主机

A.①　　　　　　　　　　　　　　B.②

C.③　　　　　　　　　　　　　　D.①②③

17.当遇上雷电交加的暴风雨天气时,船舶应_____。

A.停止加装燃油　　　　　　　　　B.停止备车工作

C.减少用电负荷　　　　　　　　　D.启动备用发电机

18.船舶发生搁浅或擦底时,当班轮机员需注意的事项有_____。

①保持机舱相应设备处于备车状态;②操车时,应立即执行驾驶台要求的任何车速;③采用机动车操车转速操纵主机;④换用高位海底滤器,注意是否堵塞;⑤勤洗燃润油滤器

A.①③④⑤　　　　　　　　　　　B.①③④

C.②③④⑤　　　　　　　　　　　D.①②④⑤

19.发生碰撞事故的船舶应当互通名称、国籍和登记港,并尽一切可能救助遇难人员,在_____的情况下,当事船舶不得擅自离开事故现场。

A.不发生溢油　　　　　　　　　　B.不严重危及自身安全

C.任何　　　　　　　　　　　　　D.排除航期紧张

20.弃船时,机舱固定值班人员在听到警报信号后仍坚守岗位按令操作;在得到完车通知后,在轮机长的领导下,抓紧做好_____弃船安全防护工作;如果接到两次完车信号或船长利用其他方法的通知后,应立刻携带规定物品撤离机舱登艇。

A.熄火放汽、关机、停电等　　　　B.熄火放汽、关机

C.熄火　　　　　　　　　　　　　D.停电

21.船舶在大风浪中锚泊时,各项准备工作包括_____。

①注意做好大风浪中航行的各项准备;②所有安全设备和消防系统处于备用状态;③燃油日用柜注意放残水;④主机滑油循环柜油量保持正常;⑤注意主辅机,燃油、滑油系统滤器的情况

A.②⑤　　　　　　　　　　　　　B.①②③④⑤

C.①④⑤   D.①③④

22.船舶操舵装置由于失电而失灵,舵机应急操作时,应有专人值守_____。

    A.驾驶台   B.机舱集控室

    C.应急发电机间   D.舵机室

23.船舶发生海损事故,船长做出撤离机舱决定时,轮机人员离开机舱前,应做好的工作是_____。

    ①锅炉熄火放汽;②关停发电机和运转中的一切设备;③关闭海底阀及各个应急遥控油阀;④检查油舱在甲板上透气口和测量管是否封死

    A.①②④   B.②③④

    C.①③④   D.①②③

24.以下防止船舶失电的安全措施中,不正确的是_____。

    A.在狭窄水道,进出港航行前,增开一台发电机并联运行以策安全

    B.船舶机动航行时,应尽量避免配电板操作

    C.在狭窄水道,进出港航行时尽量避免同时使用几台大功率设备

    D.在装卸货物期间,如增加开工头数,值班驾驶员事后应及时通知机舱值班人员

25.船舶航行中发生碰撞或触礁,轮机部应该做好_____工作。

    ①立即停车;②立即倒车;③准备好压载系统;④准备好污水系统;⑤按船长的命令操车;⑥准备好轮机日志记录

    A.①③④⑤⑥   B.①③⑤⑥

    C.②③⑤⑥   D.③④⑤⑥

26.船舶在大风浪中航行应将调速器负荷调小,其目的是_____。

    A.减少曲轴发生扭振和共振   B.防止调速器因摇摆损坏

    C.防止柴油机发生喘振   D.防止主机超负荷,飞车

27.在听到弃船警报信号后,_____仍应坚守岗位按令操作。

    A.值班轮机员   B.值班机工

    C.主管轮机员   D.轮机长

28.某船在正常航行途中突发自动操舵系统失灵,应立即采取的应急措施是_____。

    A.立即报告船长和轮机长   B.立即转换为集控室手动操舵系统

    C.立即采取舵机室操舵程序   D.立即转换为驾驶室手动操舵系统

29.防止船舶失电的安全措施不包括_____。

    A.在狭窄水道、进出港航行时,增开一台发电机并联运行

    B.做好主机及系统的保养工作

    C.在装卸货物期间,如增加开工头数,值班驾驶员应提前通知机舱

    D.在狭窄水道、进出港等机动航行时应做到尽量避免同时使用几台大功率设备

30.船舶在_____突然失电时,应迅速启动备用发电机组尽快恢复供电,同时应立即通知驾驶台并停止主机运转。

    ①狭窄水道航行;②进出港航行;③海上航行

    A.①②   B.①③

C.②　　　　　　　　　　　　　　　　D.③

31.船舶配备的各种堵漏器材、工具、材料,应存放在_____便于到达的舱室内,一般多存放在_____内。

    A.水线以下;艏楼　　　　　　　　　　B.水线以下;艉楼

    C.水线以上;艏楼　　　　　　　　　　D.水线以上;艉楼

32.船舶碰撞对船体及其相关设备可能造成的损坏包括_____。

    ①船体破损进水;②如果碰撞发生在船体燃油舱部位,会造成燃油的泄漏;③火灾

    A.①②③　　　　　　　　　　　　　　B.①②

    C.②③　　　　　　　　　　　　　　　D.①③

33.船舶失火后,报警的船员必须确切指出失火位置,包括_____。

    ①具体舱位;②甲板层次;③何物着火

    A.①②　　　　　　　　　　　　　　　B.①③

    C.②③　　　　　　　　　　　　　　　D.①②③

34.船舶搁浅后,停主机后应做的工作有_____。

    ①盘车检查轴系;②创造条件测量主机臂距差;③检查舵系;④做好事故记录

    A.①②　　　　　　　　　　　　　　　B.②③④

    C.①②③　　　　　　　　　　　　　　D.①②③④

35.船舶航行中,舵机失灵的主要原因是_____。

    A.船舶碰撞　　　　　　　　　　　　　B.船舶失火

    C.船舶失电　　　　　　　　　　　　　D.船舶搁浅

36.关于机舱应急设备的使用和管理的以下说法,错误的是_____。

    A.整个应急电源的布置,应能在船舶横倾22.5°和/或纵倾10°时仍起作用

    B.应急电源不可以是蓄电池组

    C.应急空压机是船舶以"瘫船状态"恢复运转的原始动力

    D.应急吸口应与排量最大的1台海水泵相连,如主海水泵、压载泵、通用泵等

37.船舶在应急情况下,为保证正常供电_____。

    ①应启动备用机组并车运行,以增加功率储备;②应尽量减少对配电板的调整和操作;③必要时切除次要设备的供电,以确保应急措施的实施

    A.①②　　　　　　　　　　　　　　　B.①②③

    C.②③　　　　　　　　　　　　　　　D.②

38.当船舶在航行中突发全船失电时,下列对舵机采取的应急措施叙述正确的是_____。

    A.如果主发电机不能立即启动供电,则应启动应急发电机供电,在驾驶台进行操舵

    B.如果主发电机不能立即启动供电,则应启动应急发电机供电,在舵机室进行操舵

    C.立即报告船长,通知相关人员进行抢修

    D.立即启动驾驶台的辅操舵系统

39.船舶机舱失火后,以下做法错误的是_____。

    A.关闭通往火场的燃油进出口速闭阀

    B.用水枪冷却可能蔓延到的油箱、油柜、气瓶

C.必要时,将油柜内的燃油泄放出去,以防爆炸

D.控制通风

40.船舶在大风浪中航行时,轮机部安全注意事项不包括_____。

A.主机滑油循环油柜的油量应保持正常,不可过少

B.注意主、副机燃油系统的压力,酌情缩短清洗燃油滤器的时间

C.密切注意辅助锅炉和废气锅炉的工况,特别是辅助锅炉的水位

D.换用高位海底门,勤洗海底滤器

41.船舶航行中发生碰撞后,机舱破损面积较大,危及主、副机安全,应及时报告_____。

A.船长　　　　　　　　　　　　　B.轮机长

C.驾驶员　　　　　　　　　　　　D.政委

42.船舶搁浅后,对船舶及其相关设备可能造成的损坏有_____。

①海水系统吸进泥沙或堵塞;②船舶底部破损,使相应的舱柜进水;③船体变形,使运转设备的对中性改变;④燃油日用柜及沉淀柜发生损坏

A.①②④　　　　　　　　　　　　B.②③

C.①②③　　　　　　　　　　　　D.②③④

43.船舶大风浪中锚泊时,轮机部安全注意事项是_____。

①按航行状态保持有效的值班;②影响航行和备车的工作必须立即完成;③定时检查所有运转和备用的机器;④采取措施,防止本船污染周围环境

A.①②　　　　　　　　　　　　　B.①②③

C.②③④　　　　　　　　　　　　D.①②③④

44.船舶在大风浪中锚泊,下列说法错误的是_____。

A.所有应急设备、安全设备和消防系统均处于备用状态

B.注意做好大风浪中航行的各项准备工作

C.仔细检查所有运转和备用的机器设备

D.按保养计划对主、辅机进行检修

45.关于大风浪中锚泊时轮机部的应急预案,下列说法错误的是_____。

A.所有应急设备、安全设备和消防系统均处于备用状态

B.注意做好大风浪中航行的各项准备,不得在机炉舱及舵机间经常巡回检查

C.按驾驶台的命令使主、副机处于备车状态

D.按航行状态保持有效的轮机值班

46.船舶在航行中发生碰撞,轮机部应做好的工作是_____。

①按船长命令操纵主机;②立即倒车;③做好轮机日志记录

A.①②　　　　　　　　　　　　　B.①③

C.②③　　　　　　　　　　　　　D.①②③

47.全船失电恢复供电后,关于燃油分油机的操作,下列_____措施是正确的。

A.检查控制箱是否有电,确认供电正常后,复位各警报再启动

B.手动分油时,为应急分油,不用考虑电机电流

C.即使有报警,为保证燃油供应,先越控故障分油,供油正常后再排除故障

D.自动控制分油机需先转手动,手动运行正常后再转自动

48.全船失电恢复供电后,关于燃油分油机的操作,下列_____措施是错误的。

A.检查控制箱是否有电,确认供电正常后,复位各警报再启动

B.手动操作时,检查确认所有手动阀处于正确位置

C.手动分油时,电机电流稳定后再转入分油程序

D.即使有报警,为了保证燃油供应,先越控故障分油,供油正常后再排除故障

49.当船舶在航行中突发全船失电,不能立即恢复供电时,下列对舵机采取的应急措施叙述不正确的是_____。

A.值班轮机员应立即向值班驾驶员、轮机长报告并采取相应的紧急措施停车,尽快恢复供电

B.轮机长及全体轮机员迅速进入机舱,应急发电机不能自动启动的应立即手动启动应急发电机,由应急配电板向舵机供电

C.立即启动舵机油泵,在舵机室操纵舵机

D.有专人值守应急发电机及应急配电板以保证其安全运行

50.关于机舱火灾应急预案,下列说法不正确的是_____。

A.机舱发生电气火,应立即切断所有电源,切断通风,然后施救

B.立即关闭机舱各区域的防火门,将火势控制在局部区域,以防波及驾驶台、电台、船员生活区等重要部位

C.机舱发生火灾,无论火灾大小,无论航行/锚泊/靠泊装卸货物,值班人员应首先激发火警装置并报告轮机长、驾驶台或船长

D.将发现起火的时间、施救过程、灭火时间分别记入航海日志及轮机日志

51.船舶驾驶室不能有效地通过主、辅操舵装置操纵舵机,轮机部应立即做到_____。
①值班轮机员接到驾驶台通知后,立即报告轮机长;②按驾驶室的指令操纵主机;③轮机长、大管轮立即进入舵机室现场指挥;④迅速启动手动应急操舵装置,按照船长指令操舵

A.②③　　　　　　　　　　　　　B.①②④

C.①③④　　　　　　　　　　　　D.①②③④

52.下列关于紧急动员警钟系统的说法,错误的是_____。

A.紧急动员警钟系统,用于船舶发生火灾或重大海损事故

B.关闭器是系统的控制器,装在机舱集控室内,并有指示电路工作的指示灯

C.客船上,警钟系统可以分别也可同时向旅客和船员进行紧急报警

D.紧急动员警钟系统由关闭器、警钟、警灯及接线盒等组成

53.船舶机舱失火首先应采取的应急措施是_____。

A.立即采取灭火措施

B.发出机舱火警警报

C.确定火灾位置、种类,小型火灾可以现场扑救,如果无法现场扑灭,立即返回报告给现场指挥

D.立即采取探火措施

54.进行溢油海上处理时,在半封闭海域或交换条件不良海域,不宜采用_____方式。

A.围油栏　　　　　　　　　　　　B.油分散剂

C.燃烧处理　　　　　　　　　　　　D.打捞回收

55._____是在遭受海盗或其他武装攻击时的一种防卫手段。

A.弃船应变　　　　　　　　　　　　B.自救应变

C.防卫应变　　　　　　　　　　　　D.综合应变

56.属于船舶发电机原动机本身故障造成全船失电的原因有_____。

①滑油低压;②燃油供油中断;③空气开关故障;④冷却水高温

A.①②③　　　　　　　　　　　　　B.①②④

C.②③④　　　　　　　　　　　　　D.①③④

57.燃油加装作业安全注意事项中,说法错误的是_____。

A.装油时应有专人负责值班,做到勤测算,及时调换舱位

B.如发现油位上升过慢,应立即通知停装

C.换油舱时,应先关后开阀门

D.停止装油后,应关闭有关阀门

58.突然发生全船失电故障,不能立即恢复供电,造成舵机失灵时,以下应急操作不准确的是_____。

A.值班轮机员立即向值班驾驶员、轮机长报告并采取相应的措施停车,尽快恢复供电

B.轮机长迅速进入机舱,立即启动备用发电机,由应急配电板向舵机、导航设备供电

C.启动应急舵机油泵电机并由驾驶室操纵舵机

D.由专人值守应急发电机及应急配电板,注意观察应急发电机各工作系统的技术状况

59.下列关于船舶航行中使用应急操舵设备操舵的说法中,错误的是_____。

A.轮机长、大管轮立即进入舵机室现场指挥

B.轮机员迅速启动手动应急操舵装置,按照驾驶台的命令操舵

C.值班轮机员不能远离操纵台,按车令操纵主机

D.轮机员指导值班水手操作应急操舵装置

60.某船在正常航行途中,突发驾驶台不能有效通过主、辅操舵装置操纵舵机的紧急情况,下列关于轮机部的应急操作程序的叙述不正确的是_____。

A.值班轮机员接到驾驶台的通知后,立即报告轮机长并按照驾驶台的指令操纵主机

B.轮机长、大管轮立即进入舵机室进行现场指挥

C.迅速启动手动应急操舵装置,按照船长的指令操舵

D.在舵机应急操纵过程中,值班轮机员不能远离主机操纵台,按照车令执行轮机长的命令

61.导致事故的直接原因是_____。

①人的不安全行为;②物的不安全状态;③违章;④管理差错

A.①②③④　　　　　　　　　　　　B.①②

C.①②③　　　　　　　　　　　　　D.③④

62.导致操作失败的一种程序上的失误被称为_____。

A.设计失误　　　　　　　　　　　　B.极限失误

C.操作失误　　　　　　　　　　　　D.过程失误

63.下列属于船舶污染类紧急情况的是_____。

①船舶搁浅;②船舶碰撞;③船舶溢油;④造成污染的意外排放

A.①②③④
B.③④
C.①③④
D.②③④

64.下列属于船舶机损与污染类紧急情况的是_____。

①主机故障;②火灾/爆炸;③船舶搁浅;④造成污染的意外排放;⑤舵机失灵

A.①②③④⑤
B.①④⑤
C.①②④⑤
D.①③④⑤

65.在应对船舶上的应急情况时,轮机部门领导要保有良好的决断力,体现在_____。

①充分了解船舶、机舱及主机故障的信息,为科学的决策提供依据;②善于吸收团队经验,在吸纳集体智慧的基础上做出决策;③对应急情况的一些关键工作具备预见、评估、防范和化解风险的意识和能力;④严格督促机舱成员遵守操作规程和规章制度

A.①②③④
B.①②③
C.②③④
D.①③④

66.在应对船舶上的应急情况时,轮机部门领导要保有良好的控制力,体现在_____。

①根据情况,不断发出各项指令、指导信息以及对其执行情况反馈信息的搜集和分析,及时排除不安全因素;②激发和鼓舞值班人员的积极性,发掘、充实和加强人员动力,自觉为完成工作努力;③及时检查执行情况,把实际情况同处理结果进行对比,发现差异,找到原因,采取措施加以解决;④督促机舱成员遵守操作规程和规章制度

A.①②③④
B.①②③
C.②③④
D.①③④

67.船舶在系泊装卸货时,如发生发电机跳电,应立即启动备用发电机恢复供电,首先_____。

A.供电舵机
B.供电起货机
C.供电航海仪器
D.供电为主机服务的泵

68.当船舶舵机因控制系统故障而失灵时,应使用_____操纵船舶航向。

A.辅助操舵装置
B.应急操舵装置
C.主机
D.备用操舵装置

69.突然发生全船失电故障,主发电机故障不能立即恢复供电,舵机失灵时,下列关于应急操作的说法,正确的是_____。

①有专人值守舵机室,防止意外事故发生或按船长命令准备好应急操舵;②启动舵机油泵电机并由机舱集控室操纵舵机;③尽快恢复正常供电,切除应急发电机,待故障排除后将详细经过记入轮机日志

A.①②
B.①③
C.②③
D.①②③

70.船舶海上航行时突然全船失电,恢复供电后应优先给_____供电。

A.空调
B.舵机和助航仪器
C.造水机
D.机舱风机

71.航行中舵机失灵首先应采取的应急措施为_____。

A.驾驶台通知机舱停车
B.驾驶台通知机舱应急操舵

C.将操舵方式转为辅助操舵方式　　　　　　D.报告船长准备抛锚

72.船上发生油污染事故时,船员应按_____回收溢油。

    A.船长的命令　　　　　　　　　　　　　　B.轮机长的命令

    C.溢油应变部署的规定　　　　　　　　　　D.船长与轮机长商定后的命令

73.机舱进水时,轮机部采取的应急堵漏措施有_____。

    ①轮机长立即组织人员摸清破损部位、进水流量,拟订有效的堵漏措施;②风浪天应关好水密门窗,停机舱风机;③艉轴管及其密封装置破损,应酌情关闭轴隧水密门;④海底阀及阀箱、出海阀或应急吸入阀等破损,应关闭相应的阀,并选用有效的堵漏器材封堵;⑤冷却器、海水滤器或管路等破损,应关闭相应的阀,组织修复或堵漏

    A.①②③④⑤　　　　　　　　　　　　　　B.②③④⑤

    C.①②③④　　　　　　　　　　　　　　　D.①③④⑤

74.机舱失火需封舱灭火时,轮机部应做好_____工作。

    ①切断电源;②切断油源;③切断淡水泵;④关闭天窗;⑤关闭道门;⑥人员撤离

    A.①②⑤⑥　　　　　　　　　　　　　　　B.③⑤⑥

    C.①②③④⑤　　　　　　　　　　　　　　D.①②④⑤⑥

75.下列说法中,正确的是_____。

    A.检修发电机或电动机时,如有可能不应取出控制箱内的保险丝

    B.除非绝对必要,严禁带电作业;确需带电作业时,必须使用绝缘良好的工具

    C.试验柴油机喷油器时,用手探摸喷油器的油嘴或油雾

    D.一切警告牌均由值班人员挂卸,其他人不得乱动

76.航行中舵机失灵,下列应急措施中错误的是_____。

    A.驾驶台应先转换成辅助操舵系统,并通知甲板和机舱值班人员

    B.值班人员立即启动辅助或应急操舵装置并通知船长

    C.大管轮和值班轮机员尽快对损害设备进行检修

    D.指导值班水手按驾驶台指令进行应急操舵

77.部分救生艇装置洒水系统,该洒水系统由_____组成。

    ①海底阀;②自吸式水泵;③喷洒管系;④喷头

    A.②③　　　　　　　　　　　　　　　　　B.③④

    C.①②③④　　　　　　　　　　　　　　　D.②③④

78.应急/临时性维修是由于意外事故给船舶机械设备造成了损害而进行的_____。

    A.计划性修理　　　　　　　　　　　　　　B.非计划性修理

    C.小修　　　　　　　　　　　　　　　　　D.检修

79.船上油污应急计划的核心内容应是_____。

    A.控制排放的行动　　　　　　　　　　　　B.报告与控制排放的行动

    C.回收溢油和消油处理　　　　　　　　　　D.报告

80.船舶在正常航行中,由于发电机故障跳电造成全船失电时,值班轮机员首先要做的是_____。

    A.立即将主机减速,通知船长

B.排除发电机故障

C.保持主机转速

D.立即报告驾驶台,并启动备用发电机组

81.船舶推进控制系统通常分为_____等类型。

①气动式;②电动式;③电-气式;④微机控制

A.①②③④ B.①③④

C.②③④ D.①②③

82.主机不能进行越控的故障是_____。

A.主机燃油压力低 B.超速

C.超速或主机滑油压力低 D.主机滑油压力低

第二节　内部通信系统

1.根据法规要求,操舵装置应当至少设置以下_____等报警。

①过载报警;②缺相报警;③液压油柜低液位报警;④液压油柜高液位报警

A.①②③ B.②③④

C.①②③④ D.①③④

2.在船舶使用的电话通信系统中,直通电话常用在_____之间的联络。

A.驾驶室与火警信号站及消防设备集中控制站、船首、船尾

B.驾驶室与无线电室

C.驾驶室与应急操舵站及机舱

D.驾驶室与船长房间

3.有关船内通信系统,下列正确的说法是_____。

A.船内广播系统也可用于警报系统

B.船内不同的通信装置,其声响信号一般相同

C.主机传令钟只有1个发讯器

D.各种自动声光报警器,应设有能同时切断声光报警信号的装置

4.有关船内通信系统,下列错误的说法是_____。

A.船内不同的通信装置,其声响信号具有不同的音色,以利辨别

B.主机传令钟应具备复示装置

C.驾驶室与机舱之间若以电话为主要通信工具,则应为自动电话

D.全船停电时,指挥电话系统不受影响

5.通用紧急报警系统应能在驾驶室、_____控制。

A.消防控制站 B.集控室

C.应急通道 D.公共场所

6.下列有关船内通信系统的说法,正确的是_____。

A.轮机值班人员均应具有恰当地使用船舶内部通信系统的知识

B.船内不同的通信装置,其声响信号一般相同

C.目前在大型船舶中,平时重点维护的电话系统是自动电话系统

D.船舶内部的通信系统,实际上就是船舶内部的电话系统

7.对船舶报警信号装置的一般要求是_____。

①必须保证其电源畅通,在应急状态下应由应急电源供电;②各种不同用途的声响信号应有不同的音色,以利于辨别;③在机舱或其他噪声大的舱室,音响信号应有足够响度并同时附有灯光信号;④各种自动声光报警器,应有能切断声响信号(消音开关)和发光信号的装置;⑤各自动报警系统或装置应设有检查其功能是否正常的试验装置

A.①②③④   B.①②③⑤

C.①②④⑤   D.①②③④⑤

8.船上应急警报系统有全船性警报系统和局部性警报系统,以下说法错误的是_____。

A.用于通知机舱值班人员的值班呼叫警报系统属于局部性警报系统

B.全船性警报系统通常挂接火灾自动警报系统、烟火探测警报系统、手动火警按钮和驾驶台警报器等

C.局部性警报系统中有主机、舵机、供电、锅炉等的故障自动警报系统

D.全船性警报系统主要有用于机舱释放二氧化碳前通知机舱人员立即撤离的警报系统

9.中国船级社对"船内通信与信号设备"的有关规定,不正确的是_____。

A.安装在驾驶室的重要指示器应有适当的照明并附有亮度调节器或遮光罩

B.各种自动声光报警器,应设有能切断声响信号和发光信号的装置

C.各种自动报警和指示信号系统,均应设有检查其动作是否正常的试验装置

D.各种不同用途的船内通信装置,其声响信号应有不同的音色,以利辨别

10.船舶报警信号装置主要包括_____。

①紧急动员警钟和应急状态下的各种铃组系统;②火警探测和报警装置;③主、辅机工况的自动监视报警系统

A.①②   B.②③

C.①②③   D.①③

11.船舶保安警报系统至少包括_____个启动点,其中1个在_____。

A.2;船长室   B.2;驾驶台

C.3;保安室   D.3;控制室

12.有线广播系统能将指令有效地发送到_____。

①各居住处所;②服务处所;③控制站;④开敞甲板

A.①②③   B.①②④

C.②③④   D.①②③④

13.关于通用紧急报警系统,下列说法错误的是_____。

A.在主电源供电失效时,通用紧急报警系统能自动转换至应急电源供电

B.通用紧急报警系统能在驾驶室、消防控制站控制

C.船舶应设双向发信的通用紧急报警系统

D.在所有门和通道都关闭的情况下,在居住舱室内睡眠位置和距离声源1 m处,声响报警信号的声压级至少达到75 d

14.在船舶中使用的电话通信系统有_____。

①对讲电话系统;②指挥电话系统;③自动电话系统;④直通电话系统

A.①③④
B.①②③

C.①②④
D.①②③④

15.船舶内部的通信系统,一般指的是_____。

①电话;②传令钟;③广播;④警报系统

A.①②③
B.①②④

C.②③④
D.①②③④

16.下列关于使用船内通信系统的注意事项中,不正确的是_____。

A.主机应急传令钟系统应由应急电源供电

B.在主电源失电的情况下重要电话系统仍能工作

C.客船的警钟系统能分别但不能同时对船员和旅客进行紧急报警

D.船舶在发生火灾或重大海损事故等紧急情况下,应启用紧急动员警钟系统

17.下列有关使用船内通信系统的注意事项中,说法不正确的是_____。

A.在改变车令时,需按规定在车钟记录簿上记录

B.车钟记录簿用完后不得销毁,应存船备查

C.如要定速航行,驾驶台应向机舱连续摇两次完车车令

D.用于机舱施放二氧化碳前通知机舱人员立即撤离的警报系统属于局部性警报系统

18.对于船用内部通信系统的使用与管理,下列说法中错误的是_____。

A.船内通信系统主要有船用电话、车钟、广播、警报装置等

B.在改变车令时,需按规定在车钟记录簿上记录

C.不同用途的船内通信装置,其声响信号应有相同的音色

D.用于机舱施放二氧化碳前通知机舱人员立即撤离的警报系统属于局部性警报系统

19.通常_____不是船舶局部性警报系统。

A.火灾自动警报系统

B.主机、舵机、供电、锅炉等的故障自动警报系统

C.用于通知机舱值班人员的值班呼叫警报系统

D.用于机舱施放二氧化碳前通知机舱人员立即撤离的警报系统

20.航行中当舵机因控制系统故障而失灵时采取的应急措施有_____。

①在舵机应急操纵过程中,值班轮机员不能远离操纵台,按车令操纵主机;②船长应安排1名驾驶员和水手到舵机房,配合轮机员操纵舵机;③轮机员应指导值班水手的操舵,使其能尽快独立操作应急操舵装置;④机舱人员应加强轮机值班,尽全力抢修驾驶室主、辅操舵装置

A.②③④
B.①②③

C.①②④
D.①②③④

21.关于传令钟的规定,下列说法正确的是_____。

①船上应设置把驾驶室的命令发送至机舱的主机传令钟,主机传令钟应具备复示装置;②用于驾驶室内设置主机传令钟的失电听觉和视觉报警器,该报警器一般应由应急配电板供电;③主机传令钟系统一般应在主机操纵台附近设有主机错向报警装置;④主机传令钟若有2个

及以上的发信器时,每个发信器之间应有机械或电气的联动或联锁装置

A.①②③

B.①③④

C.①②④

D.①②③④

22.机舱内使用电话与驾驶台联系时,由于噪声太大导致的沟通障碍,属于_____。

A.传送障碍

B.接收障碍

C.渠道障碍

D.干扰障碍

23.在船舶中使用的电话通信系统有_____。

A.对讲(直通)电话系统

B.对讲(直通)电话系统和指挥电话系统

C.指挥电话系统和自动电话系统

D.对讲(直通)电话系统、指挥电话系统和自动电话系统

24.使用铃组的应急情况包括_____等。

①机舱铃组;②冷库报警铃组;③二氧化碳施放预告铃组;④水密门开关声响铃组

A.①②③④

B.①②③

C.②③④

D.①③④

25.电气信号装置包括_____等。

①通用紧急报警系统;②火灾自动报警系统;③探火系统报警;④机舱监测报警系统

A.①③④

B.②③④

C.①②③

D.①②③④

第三节　轮机值班时的快速反应

1.对于主机机旁的应急操作装置,下列说法错误的是_____。

A.机旁应急转换操作规则张贴于操纵台旁

B.操纵台清洁,转换标志明显

C.各控制手柄活络,每6个月进行一次操作试验

D.控制手柄每年打开清洁,彻底保涂油

2.某船三管轮在房间听到七短一长的警报信号,接下来他采取的_____的行动是合理的。

A.迅速赶往机舱启动消防泵

B.迅速赶往机舱协助机舱人员做好机舱值班工作

C.迅速穿好救生衣赶往艇甲板

D.迅速赶往现场协助放艇并随艇下

3.船舶航行期间,在遇到_____情况时,值班轮机员应立即通知轮机长。

①机器发生故障或损坏,可能危及船舶安全运行;②发生失常现象,经判断会引起推进机械、监视系统、调节系统的损坏或破坏;③发生紧急情况或对于采取什么措施和决定无把握

A.①②

B.①③

C.②③

D.①②③

4.每位船员每月至少参加1次弃船演习和1次消防演习,若有25%以上船员未参加本船上月演

习,应在离港后_____h内举行该两项演习。

 A.30   B.18

 C.24   D.12

5.空压机气阀组装好后用煤油试漏,每分钟滴油不应超过_____滴。

 A.20   B.15

 C.10   D.5

6.出口管路带电磁阀的锅炉压力式喷油器投入工作时,该电磁阀_____。

 A.关闭   B.开启

 C.节流   D.周期性启闭

7.某船三管轮在房间听到一短两长一短的报警信号,他的职责是_____。

 A.启动消防泵   B.穿好救生衣赶往艇甲板

 C.协助放艇并随艇下   D.做好机舱值班工作

8.按船上油污应急计划的规定,对应急设备应有_____。

 ①应急设备清单;②安全使用方法;③维护管理要点;④人员职责分工;⑤培训和训练

 A.①②④   B.①②③④⑤

 C.①②③⑤   D.②③④

9.根据船上油污应急计划的规定,下列说法错误的是_____。

 A.联系名单包括沿岸国联系人、港口联系人、与船舶有关的重要联系人

 B.随着联系人员更换和电话号码等的变动,信息必须经常更新

 C.联系人信息包括单位、姓名、地址、电话、电传以及个人其他一切资料

 D.发生溢油事故,船舶与沿岸国或其他有关部门快速、有效的协作,对减少污染事故的危害至
  关重要

10.关于应急消防设备使用的注意事项,下列叙述正确的是_____。

 A.柴油机带动的应急消防泵应每周进行效能试验,试验时要逐渐增大应急消防泵转速

 B.每3个月进行油舱速闭阀的机旁和遥控关闭试验,试验时要旁通发电柴油机的燃油速闭阀

 C.风油应急切断装置每3个月进行切断电源试验

 D.机舱天窗、烟囱百叶窗速闭装置和机舱通风筒挡火板应每6个月进行开关试验

11.关于应急消防设备管理的注意事项,下列叙述错误的是_____。

 A.确保应急消防泵在最高位置的消防栓处的水压达0.28 MPa

 B.及时保养油类速闭阀的空气瓶、管路和阀件,保持活络

 C.冬季应急消防泵试验完毕要放空消防总管中的剩水

 D.机舱烟囱百叶窗速闭装置开关试验完毕应置于关闭位置

12.下列属于船舶火灾与海损类紧急情况的是_____。

 ①船舶溢油;②火灾爆炸;③船舶搁浅;④弃船;⑤货物移动

 A.①②③④⑤   B.②③④⑤

 C.②③④   D.③④⑤

13.全船失电故障不会导致_____。

 A.主机停车   B.舵机失灵

C.应急发电机停车　　　　　　　　　D.助航设备失灵

14.就分类而言,不属于船舶应急消防设备一类的是_____。
A.燃油速闭阀　　　　　　　　　　　B.逃生孔
C.机炉舱通风机应急开关　　　　　　D.应急消防泵

15.根据船上油污应急计划的规定,船上必须张贴溢油应变部署表,当船员听到_____报警应立即到_____集中。
A.一短二长一短;主甲板　　　　　　B.一长一短一长;艇甲板
C.一短二长一短;艇甲板　　　　　　D.一长一短一长;主甲板

16.根据船上油污应急计划的规定,以下属于强制性规定的是_____。
①报告程序;②油污事故中需联系的当局或人员名单;③为减少或控制油类排放采取的措施;④国家和地方协作;⑤应急反应设备;⑥计划检查和演练
A.①②③④　　　　　　　　　　　　B.①②⑤⑥
C.③④⑤⑥　　　　　　　　　　　　D.②③⑤⑥

17.舱底水系统的作用是_____。
A.及时处理机炉舱和货舱的舱底积水
B.防止船舶进水沉没
C.用于冲洗甲板,保持甲板干净卫生
D.用于冷却和压载,保证船舶安全

18.应急消防泵应设置在_____。
A.机舱内　　　　　　　　　　　　　B.露天甲板上
C.舵机房内　　　　　　　　　　　　D.独立水密舱内

19.水密门的关闭机械的操作演习,应每_____举行一次。
A.半个月　　　　　　　　　　　　　B.3个月
C.1个月　　　　　　　　　　　　　D.1周

20.船上油污应急计划至少应包括_____。
①船长或其他负责报告油污事故的人员应遵循的程序;②发生油污事故时需联系当局或人员的名单;③事故发生后,为减少或控制排油,船上人员应立即采取的措施的详细说明书;④处理污染时与政府及地方当局协调船上行动的程序和船上联系点
A.①②④　　　　　　　　　　　　　B.②③④
C.①②③④　　　　　　　　　　　　D.①③

21.只要环境温度在启动发动机所要求的最低温度以上,救生艇的发动机就应每周进行启动,进行正倒车换向试验,每次试验时间不少于_____min。
A.5　　　　　　　　　　　　　　　B.3
C.8　　　　　　　　　　　　　　　D.10

22.按照有关规定,从事短途国际航行的船舶,所有救生艇应至少每_____个月下降一次并_____降落下水一次。
A.2;每年　　　　　　　　　　　　　B.1;每半年
C.3;每年　　　　　　　　　　　　　D.3;每半年

23.船上应急电的两个主要来源是_____。

    A.主、副电池组
    B.变压器和电池组

    C.蓄电池和应急发电机
    D.整流器和应急发电机

24.在全船仅有应急电源供电的情况下,以下哪个设备不是确保供电的对象? _____。

    A.舵机
    B.主海水泵

    C.助航设备
    D.消防设备

25.根据船上油污应急计划的规定,溢油应变部署表中应注明_____。

    A.溢油报警信号

    B.船员集合地点、溢油报警信号、每个船员负责部位和职责

    C.每个船员负责部位和职责

    D.船员集合地点

26.按有关机舱舱底应急吸口的规定,以下哪一项是错误的? _____。

    A.机舱内应设立一个应急舱底水吸口

    B.应急吸口与泵的连接管路上应安装截止止回阀

    C.应急吸口上应安装滤网,以防污物堵塞管道

    D.应急吸口应与排量最大的一台海水泵连通

27.航行中舵机失灵的主要原因有_____。

    ①船舶失电;②舵机液压动力系统故障;③舵机轴承故障;④船舶擦底或搁浅等导致舵机舵叶损坏故障

    A.①②③④
    B.②③④

    C.①②④
    D.①②③

28.下列关于机舱应急舱底水吸口和吸入阀的说法中,不正确的是_____。

    A.机舱内应设立一个应急舱底水吸口

    B.应急吸口应与排量最大的一台海水泵连通,如主海水泵、压载泵、通用泵等

    C.应急吸口与舱底水泵相通,其管路直径应不大于所连接泵的进口直径

    D.2006年《钢结构设计规范》规定,其截止止回阀开关手轮在花铁板以上的高度至少应为
       450 mm

29.当船舶完全失去动力时,可用_____使其恢复运转。

    A.应急发电机
    B.应急舵机

    C.原始动力源
    D.应急救火泵

30.船舶在发生海上油污染事故后,按船上油污应急计划应变部署的要求,轮机长应在_____。

    A.机舱指挥操作

    B.机舱管理设备清除溢油

    C.现场指挥操作

    D.现场随救生艇一起下海清除溢油

31.船舶在航行中,每次进行弃船演习时均应试验_____。

    A.供集合和弃船所用的应急照明系统

    B.风油应急切断

C.主机应急操作

D.主、辅舵机转换

32.船舶在加装燃油作业期间,加油管系泄漏而发生溢油,下列应采取的措施顺序正确的是_____。

①立即停止有关操作,关闭管系上的所有阀门;②将事故情况通知供油船/供油设施;③发出溢油警报,实施最初的溢油应急反应程序;④查明泄漏原因,清除溢油和甲板上积油

A.①→③→②→④   B.①→②→③→④

C.③→①→②→④   D.①→③→④→②

33.下列_____灭火器不属于按驱动灭火器的动力来源分类的。

A.储气瓶式   B.推车式

C.储压式   D.化学反应式

34.下列_____属于船舶加装燃油时应采取的防污染预防措施。

①通知大副加油的油舱及各油舱的加油量;②悬挂"禁止吸烟"的警告牌;③做好加油计划,确定各舱加油数量及最大加油量;④与加油船代表商定双方联络方式及紧急停泵信号;⑤堵塞甲板疏水孔

A.②③④⑤   B.①②③④⑤

C.①②③④   D.③④⑤

35.下列关于二氧化碳灭火剂施放报警的说法中,错误的是_____。

A.二氧化碳施放报警装置在灭火剂施放前应提前至少20 s报警

B.二氧化碳控制装置用于将气体从储存的容器中排出

C.二氧化碳系统设置一套独立的控制装置

D.对于经常有人在内工作或出入的场所,应设有施放灭火剂的自动声响报警信号

36.下列哪项不属于应变部署表的内容?_____。

A.航行中驾驶台、机舱无线电台守值人员及其任务

B.每项应变具体指挥人员的接替人

C.有关堵漏设备、弃船设备的存放位置

D.消防、弃船、溢油等综合演习的详细分工内容和执行人编号

37.按照船上油污应急计划要求,船舶工作包括的内容,以下说法错误的是_____。

A.计划演习每半年一次

B.列出应急设备清单,制定使用方法

C.人员的训练和培训

D.补充必要的器材、设备

38.船上油污应急计划主要由_____组成。

①强制性规定;②非强制性规定;③附录

A.①②   B.①③

C.②③   D.①②③

39.船上油污应急计划规定,以下哪几项操作性溢油应制定溢油应急反应程序?_____。

①甲板积油;②舱柜溢油;③船体泄漏;④甲板液压管系泄漏;⑤柴油机高压油泵漏油;⑥油水

分离器异常

A.①②③④ B.①②③④⑤

C.①②③④⑤⑥ D.①③⑤

40.船舶发生油污染事故后,按溢油应变部署表的规定,_____是溢油现场指挥,_____协助其做好溢油现场指挥工作。

A.船长;轮机长 B.轮机长;大副

C.轮机长;机工长 D.大副;水手长

41.对不同的紧急情况,船上制订了哪些相应的反应方案和计划?_____。

①船舶应变部署表;②船舶溢油应变部署表;③船舶压载水管理计划;④船舶应急设备管理表

A.①② B.①③④

C.①②③ D.①②③④

42.船舶在加装燃油时发生舱柜满溢,下列哪项不是应该立即采取的应急措施?_____。

A.将满溢舱内的燃油驳入空油舱或其他燃油舱

B.发出溢油报警信号,实施最初的溢油应急反应程序

C.将事故情况通知供油船或供油设施

D.立即停止有关操作,关闭管系上的所有阀门

43.船上油污应急计划规定,在加装燃油时发生管系泄漏,下列哪项不属于应急措施的内容?_____。

A.查明泄漏的原因,清除溢油和甲板上积油

B.发出溢油报警信号,实施最初的溢油应急反应程序

C.将事故情况通知供油船或供油设施

D.立即停止有关操作,关闭管系上的所有阀门

44.船舶发生海损溢油事故时,最优先考虑的是_____。

A.设法将船舶转移至合适的位置 B.消除溢油

C.保证船舶和人员的安全 D.查找溢油部分

45.在为船舶供应燃油时如发生溢油,以下防止继续溢油的措施表述不妥的是_____。

A.立即停止有关操作,通知供油船或供油设施停止供应作业,关闭管系上的所有阀门

B.发出溢油报警信号,实施最初的溢油应急反应程序

C.将泄漏油舱中的油驳入空油舱或其他未满舱

D.尽快使用消油剂清除海面溢油

46.某船在大风浪天气中航行,由于发电柴油机油底壳液位低导致全船断电,但很快备用发电机启动供电,恢复正常航行,此起全船断电属于_____。

A.事故 B.不符合

C.险情 D.危规

47.机舱的油、水舱柜破损时的应急操作有_____。

①尽力查明受损部位、受损程度与油水舱柜及相邻舱柜液位的变化;②封堵受损舱柜的测深管口及透气管口,延缓和阻止舷外水继续涌入;③注意舷外水是否出现油污,防止油污染扩大;④做好机舱应急排水工作;⑤关闭机舱水密门

A.①②③④⑤   B.①③⑤

C.①②③④   D.②④⑤

48.下列有关航行中舵机失灵时采取的措施,说法不正确的是_____。

A.航行中若发现舵机失灵,驾驶台应先转换为辅操舵系统并通知船长和值班轮机员

B.机舱值班人员立即启动应急操舵装置,同时通知轮机长

C.大管轮立即组织人员抢修

D.船长到驾驶台,按照舵机的损坏情况指挥船舶的应急操纵

49.某船在正常航行途中突发全船失电,下列有关燃油分油机应急操作的叙述正确的是_____。

A.立即启动应急供电,恢复分油机的运行

B.关闭燃油加热器的燃油进、出口阀

C.立即关闭分油机的燃油进、出口阀

D.立即按下分油机启动控制的应急停止开关

50.用_____清除海面溢油是较为理想的办法,既可避免溢油对环境的进一步危害,又能回收能源。

A.围油栏   B.生物方法

C.化学方法   D.物理方法

51.下列在发生全船失电故障或其他故障导致舵机失灵时的应急措施中,说法错误的是_____。

A.轮机长、大管轮及全体轮机员迅速进入机舱,处理紧急情况

B.启动舵机油泵电机并由驾驶台操纵舵机

C.值班水手迅速进入舵机房,按船长命令操纵舵机

D.尽快恢复供电,切除应急发电机,待故障排除后将详细经过记入轮机日志

52.船舶在正常航行中全船失电时应采取的应急安全措施不包括_____。

A.立即通知驾驶台,并通知轮机长下机舱

B.以最短时间恢复供电

C.恢复保证正常航行必需的各主要设备供电

D.立即查找失电原因,防止故障恶化

53.船舶每次举行消防演习时,正确的操作是_____。

①检查有关的通信设备;②检查演习区域内的防火门、水密门和通风系统的主要进口和出口;③启动消防泵,要求至少一支水枪出水,以显示系统处于正常工作状态;④检查供随后弃船用的必要装置;⑤检查消防员装备及其他个人救助装置

A.①②③④⑤   B.①②③④

C.①②④⑤   D.②③④⑤

54.下列有关船舶发生破损进水时的应急措施,说法错误的是_____。

A.全体船员听到警报后,按照应变部署,携带相应的堵漏器材,迅速到达现场,做好堵漏准备

B.二管轮负责测量所有液舱的液位

C.若进水严重和情况紧急,船长应请求第三方援助,条件允许,择地抢滩

D.堵漏队在水手长和三管轮的率领下,直接担负堵漏和抢修任务,采取行之有效的堵漏措施

55.以下有关防止船舶失电的安全措施中,正确的是_____。

①在狭水道航行、进出港前,增开一台发电机并联运行以策安全;②在港装卸货物期间,甲板值班人员应在启动起货机后及时通知机舱值班人员;③船舶机动航行时,应尽量避免配电板操作;④在狭窄水道航行、进出港时尽量避免同时使用几台大功率设备

A.①②　　　　　　　　　　　B.①③④

C.③④　　　　　　　　　　　D.①②③④

56.应急处置是指_____。

A.针对可能发生的事故,为迅速、有序地开展应急行动而预先制定的行动方案

B.针对可能发生的事故,为迅速、有序地开展应急行动而预先进行的组织准备和应急保障

C.对突发险情、事故、事件等采取紧急措施或行动,进行应对处置

D.事故发生后,有关组织或人员采取的应急行动

57.评估备选方案时,要充分考虑备选方案的_____。

A.优点　　　　　　　　　　　B.风险

C.优点和风险　　　　　　　　D.适合性

58.某船的燃油分油机是 ALFA-LAVAL 分油机,在船舶失电的应急情况下,值班人员应_____。

①立即关闭沉淀柜出口阀;②立即关闭日用柜进口阀;③立即关闭分油机进口阀;④立即关闭加热器进口阀

A.①②③④　　　　　　　　　B.①②③

C.③　　　　　　　　　　　　D.①③

59.船舶机舱主机海水泵海水吸入阀大量漏水,船舶需要在海上漂航,轮机员进行紧急更换进口阀门时,采取的措施中不正确的是_____。

A.关闭海底门出口阀,关闭主海水泵出口阀

B.漏水量太大,将舱底水用压载泵排入污水柜

C.必要时停发电机,由应急发电机供电

D.必要时主机换轻油,停辅锅炉

60.船舶在狭窄水道或进出港航行中突然失电时,采取的应急措施是_____。

①迅速启动备用发电机组,尽快恢复供电,同时立即通知驾驶台并停止主机运转;②在应急处理过程中必须有人坚守主机操纵台,随时与驾驶台联系;③如情况危急,船长必须用车避碰,可按车令强制主机运行而暂不考虑主机后果

A.①　　　　　　　　　　　　B.②

C.③　　　　　　　　　　　　D.①②③

61.对涉及船舶安全和防止污染的船上关键性操作,公司应当_____。

①建立制定有关方案和须知的程序;②与之有关的各项工作,应当明确规定并分配给适任人员;③与之有关的各项工作,应保证船上所有人员均能胜任

A.②③　　　　　　　　　　　B.①③

C.①②③　　　　　　　　　　D.①②

62.遇到_____等情况,值班轮机员应立即通知轮机长。

①机器发生故障或损坏,可能危及船舶的安全运行;②发生失常现象,经判断会引起推进机械、辅机、监视系统、调节系统的损坏或破坏;③发生紧急情况或对于采取什么措施和决定无把握

A.①②   B.①③
C.②③   D.①②③

63.发电机跳闸造成全船失电的常见原因有_____。
①电站本身故障;②操作失误;③大电流、过负荷;④大功率电动辅机故障;⑤电动辅机启动控制箱延时故障;⑥发电机及其原动机本身的故障

A.①②⑤⑥   B.②③⑤⑥
C.①③④   D.①②③④⑤⑥

64.舵机失灵时,轮机长所作的详细事故报告,应包括_____。
①发生故障的时间、地点、原因;②发生故障时的海况;③抢修经过和采取的措施;④参加抢修的人员名单

A.①②④   B.①②③④
C.②③④   D.①②③

65.值班人员发现机舱进水时,不正确的做法是_____。
A.保证主机正常运转,必要时可减速、备车航行或停车
B.必要时启动应急发电机
C.立即发出警报并报告值班轮机员或轮机长
D.应立即撤离机舱

66.关于冰区航行应急预案,下列说法不正确的是_____。
A.发现异常动态,要做好记录并及时通知轮机长和船长
B.轮机值班人员加强监视主、副(辅)机等机电设备的运行工况
C.特别注意舵机的运转情况
D.指定专人照顾主、副海水泵的工作,及时换用高位海底阀

67.关于船舶应急电源要求,下列说法正确的是_____。
A.每艘船舶均应设有 2 套独立的应急电源
B.应急电源应该设置于艇甲板之上,并应从露天甲板易于到达
C.应对整个应急供电系统进行定期试验,不包括自动启动装置的试验
D.应急发电机组应能在温度为 0 ℃冷态迅速启动

68.船舶在港口发生开舱油管爆裂时,值班人员首先要做的是_____。
①关停油泵、关闭相关阀门;②发出溢油报警;③堵塞甲板下水孔;④清除溢油;⑤调整缆绳

A.②③④⑤   B.①②③④
C.①②③④⑤   D.①②③

参考答案

第一节　安全及应急程序

1.A	2.D	3.A	4.D	5.A	6.B	7.D	8.B	9.C	10.A
11.C	12.D	13.B	14.D	15.C	16.D	17.A	18.B	19.B	20.A
21.B	22.D	23.D	24.D	25.D	26.D	27.A	28.D	29.B	30.A
31.C	32.A	33.A	34.D	35.C	36.B	37.B	38.A	39.C	40.D
41.A	42.C	43.D	44.D	45.B	46.B	47.A	48.D	49.C	50.A
51.D	52.B	53.B	54.B	55.D	56.B	57.C	58.B	59.B	60.D
61.B	62.B	63.B	64.B	65.B	66.D	67.B	68.B	69.B	70.B
71.C	72.C	73.D	74.D	75.B	76.C	77.D	78.B	79.B	80.D
81.A	82.B								

第二节　内部通信系统

1.A	2.C	3.A	4.C	5.A	6.A	7.B	8.D	9.B	10.C
11.B	12.D	13.C	14.D	15.D	16.C	17.C	18.C	19.A	20.D
21.B	22.C	23.D	24.A	25.D					

第三节　轮机值班时的快速反应

1.D	2.C	3.D	4.C	5.A	6.A	7.C	8.B	9.C	10.A
11.D	12.C	13.C	14.B	15.A	16.A	17.A	18.D	19.D	20.C
21.B	22.C	23.C	24.B	25.B	26.C	27.A	28.C	29.C	30.C
31.A	32.A	33.B	34.D	35.C	36.C	37.A	38.D	39.A	40.B
41.A	42.A	43.A	44.C	45.D	46.D	47.C	48.C	49.C	50.D
51.C	52.D	53.C	54.B	55.B	56.C	57.C	58.C	59.B	60.D
61.D	62.D	63.D	64.D	65.D	66.D	67.D	68.B		

第七章

船用工具及测量仪表

第一节　黏合塑料及黏合剂

1.胶粘工艺一般有以下几道工序,正确操作顺序是_____。

①确定胶粘接头的形式;②胶粘面清洁处理;③胶粘面加工;④固化;⑤叠合;⑥上胶

A.①→③→②→⑥→⑤→④　　　　　　B.①→②→③→⑤→④→⑥

C.①→③→⑤→⑥→④→②　　　　　　D.③→①→②→⑤→④→⑥

2.为了改进船用主柴油机机座的安装,采用有机胶黏剂或_____。

A.铸铁垫块　　　　　　　　　　　　B.铸钢垫块

C.橡胶垫块　　　　　　　　　　　　D.环氧垫块

3.无机胶黏剂用于零件的_____、槽接(函接)时黏结强度高。

A.套接　　　　　　　　　　　　　　B.搭接

C.斜接　　　　　　　　　　　　　　D.平接

4.无机胶黏剂用于零件的_____时黏结强度高。

A.套接和平接　　　　　　　　　　　B.套接和槽接

C.套接和斜接　　　　　　　　　　　D.搭接和平接

5.下列关于塑料的特点,说法错误的是_____。

A.塑料的导热性差,不易散热

B.塑料的耐热性差,热膨胀系数较大,受热易变形

C.塑料是刚性材料

D.塑料受到光、氧作用后易老化,使性能变坏

6.下列关于塑料的特点,说法错误的是_____。

A.塑料的导热性差,不易散热

B.塑料的耐热性好,热膨胀系数较小,受热不易变形

C.塑料是非刚性材料

D.塑料受到光、氧作用后易老化,使性能变坏

7.下列关于有机粘接工艺,说法错误的是_____。

A.粘接技术不受零件材料的限制

B.工艺复杂,操作不便,成本高,生产率低

C.胶黏剂不耐热

D.抗冲击性能和抗老化性能差

8.与有机胶黏剂相比,无机胶黏剂的缺点是不耐酸、碱,_____,不抗冲击,黏结后的零件拆卸困难等。

A.强度低 　　　　　　　　　　B.塑性低

C.韧性大 　　　　　　　　　　D.脆性大

9.无机胶黏剂是由无机酸、碱、盐和_____氧化物、氢氧化物等构成的具有黏结性能的黏结材料。

A.纯 　　　　　　　　　　B.金属

C.非金属 　　　　　　　　　　D.有色金属

10.在船机修理工作中,氧化铜无机胶黏剂适用于_____需要密封的部位。

①受力不大;②有冲击;③不需拆卸;④高温下工作;⑤腐蚀介质工作

A.②③④ 　　　　　　　　　　B.①②③

C.①③④ 　　　　　　　　　　D.②③⑤

11.无机胶黏剂不适于零件的_____。

A.套接 　　　　　　　　　　B.槽接

C.平接 　　　　　　　　　　D.搭接

12.环氧树脂胶黏剂是目前应用最广泛的胶种之一,它具有黏合力_____、收缩率_____、稳定性_____等性能,可直接用来配制各种胶黏剂。

A.弱;小;高 　　　　　　　　　　B.强;小;低

C.强;小;高 　　　　　　　　　　D.强;大;高

13.以下修理项目中不能用粘接技术修复的是_____。

A.螺旋桨的穴蚀孔洞 　　　　　　　　　　B.紧配螺栓松动

C.气缸盖裂纹 　　　　　　　　　　D.曲轴裂纹

14.气缸体与气缸套配合面上的铸造缺陷,常选用_____修理。

A.喷焊 　　　　　　　　　　B.无机胶黏剂

C.焊补 　　　　　　　　　　D.有机胶黏剂

15.金属黏合的步骤正确的是_____。

①配胶、涂胶;②表面处理;③合拢、清理;④凉置;⑤固化;⑥加工;⑦检查

A.②→①→④→③→⑤→⑦→⑥ 　　　　　　B.②→④→①→③→⑤→⑥→⑦

C.⑦→①→④→③→⑤→⑥→② 　　　　　　D.⑦→⑥→①→④→③→⑤→②

16.与有机胶黏剂相比,无机胶黏剂的_____。

①黏结强度低;②耐热性好;③脆性较大;④抗冲击性较差;⑤耐腐蚀性较好;⑥抗老化性较好

A.①②③④⑤ 　　　　　　　　　　B.②③④⑤⑥

C.①②③④⑥ 　　　　　　　　　　D.①③④⑤⑥

17.塑料粘接件黏合前,用砂纸、砂布或喷砂清除及使表面粗糙,其目的是_____。

A.增大用胶量 　　　　　　　　　　B.提高黏结强度

C.增加摩擦力　　　　　　　　　　　D.去除氧化膜

18.常用的有机胶黏剂的缺点是_____,一般在_____时使用。

A.不耐蚀;非腐蚀介质中　　　　　　B.不耐高温;<50 ℃

C.不抗振;无振动环境　　　　　　　D.不耐磨;无相对运动

19.高温环境下的粘接常选用_____。

A.环氧树脂　　　　　　　　　　　　B.氧化铜无机胶黏剂

C.酚醛缩醛　　　　　　　　　　　　D.酚醛聚酰胺

20.下列_____可采用有机胶黏剂进行修复。

A.气缸套外表面穴蚀　　　　　　　　B.曲轴红套滑移

C.曲轴裂纹　　　　　　　　　　　　D.活塞顶部烧蚀

21.有机粘接技术具有黏结力强、_____和不受零件材料限制等优点。

A.抗冲击　　　　　　　　　　　　　B.抗老化

C.耐热　　　　　　　　　　　　　　D.温度低

22.无机胶黏剂主要分为_____盐类和硅酸盐类两种。

A.硫酸　　　　　　　　　　　　　　B.铬酸

C.磷酸　　　　　　　　　　　　　　D.镁酸

23.环氧树脂胶黏剂是目前应用最广泛的胶种之一,它具有_____等特点。

①黏合力强;②黏合力弱;③收缩率小;④收缩率大;⑤稳定性高;⑥可直接用来配制各种胶黏剂

A.①③⑤⑥　　　　　　　　　　　　B.②④⑤⑥

C.①④⑤⑥　　　　　　　　　　　　D.②③⑤⑥

24.热固性塑料不能用_____和_____粘接。

A.热熔法;溶剂法　　　　　　　　　B.胶黏剂;热熔法

C.胶黏剂;溶剂法　　　　　　　　　D.胶黏剂;溶剂法/热熔法

25.强固扣合法主要是利用_____的_____修理裂纹零件。

A.波浪键;塑性变形　　　　　　　　B.密封螺丝;紧密连接

C.圆柱销;塑性变形　　　　　　　　D.加强块;弹性变形

26.关于胶黏剂黏结的特点,下列说法错误的是_____。

A.密封性、耐蚀性和绝缘性好,容易引起金属的电化学腐蚀

B.胶接接头的应力分布很均匀

C.可以黏结各种不同种类的材料

D.胶接结构重量轻,外表美观

27.关于黏结的特点,下列说法错误的是_____。

A.成本低,工艺简单,效率高,可就地修复

B.黏结剂品种多,不受零件材料限制

C.无机黏结剂常用于黏结强度小的环境

D.有机黏结剂常用于黏结温度高的环境

28.关于胶黏剂黏结的特点,下列说法错误的是_____。

A.密封性、耐蚀性和绝缘性好,可防止金属的电化学腐蚀

B.胶接接头的应力分布很均匀

C.可以黏结各种不同种类的材料

D.胶接结构重量增加较多,影响外表美观

29.热固性塑料因受热不熔融、溶剂不溶解,不能用_____和_____粘接,只能用_____
粘接。

A.热熔法;溶剂法;胶黏剂　　　　　　B.胶黏剂;热熔法;溶剂法

C.热熔法;胶黏剂;溶剂法　　　　　　D.胶黏剂;溶剂法;热熔法

30.常用的塑料的粘接方法有3种,即_____。

①热熔粘接;②溶剂粘接;③胶黏剂粘接;④加热套接

A.②③④　　　　　　　　　　　　　B.①③④

C.①②④　　　　　　　　　　　　　D.①②③

31._____的表面处理通常在溶剂清洗脱脂后需进行化学处理,使表面活化,提高黏结强度。

A.热塑性塑料　　　　　　　　　　　B.热固性塑料

C.所有塑料　　　　　　　　　　　　D.环氧树脂

32._____的缺点是不耐酸、碱,耐水性较差,脆性较大,不抗冲击等。

A.液态密封胶　　　　　　　　　　　B.环氧树脂

C.有机胶黏剂　　　　　　　　　　　D.无机胶黏剂

33.金属粘接前,对被粘接物进行表面处理,主要有_____。

①脱脂涂油;②除锈、粗化;③加工合适的粘接接头;④表面活化

A.①②③④　　　　　　　　　　　　B.①②④

C.①③④　　　　　　　　　　　　　D.①②③

34.胶黏剂在固化时,应当掌握好_____等要素。

①温度;②时间;③压力

A.①②　　　　　　　　　　　　　　B.①③

C.①②③　　　　　　　　　　　　　D.②③

35.下列各垫料用途的说法中,错误的是_____。

A.压缩纸板用于油、水、空气管路连接处

B.铅板用于高温连接部位

C.紫铜片用于空气及油管路、气缸垫

D.橡胶板用于冷却水管路上

36._____是金属黏结胶黏剂最基本的性能。

A.黏结强度　　　　　　　　　　　　B.特种性能

C.耐久性　　　　　　　　　　　　　D.耐温性

37.在基本的粘接形式中,_____法承载能力低,但是能够基本上保证原来的形状。

A.斜接　　　　　　　　　　　　　　B.套接

C.搭接　　　　　　　　　　　　　　D.对接

38.在基本的粘接形式中,_____法承载能力高,同时能够基本上保证原来的形状。

A.套接　　　　　　　　　　　　　　　B.斜接

C.对接　　　　　　　　　　　　　　　D.搭接

39.高压静密封使用_____的金属垫片。

A.材料较软、垫片较窄　　　　　　　　B.材料较硬、接触宽度很窄

C.材料较软、垫片较宽　　　　　　　　D.材料较硬、接触宽度很宽

40._____广泛应用于各类泵、齿轮箱、空气压缩机等的法兰平面和结合面的密封,柴油机气缸套与气缸体、道门与机架的结合面的密封等。

A.环氧树脂　　　　　　　　　　　　　B.有机胶黏剂

C.氧化铜无机胶黏剂　　　　　　　　　D.液态密封胶

41.用膨胀系数大的胶黏剂黏结膨胀系数小的塑料时,可在胶黏剂中加入_____。

A.有机填料或木屑　　　　　　　　　　B.有机填料或金属粉末

C.无机填料或金属粉末　　　　　　　　D.无机填料或木屑

42.有机胶黏剂广泛应用的原因之一,是其具有_____的优点。

A.黏结力强,比焊接、铆接高

B.粘接温度低,不会使零件变形,固化时收缩率小

C.抗冲击和抗老化

D.可用于粘接修复各种损坏形式的零件

43.热塑性塑料可以采用的黏结方法有_____。

①热熔法;②溶剂法;③溶液法;④胶黏剂法

A.②③④　　　　　　　　　　　　　　B.①③④

C.①②④　　　　　　　　　　　　　　D.①②③

44.胶黏剂通常由几种材料配制而成。这些材料按其作用不同,一般分为主体材料和辅助材料。其中,主体材料的作用是_____。

A.在胶黏剂中起黏结作用

B.赋予胶层一定机械强度

C.起黏结作用并赋予胶层一定机械强度

D.改善辅助材料性能,便于施工

45.氧化铜无机胶黏剂用于修补高温下工作的零件,可代替_____工艺。

A.焊接、键连接　　　　　　　　　　　B.焊接、铆接

C.铆接、键连接　　　　　　　　　　　D.螺纹连接、键连接

46._____适用于受力不大、不需拆卸的紧固连接,用于修补高温下工作的零件,可代替焊接、铆接及过盈配合等连接方法。

A.液态密封胶　　　　　　　　　　　　B.有机胶黏剂

C.氧化铜无机胶黏剂　　　　　　　　　D.环氧树脂

47.下列关于粘接的说法中,错误的是_____。

A.离心泵叶轮与泵轴配合松动可用"厌氧胶"进行修理

B.氧化铜胶黏剂不允许在一块铁板上进行配制

C.无机胶黏剂适用于高温且冲击负荷小的场合

D.造船厂常用无机胶黏剂替代铸铁垫块以提高生产效率

48.有机粘接技术黏结力强、_____较高,但不如焊接和铆接。
  A.强度
  B.疲劳强度
  C.黏结强度
  D.温度

49.热固性塑料能用_____黏结。
  A.胶黏剂
  B.热熔法
  C.溶剂法
  D.胶黏剂、溶剂法、热熔法均可

50.与无机胶黏剂相比,有机黏结技术所用胶黏剂有_____等缺点,使该技术的应用受到影响。
  ①不抗拉;②不耐蚀;③不耐热;④不抗冲击;⑤不抗老化
  A.②③④
  B.①②④
  C.①②③⑤
  D.③④⑤

51.无机胶黏剂的粘接接头一般都采用_____。
  ①套接;②槽接;③平接;④搭接
  A.①②
  B.②③
  C.②④
  D.①③④

52.为了简化螺旋桨与艉轴的安装,对于沿海和内河的中、小型船舶的螺旋桨与艉轴,在二者配合面之间有意设计了一定的间隙,采用适当的方法充满_____,待黏结剂固化后螺旋桨与艉轴的配合面可达到安全接触,从而省去了键连接和大量的刮研工作。
  A.液态密封胶
  B.氧化铜无机胶黏剂
  C.有机胶黏剂
  D.环氧树脂

53.环氧树脂是船舶临时维修的常用材料,下列不属于常用的环氧树脂类型的是_____。
  A.自然干燥型
  B.常温固化型
  C.阴离子电脉型
  D.烘干型

54.在上紧重要螺栓的螺母之前,应将螺纹部分和各承压面彻底清洁干净并涂以适当的润滑剂(如二硫化钼),其主要目的是_____。
  A.防止螺母螺纹和承压面产生塑性变形
  B.防止螺母和螺栓的螺纹及螺母和承压面之间咬住
  C.容易上紧
  D.防止松动

第二节　管路装配

1.滤器堵塞的现象是_____。
  A.滤器后压力偏高
  B.滤器前压力偏低
  C.滤器前后压差减小
  D.滤器前后压差增大

2.管子在弯曲时,其管壁外侧因受_____而变薄,内侧因受_____而变厚。
  A.压缩;压缩
  B.压缩;拉伸
  C.拉伸;拉伸
  D.拉伸;压缩

3.管系法兰垫片的孔径不能_____管子内径,更不能_____。

A.小于;无孔 B.大于;无孔

C.等于;小于管子内径 D.小于;大于管子内径

4.替代金属材料来制作船舶低压管路的非金属材料有_____。

①ABS 塑料;②硬质聚氯乙烯塑料;③环氧树脂

A.①③ B.①②③

C.②③ D.①②

5.柴油机内、外部滑油管路的清洗一定要_____。

A.同时进行 B.截然分开

C.依次进行 D.相互配合

6.关于管路的布置原则,下列说法错误的是_____。

A.重要管路中的阀门都应装上开关标志

B.在安装或修理管路及附件时,需要做好管系内部的清洁工作

C.管路应加以固定,以避免因温度变化或船体变形而损坏。一般要求每隔 2~4 m 有一个支承架,防止管子移动或下垂。这些支架必须阻止管路受热引起的膨胀

D.根据管路所输送的工质及工作条件(温度、压力)而选用接头垫片

7.关于管路的布置原则,下列说法错误的是_____。

A.船舶管路应能保证动力装置工作的可靠性,在部分管路发生故障时,仍然能继续维持工作

B.管路应布置成直线,尽可能减少弯头,如需弯曲,曲率半径应尽可能小些

C.在满足需要的情况下,附件的数量应尽量减少,布置的位置应便于检修

D.管路应加以固定,以避免因温度变化或船体变形而损坏

8.关于管路的布置原则,下列说法错误的是_____。

A.船舶管路应能保证动力装置工作的可靠性,在部分管路发生故障时,仍然能继续维持工作

B.管路应布置成直线,尽可能减少弯头,如需弯曲,曲率半径应尽可能大些

C.在满足需要的情况下,附件的数量应尽量增多,布置的位置应便于检修

D.管路应加以固定,以避免因温度变化或船体变形而损坏

9.密封涂料常常与软垫料或硬垫料配合使用,其中石墨油膏多用于_____。

A.高温机械的连接处 B.滑油管路法兰的连接处

C.海水管路法兰的连接处 D.饮用水管路法兰的连接处

10.燃油系统的管系在修理柴油机后若需进行清洗,通常采用_____清洗。

A.燃油 B.柴油

C.热水 D.煤油

11.管路接头垫片应根据管路所输送的_____而选用。

A.工质及其压力 B.工作条件(温度、压力)与位置

C.工质及工作条件(温度、压力) D.位置、工质温度与压力

12.逐步退焊法是_____每段由后向前焊。

A.长焊道分成短焊道 B.分段分层

C.长焊层分成一段段的短焊层 D.使零件受热均匀

13.通过退火可以达到的目的包括_____。
　①降低硬度;②消除内应力;③提高塑性;④细化晶粒
　A.①②③　　　　　　　　　　　B.②③④
　C.①③④　　　　　　　　　　　D.①②③④

14.用粘接法维修管道的材料主要是_____等。
　A.环氧树脂　　　　　　　　　　B.铁水泥
　C.水泥　　　　　　　　　　　　D.环氧树脂、铁水泥

15.关于钢材退火处理的目的,下列_____说法错误。
　A.降低硬度,以利于切削加工
　B.降低塑性和韧性,以利用冷变形加工
　C.消除钢中的残余内应力,防止变形和开裂
　D.改善钢的性能或为以后热处理做好组织准备

16.下列关于退火与正火的说法中,_____是错误的。
　A.两者都能消除内应力
　B.退火的冷却速度快于正火
　C.正火将工件暴露在空气中自然冷却
　D.正火适用于提高低碳钢的硬度

17.钢材的去应力退火是将钢_____。
　A.加热到略低于临界点温度,保温一定时间后缓慢冷却的工艺方式
　B.加热到临界点温度以上,保温一定时间,以不大于50 ℃/h的速度随炉冷却的工艺方式
　C.加热到适当温度,保持一定时间后出炉空冷的热处理工艺方式
　D.加热到完全奥氏体化,随之缓慢冷却,以获得接近平衡状态组织的工艺方式

18.常用的螺纹紧固件包括_____。
　①螺栓;②双头螺柱;③螺钉;④螺母;⑤垫圈
　A.③④⑤　　　　　　　　　　　B.①②③④
　C.①②③④⑤　　　　　　　　　D.①②③

19.在各种螺栓紧固件中,弹簧垫圈靠_____防松,串联钢丝靠_____防松。
　A.机械;摩擦　　　　　　　　　B.摩擦;机械
　C.机械;机械　　　　　　　　　D.摩擦;摩擦

20.船舶管路系统在装配时应按照一定的安装层次和步骤进行,下列对管路装配说法正确的是_____。
　A.应先装配大直径的管路后装配小直径的管路
　B.应先从管路分布密度较小的区域开始装配
　C.应先装配外挡的管路后装配内挡的管路
　D.应先装配下层的管路后装配上层的管路

21.退火是把钢加热到一定温度、保温后_____冷却的操作。
　A.缓慢　　　　　　　　　　　　B.快速
　C.急速　　　　　　　　　　　　D.较快

第三节　测量仪器

1.测量法适用于检测_____。
   A.各种损坏件　　　　　　　　　　B.断裂件和腐蚀件
   C.磨损件和断裂件　　　　　　　　D.磨损件和腐蚀件

2.检查曲轴的弯曲变形应采用_____来测量。
   A.直尺　　　　　　　　　　　　　B.拐挡表
   C.桥规　　　　　　　　　　　　　D.外径千分尺

3.测量柴油机气缸套缸径的专用量具是_____。
   A.百分表　　　　　　　　　　　　B.千分尺
   C.定位样板和内径百分表　　　　　D.钢直尺

4.测量柴油机气缸套内孔磨损的专用量具是_____。
   A.专用内径千分尺(表)　　　　　　B.定位样板
   C.通用内径百分表　　　　　　　　D.量缸表

第四节　密封剂及填料

1.通过增减厚壁轴瓦结合面之间垫片厚度来保证轴承间隙,属于_____。
   A.机械加工修配法　　　　　　　　B.镶套法
   C.钳工修配法　　　　　　　　　　D.调节装配法

2.结构类和非结构类密封剂,是按照_____进行分类的。
   A.应用范围　　　　　　　　　　　B.强度
   C.化学成分　　　　　　　　　　　D.固化特征

3.下列关于密封垫片和密封填料的区别,说法正确的是_____。
   A.密封填料是实现静密封的主要手段之一
   B.密封填料使用在静密封装置中
   C.密封垫片使用在动密封装置中
   D.密封垫片是靠密封垫片来实现的

4.影响密封垫片和密封填料的因素包括_____等。
   ①密封面的表面状况;②密封面的接触宽度;③流体的性质;④流体的温度
   A.②③④　　　　　　　　　　　　B.①②③④
   C.①②③　　　　　　　　　　　　D.①③④

5.密封垫片和密封填料的区别主要是密封垫片用在_____装置中,密封填料使用在_____
   装置中。
   A.静密封;静密封　　　　　　　　B.动密封;静密封
   C.动密封;动密封　　　　　　　　D.静密封;动密封

6.在下列船舶机械设备的密封中,不属于接触式密封的是_____。

A.艉轴穿墙时的填料密封　　　　　　　B.艉轴密封装置使用的油封密封

C.离心泵的机械密封　　　　　　　　　D.增压器内使用的迷宫式密封

7.在下列船舶机械设备的密封中,属于接触式密封的是_____。

　A.迷宫密封　　　　　　　　　　　　　B.螺旋密封

　C.填料密封　　　　　　　　　　　　　D.离心密封

8.机械密封动环和静环的接触面_____旋转轴,动静环摩擦面越宽其密封性能_____。

　A.平行于;越差　　　　　　　　　　　B.垂直于;越差

　C.垂直于;越好　　　　　　　　　　　D.平行于;越好

9.流体压力越大,O形圈传递给接触面的压力越_____,密封作用越_____。

　A.小;小　　　　　　　　　　　　　　B.大;大

　C.大;小　　　　　　　　　　　　　　D.小;大

10.环氧树脂是船舶临时维修的常用材料,下列关于环氧树脂胶黏剂的说法正确的是_____。

　A.加填料以助硬化　　　　　　　　　　B.需在高温下硬化

　C.其本身不会硬化　　　　　　　　　　D.能用于黏结塑料

11._____是用来保证固定连接面之间密封性的材料。

　A.机械轴封　　　　　　　　　　　　　B.垫料

　C.填料　　　　　　　　　　　　　　　D.迷宫密封

12.有机粘接的黏结力强,黏结强度较高,但不如_____工艺。

　A.焊接、键连接　　　　　　　　　　　B.螺纹连接、键连接

　C.键连接、铆接　　　　　　　　　　　D.焊接、铆接

13.修理主机排气阀的阀座与气阀密封面时,应当选用_____。

　A.车床　　　　　　　　　　　　　　　B.气阀研磨机

　C.锉刀　　　　　　　　　　　　　　　D.刮刀

14.水润滑艉轴承的填料函式密封装置中_____容易损坏。

　A.填料　　　　　　　　　　　　　　　B.艉轴

　C.铜套　　　　　　　　　　　　　　　D.压盖

15.大型低速柴油机气缸垫采用_____。

　A.紫铜皮包石棉　　　　　　　　　　　B.纸板

　C.低碳钢　　　　　　　　　　　　　　D.高碳钢

16.船舶机械和设备的密封除采用传统静密封材料以外,还采用_____密封材料。

　A.紫铜　　　　　　　　　　　　　　　B.橡皮

　C.有机胶黏剂　　　　　　　　　　　　D.无机胶黏剂

17.橡皮或夹布橡胶作垫料可用于_____连接处。

　A.气缸盖与气缸　　　　　　　　　　　B.燃油管路

　C.冷却水管路　　　　　　　　　　　　D.空气管路

18.为增加垫片与连接面的接触紧密性,常采用_____与之配合使用。

　A.化学品　　　　　　　　　　　　　　B.环氧树脂

　C.密封胶　　　　　　　　　　　　　　D.上紧螺栓

19.以下关于垫料与填料的说法,正确的是_____。

A.检修物料由三管轮填写,轮机长审核

B.垫料是用来保证具有相对运动表面之间密封性的材料

C.填料是用来保证固定连接面之间密封性的材料

D.石棉填料具有紧密、润滑、摩擦小且耐高温,长期使用易失去弹性的特点

20.传统上采用的静密封固体材料有_____。

①紫铜;②塑料;③石棉;④橡皮;⑤铸铁

A.③④⑤ B.①②③④

C.②③④⑤ D.①②③

21._____填料多用于高温机械的填料函中。

A.石棉 B.棉质

C.橡皮 D.麻质

22.填料是用来保证_____之间的密封性要求的材料。

A.相对运动件连接面 B.运动件连接面

C.相对运动表面 D.固定件连接面

23.垫料是用来保证_____之间的密封性要求的材料。

A.固定件连接面 B.运动件连接面

C.相对运动件连接面 D.相对运动表面

24.小型柴油机气缸盖与气缸套之间用_____作密封垫料。

A.石棉纸板 B.紫铜皮夹石棉

C.铜板 D.橡胶

25.为增加固定件连接面与垫片接触的紧密性,可_____。

A.增加预紧力 B.选用软垫料

C.选用液体垫片 D.使用涂料

26.合成橡胶材料在船舶领域的应用最普遍的是_____。

A.制作船舶构件 B.制作密封圈

C.制作曲轴 D.制作连杆

27.Simplex艉轴密封装置采用的密封圈是_____。

A.金属环 B.活塞环

C.橡胶环 D.O形圈

28.填料函密封装置中_____易于损坏。

A.填料 B.艉轴

C.铜套 D.压盖

29.垫料的厚度取决于_____。

①连接面之间的间隙;②预紧力;③连接面的面积;④表面粗糙度;⑤垫料质量

A.①⑤ B.①③

C.①③④ D.①②④

30.往复泵软填料安装时切口应_____。

A.轴向呈一直线 　　　　　　　　B.错开
C.径向呈一直线 　　　　　　　　D.任意排列

31.用于锅炉蒸汽管连接法兰处的密封垫料是_____。
　A.石棉纸板 　　　　　　　　　B.紫铜板
　C.橡胶板 　　　　　　　　　　D.软木板

32.常用于锅炉和柴油机排气管连接法兰处的密封垫料是_____垫料。
　A.夹布橡胶 　　　　　　　　　B.石棉纸板
　C.硬纸板 　　　　　　　　　　D.紫铜

33.连接面_____时,应选用厚垫料。
　①间隙大;②面积大;③有脏污;④粗糙;⑤预紧力大
　A.①②⑤ 　　　　　　　　　　B.①③
　C.①③④ 　　　　　　　　　　D.①②④

34.船舶上通常用到的密封垫片和密封填料属于_____密封和_____密封。
　A.静;动 　　　　　　　　　　B.动;静
　C.动;动 　　　　　　　　　　D.静;静

35.密封剂的使用方法包括_____等。
　①预处理;②机械处理;③预装;④固化
　A.①③④ 　　　　　　　　　　B.①②③
　C.②③④ 　　　　　　　　　　D.①②③④

第五节　专用工具和测量仪器

1.根据专用工具的用途不同,其可分为_____等专用工具。
　①拆卸用;②安装用;③调节用;④拆装用;⑤上紧用
　A.①②③④⑤ 　　　　　　　　B.①②③⑤
　C.①②③④ 　　　　　　　　　D.①②

2.采用油漆、点冲、号码冲等在_____做记号。
　A.零件上 　　　　　　　　　　B.零件配合面上
　C.零件连接处 　　　　　　　　D.零件加工面上

3.上紧螺栓时,不可_____,以免损伤螺栓。
　A.加长扳手 　　　　　　　　　B.任意加长扳手
　C.用力过大 　　　　　　　　　D.用力不均

4.拆卸主机喷油器时,如果出现针阀偶件卡死现象,应使用_____来拆卸。
　A.拉器(拉马) 　　　　　　　　B.起吊工具
　C.轻柴油浸泡 　　　　　　　　D.撬杠

5.使用液压专用工具时,为了人身安全,操作人员必须使用_____。
　A.防护眼镜 　　　　　　　　　B.防护手套
　C.安全帽 　　　　　　　　　　D.防护眼镜和手套

6.液压拉伸器是利用油压使螺栓_____后轻易地上紧或松脱螺栓。

    A.受拉   B.产生变形

    C.产生弹性变形   D.产生塑性变形

7.某些新型大型低速柴油机的气缸盖上,设有用来拆卸缸盖螺帽的液压装置(液压环)和配备了专用环形六角扳手,该扳手的作用是_____。

    A.通入液压油时,用来松紧缸盖螺帽

    B.液压装置失效时,用来松开缸盖螺帽

    C.液压装置失效时,用来上紧缸盖螺帽

    D.通入液压油时,用来松紧缸盖螺帽和液压装置失效时,用来上紧缸盖螺帽

8.液压拉伸器活塞顶部设有泄放旋塞,其主要的作用是_____。

    A.在使用时,用来观察有无漏油现象

    B.用来判断密封环有无失效

    C.加压前用来泄放油中的空气

    D.压力过高时放油减压

9.液压拉伸器的液压系统中除应使用纯净的液压油外,还可使用_____作为液压油。

    A.润滑油   B.轻柴油

    C.透平油   D.高级润滑油

10.盘出主轴承下瓦时,由于厚壁瓦瓦口两端磨损不均,盘车方向应向_____转动。

    A.正车方向   B.倒车方向

    C.厚的一端   D.薄的一端

11.活塞环拆装工具是_____将活塞环顺利和无损伤地安装和拆下。

    A.用撑大开口   B.利用弹力

    C.通过塑性变形   D.通过一定的弹性变形

12.专用工具中锥形导套用于_____的安装。

    A.活塞   B.活塞组件

    C.活塞环   D.气缸套

13.活塞组件安装时,为了防止_____,在活塞杆上安装两半式的锥形体。

    A.活塞组件偏斜   B.碰伤缸套

    C.损伤填料函   D.装置不正

14.当曲轴曲柄臂张开,臂距值增大时,表的指针向_____转动;当曲轴曲柄臂收拢,臂距值减小时,表的指针向_____转动。

    A.正;负   B.正;正

    C.负;负   D.负;正

15.拆装和检修重要设备时,应尽可能地使用_____工具。

    A.所需的通用   B.各种气动

    C.随机专用   D.各种液压

16.防止重要螺栓松动的零件有_____。

    ①开口销;②弹簧垫圈;③螺栓;④金属丝;⑤锁紧片

A.①②③④　　　　　　　　B.①③④

C.①④⑤　　　　　　　　D.①②④⑤

17.在船上,曲轴轴颈存在表面擦伤或腐蚀,不应采用_____钳工修理。

A.锉刀　　　　　　　　B.油石

C.砂布/纸　　　　　　D.磨光夹具

参考答案

第一节　黏合塑料及黏合剂

1.A	2.D	3.A	4.B	5.C	6.B	7.B	8.D	9.B	10.C
11.C	12.C	13.D	14.B	15.A	16.C	17.B	18.B	19.B	20.A
21.D	22.C	23.A	24.A	25.A	26.A	27.D	28.D	29.A	30.D
31.C	32.D	33.D	34.C	35.B	36.A	37.D	38.A	39.B	40.A
41.C	42.B	43.C	44.C	45.B	46.C	47.D	48.C	49.A	50.D
51.A	52.D	53.C	54.B						

第二节　管路装配

1.D	2.D	3.A	4.D	5.B	6.C	7.B	8.C	9.A	10.B
11.C	12.A	13.D	14.D	15.B	16.B	17.A	18.C	19.C	20.D
21.A									

第三节　测量仪器

1.D	2.B	3.C	4.D

第四节　密封剂及填料

1.D	2.B	3.D	4.B	5.D	6.D	7.C	8.B	9.B	10.D
11.B	12.D	13.B	14.A	15.C	16.B	17.C	18.C	19.D	20.B
21.A	22.C	23.A	24.B	25.D	26.B	27.C	28.A	29.C	30.B
31.A	32.B	33.D	34.A	35.D					

第五节　专用工具和测量仪器

1.A　　2.C　　3.B　　4.C　　5.D　　6.C　　7.B　　8.C　　9.C　　10.C

11.B　　12.B　　13.C　　14.A　　15.C　　16.D　　17.A

第八章
防污染设备的管理

第一节　生活污水处理系统

1.船用生活污水生化处理装置运行管理最重要的是_____。

  A.投药要定时定量　　　　　　　　B.适量冲水

  C.不能停风　　　　　　　　　　　D.活性污泥返流要多

2.生活污水生化处理装置中使用的杀菌剂是_____。

  A.氧化钙　　　　　　　　　　　　B.氯水

  C.臭氧　　　　　　　　　　　　　D.次氯化钙

3.船用生活污水生化处理的基本原理是将污水中的有机物质_____。

  A.杀死　　　　　　　　　　　　　B.耗氧能力除掉

  C.全部变为无机物　　　　　　　　D.用氯片反应掉

4.船用生活污水处理装置的生化处理流程是_____。

  A.粉碎→杀菌消毒→曝气分解→沉淀→集水室

  B.粉碎→曝气分解→沉淀→杀菌处理→集水室

  C.粉碎→沉淀→曝气分解→杀菌消毒→集水室

  D.粉碎→曝气分解→杀菌消毒→沉淀→集水室

5.船用生活污水处理装置操作管理中,下列说法不正确的是_____。

  A.装置运行时,应控制进入的水量不应超过装置的处理量

  B.使用化学剂清理厕所,以防堵塞管道,降低生活污水装置的处理能力

  C.要及时补充消毒剂,通常 3 个月补充一次

  D.运行应连续进行,不能停止供风,否则,活性污泥中好氧菌群会缺氧而死亡

6.对于用活性污泥的生化处理装置的管理,应_____。

  A.不得供风

  B.间歇使用

  C.及时加补消毒剂

  D.检查活性污泥浓度,以颜色为乳白色为最佳

7.船舶生活污水物理化学处理装置的主要组成为_____。

A.固液分离器、消毒供药装置、絮凝沉淀箱、清水排出和污泥返送装置、污泥箱等

B.沉淀柜、消毒柜、排液装置等

C.渗透膜、高压泵、反冲液、排液阀等

D.沉淀柜、污泥柜、焚烧炉等

8.以下有关船舶生活污水生化处理装置的运行管理的说法中,错误的是_____。

A.污水以巧克力色为佳　　　　　　　B.污水表面不得有浮渣

C.间歇通风以防风机过热　　　　　　D.及时补充消毒剂

9.WCB 型生活污水处理装置是利用_____原理处理生活污水的。

①物理法;②储存法;③物理化学法;④活性污泥法;⑤生物膜法

A.③　　　　　　　　　　　　　　　B.④

C.④⑤　　　　　　　　　　　　　　D.①②③

10.WCB 型生活污水处理装置由_____组成。

①曝气柜;②接触氧化柜;③沉淀柜;④消毒柜

A.①③④　　　　　　　　　　　　　B.①②③

C.①②④　　　　　　　　　　　　　D.①②③④

11.以下有关对污染物影响生化处理装置处理效果的说法中,错误的是_____。

A.塑料制品、纺织物如进入装置内,会使管路堵塞

B.带过滤嘴的烟头如进入装置内,会使管路堵塞

C.不易溶解的纸片如进入装置内,会使管路堵塞

D.用于清洗厕所、小便池等的化学药品可以进入处理装置内

12.下列关于生化处理装置中活性污泥浓度的说法,正确的是_____。

A.生化处理装置、曝气室中污水颜色为巧克力色,说明浓度过高

B.生化处理装置、曝气室中污水颜色为巧克力色,说明浓度过低

C.生化处理装置浮渣盘处,出现大量浮渣,说明活性污泥浓度高

D.生化处理装置浮渣盘处,出现大量浮渣,说明活性污泥浓度低

13.生活污水生化处理装置在运行中若风机停供气体,则可能造成_____。

①曝气器裂开;②好氧菌异变;③曝气器堵死;④柜内发臭;⑤活性污泥返流量增加;⑥排水量增加

A.①②③　　　　　　　　　　　　　B.②③④

C.①④⑤　　　　　　　　　　　　　D.①③⑥

14.生活污水系指_____。

①任何形式的马桶排出物;②医务室的洗手池、洗澡盆排水孔的排出物;③装有活的动物处所的排出物;④混有上述排出物的其他废水

A.①③④　　　　　　　　　　　　　B.①②③④

C.①②③　　　　　　　　　　　　　D.②③④

15.生化处理装置须保持连续工作,特别注意_____。

A.不得停风　　　　　　　　　　　　B.及时补充消毒剂

C.污水表面不得有浮渣　　　　　　　D.粉碎良好

16.对已受腐蚀的生活污水处理柜内壁的修理方法为_____。

A.涂铁水泥 　　　　　　　　　　　B.补生铁焊

C.涂防锈漆 　　　　　　　　　　　D.涂环氧树脂

17.WCB 型生活污水处理装置污泥排放周期视污水性质和负荷而定,一般_____个月左右排放一次多余污泥。

A.1 　　　　　　　　　　　　　　　B.2

C.3 　　　　　　　　　　　　　　　D.6

18.对生活污水的处理,再生污染较少的方法是_____。

A.生化处理 　　　　　　　　　　　B.物理处理

C.贮存法 　　　　　　　　　　　　D.化学处理

19.生化处理装置处理生活污水时,_____等污染物可以被处理。

①塑料制品;②粪便水;③纺织品;④蔬菜叶;⑤不易溶解的制品

A.②④⑤ 　　　　　　　　　　　　B.②④

C.②③④ 　　　　　　　　　　　　D.①②③④

20.根据《经修订的实施生活污水处理装置排出物标准和性能试验导则》,2010 年 1 月 1 日或以后安装上船的生活污水处理装置,排放生活污水中的_____不多于 100 个/100 mL。

A.生化耗氧量 　　　　　　　　　　B.悬浮固体量

C.大肠菌群 　　　　　　　　　　　D.厌氧菌

21.采用_____处理污水的装置体积小,使用灵活,对污水量的变化适应性较强,工作过程可全面实现自动化。

A.活性污泥法 　　　　　　　　　　B.物理化学法

C.生活污水储存柜 　　　　　　　　D.生物膜法

22.关于船舶生活污水生化处理装置的运行管理,下列说法正确的是_____。

①污水以巧克力色为佳;②污水表面不得有浮渣;③间歇通风以防风机过热;④及时补充消毒剂

A.①②③④ 　　　　　　　　　　　B.①③

C.①②④ 　　　　　　　　　　　　D.②③④

23.下列_____不属于 WCB 型生活污水生化处理装置组成内容。

A.接触柜 　　　　　　　　　　　　B.固液分离柜

C.沉淀-消毒柜 　　　　　　　　　D.曝气柜

24.用生化处理装置处理生活污水时,_____等污染物会影响处理效果。

①塑料制品;②粪便水;③纺织品;④蔬菜叶;⑤不易溶解的制品;⑥带过滤嘴的烟头

A.②③④⑤⑥ 　　　　　　　　　　B.②③⑤⑥

C.①③⑤⑥ 　　　　　　　　　　　D.①②⑤⑥

第二节　焚烧炉

1. 关于焚烧炉的维护管理工作,下列说法错误的是_____。
   A. 经常清洗废油柜、废油滤器、辅助燃烧器的点火塞
   B. 及时清除燃烧器耐火砖上、辅助燃烧器内的炭灰
   C. 投入的废料要一次投完,不可过少
   D. 焚烧炉燃烧时,火焰高度应适中

2. 焚烧含油污泥性能较好的船用焚烧炉是_____。
   A. 压力喷雾式
   B. 旋转喷嘴式
   C. 空气喷雾式
   D. 回油式

3. 焚烧炉主要部件的形式为_____,运行时受油渣和水分的影响较小,故较为适用。
   A. 旋转喷嘴式
   B. 压力喷雾式
   C. 重力滴下式
   D. 直接喷射式

4. 旋转喷嘴式焚烧炉的辅助燃烧器在_____应使其投入工作。
   A. 启动点火时
   B. 停用前
   C. 处理量太大时
   D. 启动点火时或停用前

5. 焚烧炉焚烧液体时,通过_____燃烧器输入液体,燃烧效果最好。
   A. 空气喷雾式
   B. 压力雾化式
   C. 旋转喷嘴式
   D. 重力滴下式

6. 焚烧炉都装有排烟风机以保证炉膛呈_____,并冷却排烟,防止烟气外漏和发生火灾。
   A. 正压
   B. 负压
   C. 正压或零压力
   D. 零压力

7. 关于焚烧炉的使用、操作,下列说法错误的是_____。
   A. 油污泥在送入焚烧炉焚烧之前,应进行粉碎、搅拌
   B. 排烟风机的作用是使炉膛呈负压,同时又冷却排烟
   C. 在焚烧油泥之前,要先点燃辅助燃烧器
   D. 需要焚烧的固体垃圾必须在焚烧炉工作之前打开燃烧器投放

8. 下列关于焚烧炉的操作,错误的是_____。
   A. 点火前应先预扫风 30 s 以上
   B. 污油柜加温至 80~100 ℃
   C. 用轻柴油先点燃焚烧炉,待炉膛温度达 600 ℃ 左右再引入污油
   D. 炉灰可在距最近陆地 3 n mile 以外倾倒入海

9. 如焚烧炉为连续进料型,在燃烧室烟气出口温度低于_____℃ 的最小许可温度时,不应将废弃物送入该焚烧炉。
   A. 850
   B. 600
   C. 1 000
   D. 1 200

10. 下图是 ATLAS200 SLWSP 型焚烧炉原理图,图中辅燃烧室是_____,其主要作用

是_____。

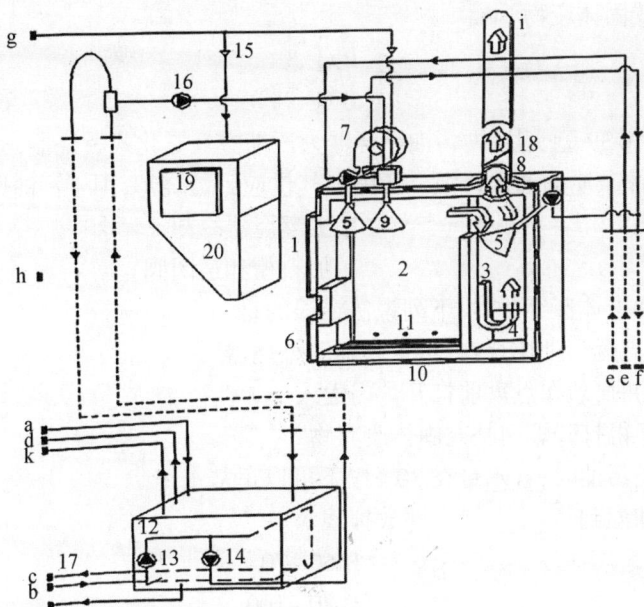

A.图中的 2 和 3;焚烧废油和固体垃圾

B.图中的 3;焚烧废油和固体垃圾

C.图中的 2;焚烧未充分燃烧的废气

D.图中的 3 和 4;焚烧未充分燃烧的废气

11.一般焚烧炉辅助燃烧器投入使用的时机是_____。

①焚烧炉冷炉启动时;②污油处理量少时;③污油处理量多时;④污油中含水、杂质较多时;

⑤炉温过低时;⑥焚烧少量固体废物时

A.①②③⑤　　　　　　　　　　B.①②③④

C.①④⑤⑥　　　　　　　　　　D.①②③⑥

12._____不需要使用 ATLAS200 SLWSP 型焚烧炉辅助燃烧器。

A.焚烧炉冷炉启动时　　　　　　B.污油处理量大时

C.炉温低时　　　　　　　　　　D.污油中含水多时

13.污油和生活污水处理装置产生的污泥焚烧前需处理,而该处理系统不包括_____。

A.污油混合柜　　　　　　　　　B.粉碎泵

C.循环泵　　　　　　　　　　　D.过滤器

14.焚烧炉的废油柜内一般设有_____。

A.净化器　　　　　　　　　　　B.冷却器

C.滤器　　　　　　　　　　　　D.搅拌器和加热器

15.船上焚烧炉可用来处理_____。

①油渣、废油;②机舱产生的废棉纱;③生活污水处理装置产生的污泥;④废旧电池

A.①②③　　　　　　　　　　　B.①③④

C.②③④　　　　　　　　　　　D.①②③④

16.焚烧炉主要是用来处理船上的_____。

①油渣；②污油；③固体废物

A.①② B.①③

C.②③ D.①②③

17.对于ATLAS200 SLWSP型焚烧炉:污油燃烧器为压缩空气雾化式燃烧器,适用于燃烧含有直径不大于0.8 mm固体杂质的油水污泥。压缩空气供应到焚烧炉,用于污油燃烧器、_____。

A.辅助燃烧器燃烧 B.主燃烧器冷却

C.燃烧室除灰 D.加料槽和速闭阀

18.焚烧炉燃烧固体和液体废弃物时,下列说法错误的是_____。

A.燃烧污油时,先点燃污油燃烧器,再点燃辅助燃烧器

B.燃烧固体废弃物时,须在点火前打开炉门送入

C.在燃烧过程中不得打开炉门补充固体废弃物

D.污油燃烧器燃烧污油时,含水量在30%以下可以正常工作

19.焚烧炉污油柜应加温到_____℃,并放掉残水。

A.50~60 B.60~70

C.60~80 D.80~100

20.对于ATLAS200 SLWSP型焚烧炉:装置在运行时,位于主、辅燃烧室的辅助燃烧器的运行模式是_____。

A.位于主燃烧室的辅助燃烧器停止;辅助燃烧室的辅助燃烧器运行

B.位于主燃烧室的辅助燃烧器运行;辅助燃烧室的辅助燃烧器运行

C.位于主燃烧室的辅助燃烧器停止;辅助燃烧室的辅助燃烧器停止

D.位于主燃烧室的辅助燃烧器运行;辅助燃烧室的辅助燃烧器停止

21.对于ATLAS200 SLWSP型焚烧炉,主鼓风机提供的空气_____。

①用于冷却炉壁；②有助燃烧；③有助排烟

A.②③ B.①②③

C.② D.①③

第三节 压载水处理装置

1.以下关于《国际船舶压载水和沉积物控制与管理公约》的说法中,错误的是_____。

A.其基本构成包括公约正文和规则

B.规则与本公约构成一个整体,提及本公约同时意味着提及其规则

C.公约规则由五部分组成

D.公约规则分成A、B两部分

2.以下关于《国际船舶压载水和沉积物控制与管理公约》的说法中,错误的是_____。

A.当事国应确保悬挂其国旗的船舶根据附则的规定进行检验和认证

B.船舶在另一当事国的任何港口时,应接受该当事国正式授权官员的检查

C.任何违反公约要求的行为,都应予以禁止并根据主管机关的法律予以制裁

D.在当事国管辖下的任何违反本公约的行为均应予以禁止并根据船旗国的法律予以制裁

3.船舶压载水公约规定,船舶更换压载水时,其压载水容积更换率应至少为_____。

A.80%　　　　　　　　　　　　B.85%

C.90%　　　　　　　　　　　　D.95%

4.以下关于压载水记录簿的说法中,错误的是_____。

A.每操作完一项作业,轮机长应签名

B.每页使用完后,船长应签名

C.压载水记录簿使用完后在船上保留2年

D.压载水内部调驳时,需要负责作业的高级船员记入压载水记录簿

5.应及时将压载水管理的相关作业详细记入压载水记录簿,每项记录应由_____签字。

①负责作业的高级船员;②相关作业的负责人员;③船长;④值班驾驶员

A.①③　　　　　　　　　　　　B.④

C.②　　　　　　　　　　　　　D.①

6.当船舶进行压载作业时,压载水记录簿的记录事项包括_____。

①摄入日期、时间和摄入港口或设备的位置(港口或经纬度);②如在港口外,水深;③估计的摄入量(立方米);④负责该作业的高级船员的签字

A.②③④　　　　　　　　　　　B.①②③④

C.①②③　　　　　　　　　　　D.①③④

7.压载水舱对调整船舶_____有很大影响。

①浮态;②吃水;③稳性

A.①②③　　　　　　　　　　　B.①③

C.①②　　　　　　　　　　　　D.②③

8.下列_____不属于压载水处理技术。

A.压载水置换　　　　　　　　　B.紫外线处理

C.超声波处理　　　　　　　　　D.离心分离

9.船舶压载水泵通常是_____。

A.大排量低压头离心泵　　　　　B.大排量低压头齿轮泵

C.小排量高压头离心泵　　　　　D.小排量高压头柱塞泵

10.船舶压载水系统管道中的压载水应具有_____的工作特点。

A."可进可出"单向流动　　　　　B."可进可出"双向流动

C."只进不出"单向流动　　　　　D."只出不进"单向流动

11.采用注入顶出法更换压载水时,应尽量不在_____进行。

A.船舶全速航行时　　　　　　　B.冰冻寒冷天气条件下

C.赤道无风带区域　　　　　　　D.白天温度高时

12.进行压载水交换的船舶的压载水体积交换效率应至少为_____。

A.99%　　　　　　　　　　　　B.75%

C.95%　　　　　　　　　　　　D.85%

13.压载水系统的管路上不可设置任何形式的_____。

A.止回阀   B.截止阀

C.蝶阀   D.球阀

14.压载水系统主要由_____及有关阀件组成。

①压载水泵;②压载水管路;③压载舱;④压载水处理系统

A.①②③④   B.①②③

C.①③④   D.①②④

15.采用注入顶出法更换压载水时,至少应向压载舱内泵入_____倍于舱容量的海水。

A.2   B.3

C.4   D.5

16.在压载水管系中,一般不装设_____。

A.闸门阀   B.旁通阀

C.截止阀   D.止回阀

17.压载水系统的布置形式主要有_____等。

①支管式;②总管式;③管隧式;④交叉式

A.①②④   B.②③④

C.①③④   D.①②③

18.以下说法中错误的是_____。

A.锚链冲洗水一般取自压载水系统

B.通风管不得通过舱壁甲板以下的水密舱室

C.压载水管不可以通过饮水舱

D.压载水管道应设置在双层底舱中央的管弄内,不可穿过货舱,以防管道泄漏发生货损,也不得穿过饮水舱、炉水舱和滑油舱

第四节　油水分离器

1.含油污水的排放要满足含油污水的_____不超过15ppm。

A.浓度   B.温度

C.溶解度   D.密度

2.油水分离物理分离法中以_____为主。

①重力分离;②聚结分离;③过滤分离;④吸附分离

A.①②③   B.①③④

C.①②③④   D.②③④

3.将分离器内污水加热至_____,使油与水的比重差加大,增大浮力,水的黏度也降低,从而减小油滴上浮的阻力,增大油滴上浮速度。

A.20~40 ℃   B.60~80 ℃

C.80~100 ℃   D.40~60 ℃

4.真空型船用油水分离器一般使用_____。

A.喷射泵   B.齿轮泵

C.单螺杆泵　　　　　　　　　　　　　D.离心泵

5.重力分离法结构形式有_____。
　①多层斜板式;②多层隔板式;③细管式;④多层波纹板式
　A.①②③④　　　　　　　　　　　　B.①③
　C.②　　　　　　　　　　　　　　　D.①②③

6.油水分离器配套泵排量降低的原因可能是_____。
　A.聚结器或细滤器严重堵塞
　B.排油控制系统失效,分离出的油污未及时排出,连同排出水一起流出分离器
　C.可能是检测器与分离器壳体短路
　D.泵进、出水阀未全开

7.油水分离器排出水的含油量超过标准的原因可能是_____。
　A.安全阀起跳
　B.排出水管系上背压阀关闭
　C.聚结器或细滤器严重堵塞
　D.排油控制系统失效,分离出的油污未及时排出,连同排出水一起流出分离器

8.目前船舶 15ppm 级油水分离器一般是_____。
　A.单级分离采用重力分离法
　B.二或三级分离,先吸附分离,后重力分离
　C.二或三级分离,先过滤分离,后离心、吸附分离
　D.二或三级分离,先重力分离,后过滤、吸附分离

9.与其他油水分离器相比,_____不是 ZYF 型油水分离器的优点。
　A.水泵后置,真空抽吸,无杂质泥沙,工作可靠
　B.避免了油污水的乳化
　C.装置中的聚合元件能自动反向冲洗,可长期使用
　D.经过该装置排出的水中的含油率低

10.目前船上用得最多的污油水处理的方法是_____。
　A.生物方法　　　　　　　　　　　　B.化学方法
　C.物理方法　　　　　　　　　　　　D.直接入海

11.舱底水系统的功用有_____。
　①将舱底水处理,净化后排出舷外;②排出船体破损时的进水;③消防灭火
　A.①　　　　　　　　　　　　　　　B.②
　C.①②　　　　　　　　　　　　　　D.①②③

12.以下属于真空式油水分离器的特点的是_____。
　①分离筒内的真空度同时具有"气浮分离"的效应,使油水分离效果好;②污水进入分离器时不会被泵搅拌乳化;③具有压力海水反向定期冲洗功能,使分离器保持清洁、高效
　A.①③　　　　　　　　　　　　　　B.②③
　C.①②③　　　　　　　　　　　　　D.①②

13.150 总吨及以上的油船应装有一个经主管机关批准的排油监控系统,此系统应保证在油量瞬

间排放率超过_____ L/n mile 时,即自动停止排放任何油性混合物。

A.15　　　　　　　　　　B.25

C.30　　　　　　　　　　D.50

14.油水分离器油位检测器正常,但仍不能正常排油的原因可能是_____。

A.聚结元件失效;或聚结元件与支座联结不严密,污水短路,不经过聚结元件

B.配套螺杆泵严重磨损,容积效率下降

C.集油室污油乳化严重

D.泵前吸入系统中粗滤器堵塞

15.油水分离器压力表压差明显升高的原因可能是_____。

A.滤器堵塞

B.吸入水底阀堵塞

C.泵进、出水阀未全开

D.配套螺杆泵严重磨损,容积效率下降

16.目前实际使用的船用油水分离器绝大多数采用重力分离法,再通过_____等方法成为组合式结构。

①聚合;②过滤;③吸附

A.①或②或③　　　　　　B.②或③

C.①或③　　　　　　　　D.①或②

17.油水分离器的定期冲洗,一般间隔为_____。

A.1 周　　　　　　　　　B.半年

C.1 个季度　　　　　　　D.1 个月

18.通常船舶油水分离器自动排油装置是根据分离器_____自动排油的。

A.油层的温度　　　　　　B.内部的清水水位高度

C.污水进入量　　　　　　D.上部的油层厚度

19.检验油污水分离装置超负荷的方法是_____。

①低位旋塞能放出油;②排水中带油;③高位旋塞能放出油

A.①或②　　　　　　　　B.①或③

C.②或③　　　　　　　　D.①或②或③

20.关于聚结分离的特点,下列说法错误的是_____。

A.便于分散处理且运行费用低

B.占地面积小,一次投资低

C.一般能将油污水中 5~10 μm 油粒全部除去,甚至更小的油粒也能除去,效果好,设备紧凑

D.会产生废渣与二次污染

21.油水分离器排油管向污油舱(柜)排水的原因可能是_____。

A.配套螺杆泵严重磨损,容积效率下降

B.油位检测器黏附油污

C.排油气动隔膜出现故障,或气源压力不足,致使排出水管系上背压阀关闭

D.泵前吸入系统中粗滤器堵塞

22.油水分离的方法较多,主要有_____。

①物理分离法;②化学分离法;③生物分离法;④电气分离法

A.①②③　　　　　　　　　　　　B.①③④

C.①②④　　　　　　　　　　　　D.②③④

23.以下有关油水分离器技术要求的说法中,不正确的是_____。

A.结构简单,体积小,重量轻,易于清洁

B.能自动排油

C.经分离的污水应能满足公约规定的排放标准

D.在45°倾斜时能正常工作

24.检验油水分离器是否超负荷运行的实用方法是_____。

①检查高位检验旋塞;②检查低位检验旋塞;③观察出水口水样

A.①或②　　　　　　　　　　　　B.①或③

C.②或③　　　　　　　　　　　　D.①或②或③

25.油水分离器使用前,应做的准备工作有_____。

①注满清水并驱除内部空气;②打开舷外排出阀并检查装置上各阀是否处于正确位置;③接通自动排油装置及监控设备并检查应急操纵手轮的位置

A.①②　　　　　　　　　　　　　B.②③

C.①③　　　　　　　　　　　　　D.①②③

26.目前在船用油水分离器中采用最多的分离方法是_____,其中效果最好的是_____。

A.物理分离法;聚结分离　　　　　B.物理分离法;吸附分离

C.化学分离法;絮凝分离　　　　　D.化学分离法;聚集分离

27.船用油水分离器中采用最多的方法是_____。

A.物理分离法　　　　　　　　　　B.气浮分离法

C.生物分离法　　　　　　　　　　D.化学分离法

28.重力式油水分离器的工作原理是利用_____。

A.油的聚积性　　　　　　　　　　B.油水的不相容性

C.油水的比重差　　　　　　　　　D.水的分散性

29.关于真空式油水分离器的特点,下列说法不正确的是_____。

A.水泵后置,真空抽吸含油污水,进出水泵的液体为处理后的清水,无杂质和泥沙,泵的磨损小,工作可靠

B.加剧了油污水的乳化,筒内的真空度同时具有"气浮分离"的效应,降低了油水分离效果

C.可采用电动柱塞泵和螺杆泵,密封性好、自吸能力强、磨损小、工作可靠

D.分离装置中的聚合元件能自动反向冲洗,不会堵塞,长期使用不需要更换

30.关于真空式油水分离器的特点,下列说法错误的是_____。

A.水泵后置,真空抽吸含油污水,进出水泵的液体为处理后的清水,无杂质和泥沙,泵的磨损小,工作可靠

B.避免了油污水的乳化,筒内的真空度同时具有"气浮分离"的效应,提高了油水分离效果

C.可采用电动柱塞泵和螺杆泵,密封性好、自吸能力强、磨损小、工作可靠

D.分离装置中的聚合元件经常堵塞,每次使用均需要人工清洁或更换

31.船舶油水分离器运行中误报警的最大可能是_____。

A.分油太快

B.检测装置反冲不良

C.排油电磁阀失灵

D.加热温度太低

32.船舶油水分离器使用管理要点是_____。

①预热温度;②启动时的进水速度;③工作时的油层厚度;④定期清洗

A.①②④

B.②③

C.①③

D.①②③④

33.对船用油水分离器的要求,下列说法错误的是_____。

A.经分离的污水应能满足国际防污公约规定的排放标准

B.能自动排油

C.在船舶横倾15°时仍能正常工作

D.构造简单、体积小、重量轻、易于拆洗和检修

34.从油水分离器的结构原理看,_____的分离精度最高。

A.重力分离式

B.过滤式

C.重力-过滤式

D.重力-吸附式

35.船舶油水分离器短期停用的较好保养方式为_____。

A.满水湿保养

B.半干湿保养

C.放空即可

D.干燥保养

36.油水分离器自动排油装置的功能是油水分离器分离出的污油聚集在分离器顶部达到一定数量时,便自动打开排油阀将污油排往_____。

A.溢流柜

B.沉淀柜

C.焚烧炉油柜

D.污油柜或油渣柜

37.下列_____可以用作油水分离器的供水泵。

A.离心泵

B.向心泵

C.喷射泵

D.单螺杆泵

38.油水分离器_____的功能是对排放水的含油浓度、排放总量及瞬时排放率进行测定、记录和控制,在排放水中含油浓度超过规定的标准时发出声光报警。

A.自动排油装置

B.滤油设备

C.油分计

D.自动停止排放装置

39.关于油水分离器单螺杆泵的操作,以下_____说法正确。

A.有自吸能力,启动前不需引水

B.启动前应关闭排出阀

C.没有固定的转向,可以正反转

D.启动前应当引水

40.为保证油水分离装置在停止运行时不会因虹吸作用而使分离器内水位下降或全部排空,如果分离器安装在空载水线以上,排水口最高点必须高于分离器顶部 1 m 以上,而且要在排水管最高点处安装_____。

A.透气管和透气阀

B.透气管

C.安全阀

D.透气阀

41.油水分离器除油效果不佳,在操作方法上应通过_____进行改进。

A.减慢速度   B.改用间歇工作和适当加温

C.加温到 70 ℃,加快分离   D.改变水流的脉动现象

42.当油水分离器除油效果不佳时,管理上的错误做法是_____。

A.改为间断工作,使舱底水在分离器中有足够的停留时间

B.采用将舱底水分层抽吸的方法

C.改用离心泵以减轻油的乳化程度

D.清洗或更换滤器或减少分离量

43.油水分离器排油时间短暂,工作频繁的原因可能是_____。

A.低油位检测器全部被污油黏附包住

B.泵前吸入系统中粗滤器堵塞

C.配套螺杆泵严重磨损,容积效率下降

D.吸入水底阀堵塞

44.关于油的颗粒物的大小对含油污水的分离的影响,下列说法正确的是_____。

A.油的颗粒物越小,越容易分离

B.油的颗粒物的大小对分离没有影响

C.油的颗粒物的大小在一定尺寸内则容易分离

D.油的颗粒物越大,越容易分离

45.关于油水分离器使用中应做的工作,以下说法错误的是_____。

A.应注意各运行参数是否正常

B.应及时更换和清洁分离元件

C.注意用验油旋塞检查分离器内油位,防止超负荷

D.注意检查分离效果,若效果差,则换用大流量水泵冲洗

46.影响油水分离器分离效果的因素有_____。

①分离器的内部清洁状况;②污水中的油类品种;③污水泵的类型;④污水的流量;⑤工作压力;⑥污水的温度

A.①②③④⑤⑥   B.③④⑤⑥

C.①②⑤⑥   D.①②③④

47.油水分离器应有计划地全面拆检,彻底清洗,以保持其原有的工作性能,周期一般为_____。

A.半年   B.1 年

C.3 个月   D.18 个月

48.船用油水分离器中"粗粒化"元件对水中油滴的聚合过程为_____。

A.附着→截留→剥离   B.截留→附着→剥离

C.吸附→剥离→上浮   D.过滤→吸附→集合

49.一般当油污水加热温度超过_____时,油水乳化程度显著增加,分离效果显著下降,并很难达到排放标准。

A.100 ℃   B.60 ℃

C.40 ℃   D.20 ℃

50.在油水分离器重力分离时,可改善分离效果的是_____。
    A.适当提高加热温度   B.增加流道高度
    C.增加水流平均速度   D.同时增加流道高度和水流速度

51.在油水分离器内部,聚结器一般装在_____。
    A.重力分离与精分离之间   B.油水分离器的污水进口处
    C.污水在重力分离过程中   D.精分离之后

52.油水聚结分离的粗粒化过程可分为_____4个步骤。
    A.沉淀、聚结、脱离、上浮   B.截留、聚结、沉淀、上浮
    C.截留、脱离、沉淀、聚结   D.截留、聚结、脱离、上浮

53.油水分离器油位检测器工作正常,但电磁阀不动作的原因可能是_____。
    ①继电器触头接触不良;②电磁阀线包断线;③检测器与分离器壳体短路
    A.①②   B.①③
    C.②③   D.①②③

54.使用分离设备和过滤系统排放前,应先征得_____同意,并注意监视海面是否有明显油迹。
    A.值班轮机员   B.轮机长
    C.值班驾驶员   D.船长

55.CYF 型油水分离器自动排油电磁阀开启时,_____。
    ①排油隔膜阀通气开启;②排水隔膜阀通气关闭;③排油隔膜阀断气关闭;④排水隔膜阀断气开启
    A.①④   B.②③
    C.①②   D.③④

56.有关油水分离的重力分离法的特点,下列说法错误的是_____。
    A.结构简单,操作方便
    B.分离精度不高,只能分离自由状态的油
    C.能分离乳化状态的油
    D.船用油水分离器都采用重力分离法作为第一级分离

57.油水分离器的油位检测装置在集油室中,利用感受元件在油、水中的_____的变化,测出油层厚度变化,并输出控制信号。
    A.密度   B.温度
    C.导电率   D.比重

58.15ppm 舱底水报警装置中,"ppm"系指水所含油量的百万分比,按_____计。
    A.体积   B.质量
    C.重量   D.比重

59.油水分离器的管理中应注意_____。
    ①使用前注满清水;②运行中注意观察高位检验旋塞;③尽可能加温到 50 ℃左右;④避免油水分离器超负荷
    A.①②④   B.①③④

C.②③④　　　　　　　　　　　　　　　　D.①②③④

60.在波纹板聚结器之间加平板,其目的是_____。

A.有利于油滴上浮　　　　　　　　　　　B.提高流动速度

C.减小流道高度　　　　　　　　　　　　D.增大流道高度

61.改善油水分离器分离性能的措施有_____。

①改为间歇工作;②将舱底水分层抽吸处理;③减少分离量,改善分离效果;④对舱底水适当加温至 40~60 ℃;⑤更换其过滤材料;⑥每隔两年拆洗一次

A.①②③④⑤　　　　　　　　　　　　　B.②③④⑥

C.①③⑤⑥　　　　　　　　　　　　　　D.①②③④⑤⑥

62.波纹板聚结器的作用是_____。

A.增加油水接触面积　　　　　　　　　　B.有利于油滴上浮

C.提高流动速度　　　　　　　　　　　　D.减小流道高度

63.油水分离的方法中,_____不适合精分离。

A.重力分离法　　　　　　　　　　　　　B.吸附分离法

C.聚结分离法　　　　　　　　　　　　　D.过滤分离法

64.当排出含油污水含油量超过 15ppm 时,油水分离器自动将排向舷外的排出含油污水引至_____。

A.污油舱　　　　　　　　　　　　　　　B.燃油舱

C.油水分离器入口　　　　　　　　　　　D.舱底水舱

65.如果油水分离装置的低位旋塞能放出油来,则说明油污水分离装置_____。

A.超负荷运行　　　　　　　　　　　　　B.油分浓度监控装置失灵

C.排出泵不工作　　　　　　　　　　　　D.油污水加热温度低

66.在油水分离器的操作中,下列错误的做法是_____。

A.使用前注满清水　　　　　　　　　　　B.运行中集油室保持一定气垫

C.运行中注意检查油位　　　　　　　　　D.可用低压蒸汽清洗分离器内部

67.油水分离器运行前,应先_____。

A.注满污水　　　　　　　　　　　　　　B.注满油

C.注满清水　　　　　　　　　　　　　　D.注满空气

68.发展中的"负压式"油水分离器,具有的显著优点是_____。

A.装置简单　　　　　　　　　　　　　　B.污水中油分不会乳化

C.操作容易　　　　　　　　　　　　　　D.价廉

69.油的比重_____越容易分离,但也_____乳化,而且乳化对分离效果影响更大。

A.越重;越容易　　　　　　　　　　　　B.越轻;越容易

C.越重;越不容易　　　　　　　　　　　D.越轻;越不容易

70.关于 15ppm 舱底水报警装置精度检验,下列说法中错误的是_____。

A.15ppm 舱底水报警装置的精度应在 IOPP 证书换证检验时,按制造厂说明书予以检查

B.精度检定可由轮机长进行

C.证明上次校验检定日期的 15ppm 舱底水报警装置校验证书,应保存在船上以备检查

D.15ppm 舱底水报警装置的精度也可用经校验的 15ppm 舱底水报警装置替换

71.自动停止排放装置为一种阀门装置,装于油水分离器的_____处。

    A.吸入口　　　　　　　　　　　　B.一级分离

    C.二级分离　　　　　　　　　　　　D.排出口

第五节　防污染管理文件及操作记录

1.油类记录簿应用_____填写。

    ①水笔;②钢笔;③铅笔

    A.①或②　　　　　　　　　　　　B.①或③

    C.②或③　　　　　　　　　　　　D.①或②或③

2.船舶在航行中通过 15ppm 滤油设备将机舱舱底水以非自动的方式排出舷外,应在油类记录簿记录_____。

    A.排放开始和结束时的时间

    B.排放开始和结束时的船位

    C.排放的数量、排放开始和结束时的时间和船位

    D.排放的数量

3.船舶防污染的重要法律文件是_____。

    ①轮机日记;②油类记录簿;③防污染证书

    A.①②　　　　　　　　　　　　　B.②③

    C.①③　　　　　　　　　　　　　D.①②③

4.对于非油船,应写入油类记录簿的是_____。

    ①残油的处理;②含油污水的排放;③油舱间转驳油

    A.①③　　　　　　　　　　　　　B.②③

    C.①②　　　　　　　　　　　　　D.①②③

5.在船舶加装燃油前,供方代表应向受方代表递交_____。

    A.加油申请确认表

    B.油舱测量确认表

    C.船舶供受燃油防污染检查表及确认书

    D.加油申请确认表、油舱测量确认表、船舶供受燃油防污染检查表及确认书

6.船舶加油后,所取油样 1 瓶交油公司,1 瓶留船保存_____。

    A.2 年　　　　　　　　　　　　　B.3 年

    C.半年　　　　　　　　　　　　　D.1 年

7._____应认真填报燃润油航次报告表、抵离港存油电报,其填报油量要与实际相符,存油误差不应大于 1%。

    A.船长　　　　　　　　　　　　　B.轮机长

    C.大管轮　　　　　　　　　　　　D.主管轮机员

8.油类记录簿使用完毕应在船上保留_____。

A.1 年
B.2 年

C.3 年
D.4 年

9.经主管机关批准,消耗臭氧物质记录簿可以是现有_____的一部分。

A.航海日志
B.轮机日志或电子记录系统

C.轮机日志
D.航海日志或电子记录系统

10.关于油类记录簿的规定,下列说法正确的是_____。

A.缔约国政府的主管当局可在其港口或近海水域对任何船舶检查油类记录簿

B.经船长证明的油类记录簿的正确副本,不能在法律诉讼中作为证据使用

C.主管当局可将油类记录簿中任何记录制成副本,并要求船长证明该副本的正确性

D.主管当局对油类记录簿进行检查和制作副本可以造成船舶的不当延误

11.关于油类记录簿的记录,下列说法正确的是_____。

A.除使用船旗国的官方文字记录,还应有英文或法文记录,当有争议或不一致时,以船旗国官
方文字的记录为准

B.使用船旗国的官方文字记录,但持有 IOPP 证书的船舶,还应有英文或法文记录,当有争议
或不一致时,以船旗国官方文字的记录为准

C.使用船旗国的官方文字记录,但持有 IOPP 证书的船舶,还应有英文记录,当有争议或不一
致时,以船旗国官方文字的记录为准

D.使用船旗国的官方文字记录,但持有 IOPP 证书的船舶,还应有法文记录,当有争议或不一
致时,以船旗国官方文字的记录为准

12.公约规定,船舶压载水管理的年度检验在证书签发周年日_____进行。

A.后 3 个月
B.前 3 个月

C.前后 3 个月内
D.前后 5 个月内

13.国际压载水管理证书的有效期限应由主管机关规定,不得超过_____。

A.3 年
B.4 年

C.5 年
D.长期

14.进行压载水更换时,如因条件所限,也应在尽可能远离最近陆地的地方,并在所有情况下距最
近陆地至少_____n mile、水深至少为_____m 的地方进行压载水更换。

A.50;200
B.200;200

C.200;50
D.50;50

15.按规定,在特殊区域外,经过粉碎和消毒后的生活污水,可在距最近陆地_____以外排放。

A.3 n mile
B.4 n mile

C.7 n mile
D.12 n mile

16.当船舶焚烧垃圾时,垃圾记录簿应记录_____。

①焚烧开始与结束的日期和时间;②船舶位置;③焚烧垃圾的估计量;④负责操作的高级船员
的签字

A.①②③④
B.①②③

C.①②④
D.②③④

17.应记入垃圾记录簿的操作是_____。

①向海里排放垃圾；②向港口接收设施排放垃圾；③在船上焚烧垃圾

A.①②③   B.①②

C.③   D.①③

18.当船上排放压载水时，压载水记录簿应记录的内容有_____。

①排放日期、时间；②估计排放的数量；③排放地点（港口和经纬度）；④估计剩余的数量；⑤排放压载舱编号；⑥是否实施了压载水管理计划

A.①②③④   B.①②③⑤

C.①②③④⑤   D.①②③④⑤⑥

19.当作业负责人对压载水记录簿记载的内容签字后，每页应由_____会签才有法律效用。

A.大副   B.船长

C.大管轮   D.轮机长

20.关于压载水记录簿，以下说法错误的是_____。

A.以船舶的工作语言写成；如果使用的文字不是英文、法文或西班牙文，则应包括其中之一的译文

B.压载水记录簿的记录事项应在完成最后一项记录后保留在船上至少2年，之后可销毁

C.每一记录均应由负责有关作业的高级船员签字，每一页填写完毕均应由船长签字

D.在排放压载水时，或在发生本公约未以其他方式予以免除的压载水的其他意外或异常排放时，应在压载水记录簿中做出记录，说明排放的情况和理由

21.根据《国际船舶压载水和沉积物控制与管理公约》，压载水记录簿的记录事项应在完成最后一项记录后保留在船上至少_____；此后应在至少_____的期限内由公司控制。

A.2年；3年   B.3年；3年

C.2年；5年   D.4年；5年

22.按规定，垃圾记录簿使用完后，应在船上保存_____。

A.1年   B.2年

C.3年   D.4年

23.在燃油加装完毕后，轮机长应在加油单上签注，在签注时应写_____。

A.在加油温度下实际加装燃油的容积

B.按供应商提供的温度计算的实际吨数

C.换算到15℃时实际加装燃油的容积

D.换算到15℃时实际加装燃油的吨数

24.船上培训记录簿由_____保存，保存期限至少_____年。

A.公司；3   B.学员本人；3

C.公司；5   D.学员本人；5

25.油类记录簿中每页的_____应认真填写，不得遗漏；非油船，应将每页之首的货油/压载作业（油船）的字样划线删除。

A.船长姓名、登记号或呼号   B.船长姓名、轮机长姓名、船名

C.船名、登记号或呼号   D.船名、船长姓名、船舶总长

26.油类记录簿中，每页都应当填写船舶的_____，不得遗漏。

A.船名　　　　　　　　　　　B.登记号

C.呼号　　　　　　　　　　　D.船名、呼号和登记号

27.在油类记录簿指定的页上应描绘本船油水舱柜布置图(或直接粘贴舱柜布置图复印件),并填写各油水舱柜的容积,舱柜名称应按照_____中的格式标注。

A.油水分离器形式认可证书　　　B.油水分离器检验证书

C.国际防止油污证书(IOPP 证书)　D.船舶舱室布置总图

28.400 总吨及以上的非油船排放含油混合物入海的条件是_____。

①非特殊区域;②正在航行;③经滤油设备处理;④含油量不超过 15ppm

A.②③④　　　　　　　　　　B.①②③④

C.①②③　　　　　　　　　　D.①②④

29.防止大气污染的主要控制要求有_____。

①燃油质量;②船上焚烧;③接收设施;④检验发证

A.①②　　　　　　　　　　　B.①②④

C.①④　　　　　　　　　　　D.①②③④

30._____作业不必计入油类记录簿中。

A.燃油舱的清洗　　　　　　　B.分油机的清洗

C.残油的处理　　　　　　　　D.加装燃油

31.油类记录簿每记完一页,应由_____签字才有效。

A.具体操作人员　　　　　　　B.机务主管人员

C.轮机长　　　　　　　　　　D.船长

32.油类记录簿中,_____记录为重点检查的核心内容,主要需记录的内容是_____。

A.B 项;燃油装载情况　　　　　B.C 项;残油数量和去向

C.G 项;排放污水的起讫时间　　D.E 项;油污事故

33.油类记录簿用完后,应留船保存_____年。

A.5　　　　　　　　　　　　B.3

C.1　　　　　　　　　　　　D.2

34.对于非油船_____操作,无需记入油类记录簿。

A.加装散装润滑油　　　　　　B.油舱的压载

C.沉淀油柜驳油　　　　　　　D.舱底污水的排放

35.MARPOL 公约规定,对于持有 IOPP 证书的船舶,油类记录簿的记录至少应为_____;如同时使用船旗国的官方文字做记录,在遇有争议或异议时,应以_____记录为准。

A.英文、法文;船旗国的官方文字

B.英文、法文;英文

C.英文、法文或西班牙文;船旗国的官方文字

D.英文、法文或西班牙文;英文

36.机器处所的油类记录簿每项记录应由负责该项作业的_____签字,每记完一页由_____签字,最后一页记录完毕应留船保存_____年。

A.轮机员;轮机长;3　　　　　B.轮机员;船长;5

C.轮机员;船长;3   D.值班人员;轮机长;3

37.15ppm 舱底水报警装置应记录_____。

①日期、时间;②船速;③报警状态;④15ppm 舱底水分离器的运行状态;⑤船位

A.①③   B.②③④

C.①③④   D.①②③④⑤

38.垃圾记录簿每次排放或焚烧记录应包括_____。

①日期、时间;②船位;③垃圾种类;④被排放或焚烧的垃圾的估算量

A.①②③④   B.①②③

C.②③④   D.①③④

39.船舶污染物接收单位接收船舶污染物,应当向船舶出具污染物接收单证,并由_____签字确认。

A.二管轮   B.船长

C.大副   D.轮机长

40.根据《防治船舶污染海洋环境管理条例》规定,船舶污染物接收单位接收船舶污染物,应当向船舶出具污染物接收单证,经_____并留存至少_____年。

A.船长签字确认;2   B.双方签字确认;2

C.船长签字确认;1   D.双方签字确认;1

41.油类记录簿的记录中,记录机器处所排放的舱底水的单位是_____。

A.立方米   B.吨

C.升   D.千克

42.既要配备船上油污应急计划,又要配备船上有毒液体物质海洋污染应急计划的船舶,可以用_____替代上述两项计划。

A.船上海洋污染应急计划

B.船上油污和有毒液体物质污染应急计划

C.船上污染应急计划

D.污染应急计划

43.在油类记录簿中,舱底水及污油(油泥)的量,以_____计。

A.立方米   B.千克

C.公吨   D.升

44.150 总吨及以上的油船应装有一个经主管机关认可的_____,用于提供每海里排放升数和排放总量或含油量和排放率的连续记录。

A.油水分离器   B.15ppm 检测仪

C.油水界面探测仪   D.排油监控系统

45.对于非油船,_____操作应填写油类记录簿。

①燃油舱加装情况;②货油舱压载;③燃油舱压载水排放;④货油舱洗舱水排放;⑤残油处理;⑥含油污水排放

A.③④⑤⑥   B.②③④⑤⑥

C.①③⑤⑥   D.①②③④⑤⑥

46.油类记录簿应逐行、逐页使用,不得留有空白间隔;所要求的记载细节,应按年、月、日顺序记入空栏内,日期应以"_____"格式记录,应按在船执行的时间顺序记录。

    A.DAY-MONTH-YEAR

    B.MONTH-DAY-YEAR

    C.YEAR-DAY-MONTH

    D.YEAR-MONTH-DAY

47.垃圾管理计划应就_____垃圾以及船上设备使用等提供书面程序。

    ①减少;②收集;③储藏;④加工和处理

    A.①③④

    B.①②③④

    C.②③④

    D.①③④

48.以下哪些机舱中的作业应记载在油类记录簿中?_____。

    ①燃油舱的清洗;②分油机的清洗;③残油的处理;④燃油的加装;⑤机舱油污水的排放;⑥桶装润滑油的加装

    A.①③⑤⑥

    B.①③④⑤⑥

    C.①③④⑤

    D.①②④⑤

49.下列_____项应记入消耗臭氧物质记录簿。

    ①含消耗臭氧物质的设备的全部或部分重新充注;②机舱设备的维修或维护;③消耗臭氧物质向陆基接收设施的排放;⑤向船舶供给消耗臭氧物质

    A.①③④⑤

    B.①②④

    C.①④⑤

    D.①②③④⑤

50.油类记录簿应_____使用。

    A.逐页

    B.逐行、逐页

    C.隔行

    D.逐行

51.滤油设备的任何故障均应记入_____。

    A.油类记录簿第Ⅰ部分

    B.油类记录簿第Ⅱ部分

    C.油类记录簿第Ⅰ和第Ⅱ部分

    D.油类记录簿第Ⅰ或第Ⅱ部分

第六节　保护海洋环境的积极措施

1.特别敏感海域(PSSA)是指需要通过_____的行动特别保护的海洋区域。

    A.国际海事组织

    B.环境管理部门

    C.国家

    D.海事局

2.电解海水防海生物装置的优点包括_____等。

    ①对海洋环境无污染;②对海生物的防治比较彻底;③对海水管系起到阴极保护;④对海水管系起到阳极保护

    A.②③④

    B.①②④

    C.①③④

    D.①②③

参考答案

第一节　生活污水处理系统

1.C	2.D	3.B	4.B	5.B	6.C	7.A	8.C	9.C	10.D
11.D	12.C	13.B	14.B	15.A	16.D	17.C	18.A	19.B	20.C
21.B	22.C	23.B	24.C						

第二节　焚烧炉

1.C	2.B	3.A	4.D	5.C	6.B	7.D	8.D	9.A	10.D
11.C	12.B	13.D	14.D	15.A	16.D	17.D	18.A	19.D	20.A
21.B									

第三节　压载水处理装置

1.D	2.D	3.D	4.A	5.D	6.B	7.A	8.D	9.A	10.B
11.B	12.C	13.A	14.A	15.B	16.D	17.D	18.A		

第四节　油水分离器

1.A	2.C	3.D	4.C	5.A	6.D	7.D	8.D	9.D	10.C
11.C	12.C	13.C	14.C	15.A	16.A	17.D	18.D	19.A	20.D
21.B	22.A	23.D	24.C	25.D	26.B	27.A	28.C	29.B	30.D
31.B	32.D	33.C	34.C	35.A	36.D	37.D	38.C	39.D	40.A
41.B	42.C	43.A	44.D	45.D	46.A	47.B	48.B	49.B	50.A
51.A	52.D	53.C	54.C	55.C	56.C	57.C	58.A	59.B	60.C
61.A	62.A	63.A	64.D	65.A	66.B	67.C	68.B	69.B	70.B
71.D									

第五节　防污染管理文件及操作记录

1.A	2.C	3.B	4.C	5.D	6.D	7.B	8.C	9.D	10.C
11.B	12.C	13.C	14.A	15.A	16.A	17.A	18.C	19.B	20.B

21.A　　22.B　　23.A　　24.C　　25.C　　26.D　　27.C　　28.B　　29.D　　30.B

31.D　　32.B　　33.B　　34.C　　35.C　　36.C　　37.C　　38.A　　39.B　　40.A

41.A　　42.A　　43.A　　44.D　　45.C　　46.A　　47.B　　48.C　　49.D　　50.B

51.A

第六节　保护海洋环境的积极措施

1.A　　2.D

第九章

领导力和团队工作技能运用

第一节　机舱资源管理

1.在轮机部的工作中,以下_____可以运用优先排序的方法实行有效的资源管理。
①保持轮机安全值班;②对船舶设备的安全管理;③工作性质的安全优先排序;④对事故原因的排序

 A.②③④   B.①②③④

 C.①②③   D.①③④

2.现代管理理论把_____看作管理活动的目的。

 A.利润   B.效益

 C.人   D.物

3.优秀的领导者在团队中应避免下列_____行为。

 A.维护团结

 B.履行管理职责

 C.激励团队

 D.制造矛盾,激化冲突,寻求相互制衡

4.管理的人本原则要求管理者在其管理活动中充分_____。
①重视人的作用;②尊重人的价值;③促进人的需要的满足;④调动人的积极性、主动性、创造性

 A.①②③   B.①③④

 C.②③④   D.①②③④

5.下列关于高绩效的团队应具有的特征讲述,错误的是_____。

 A.在高绩效团队中,成员有较强的工作动机和良好的精神状态,充满自信和自尊

 B.在高绩效团队中,团队愿意为成员做出承诺

 C.高绩效团队必须有一个支持环境

 D.高绩效团队对所要达到的目标有清晰的了解,并坚信这一目标包含着重大的意义和价值

6.在沟通的过程中要遵循的守则有_____。
①清晰;②简明;③准确;④完整;⑤建设性;⑥权威性

A.①②③④⑤　　　　　　　　　B.①②③④⑤⑥

C.①②③④　　　　　　　　　　D.①③④⑤⑥

7.下列关于领导力的说法中,正确的是_____。

A.轮机部二/三管轮是操作级,不需具有领导力

B.轮机长、大管轮是管理层,有很强的领导力

C.领导力是轮机员必备的一项管理技能

D.船长是船舶的最高领导,具有最高的领导力

8.下列关于领导力的说法中,正确的是_____。

A.领导力是组织赋予领导者的法定权力

B.领导力是领导者能够影响和激励下属的能力

C.领导力是天生的,不能通过后天学习获得

D.只有管理层领导才具有领导力

9.下列关于领导力的说法中,错误的是_____。

A.领导力的构成要素包括决断力、协调力、创新力等

B.领导者只有站在群众的前面,以身作则,身先士卒,才能真正起到指挥的作用

C.领导沟通工作是领导者对下属的指点和引导,使他们明确方向和任务

D.领导力可以分为两个层面:一是组织的领导力;二是个体的领导力

10.在沟通的过程中会产生很多障碍,包括_____。

①个体障碍;②组织障碍;③渠道障碍;④环境障碍

A.②③④　　　　　　　　　　B.①②③

C.①②③④　　　　　　　　　D.①③④

11.下列_____不属于机舱管理中良好情景意识的保持。

A.经验与训练　　　　　　　　B.注意力与判断力

C.领导与决策技能　　　　　　D.操纵与操作技能

12.下列哪项不属于情景意识构成因素的内容?_____。

A.注意力与判断力　　　　　　B.操纵与操作技能

C.领导与管理技能　　　　　　D.对情况的适应与熟悉程度

13.下列属于机舱资源管理目的的是_____。

①根据应急计划对人为因素进行管理;②发挥每个人在团队工作中的作用;③保证船舶安全航行;④减少和避免潜在的人为事故

A.①②③　　　　　　　　　　B.①③④

C.②③④　　　　　　　　　　D.①②③④

14._____不是机舱资源管理的作用和目的。

A.在管理中达到某些经济指标

B.提高船舶装卸效率,加快船舶周转

C.制定和执行"法"

D.保证船舶的安全航行,减少和避免潜在的人为事故

15.属于人力资源的是_____。

①计划与时间管理；②资源分配与优先顺序；③交流与通信；④团队建设；⑤情景意识；⑥领导与决策

A.②③④⑤⑥   B.①③④⑤⑥

C.①②④⑤⑥   D.①②③④⑤⑥

16.以下_____不属于人力资源。

  A.计划与时间管理   B.资源分配与优先顺序

  C.机舱的组织和程序   D.交流与通信

17.以下_____属于人力资源。

  A.机舱的组织和程序   B.资源分配与优先顺序

  C.甲板机械   D.船舶机舱环境

18.有效沟通的原则是_____。

①确定沟通目的；②选择有效的沟通方式；③正确的沟通态度；④打破沟通的障碍；⑤注意通信中信息的表达问题

A.①②③④   B.①②③④⑤

C.①②③⑤   D.②③④⑤

19.机舱资源管理的对象有_____。

  A.物、人

  B.物、财

  C.物、财、时间和信息，同时也包括人

  D.物、财、信息和人

20.下列有关机舱资源管理，说法错误的是_____。

  A.机舱所属的各种设备、备品、燃油、物料、材料以及工具仪器等就是物

  B.机舱资源管理的手段是机构

  C.机舱资源管理的对象有物、财、时间和信息，同时也包括人

  D.机舱资源管理体系中人是主体，机舱的各项工作都要落实到人，所以机舱管理很大程度上是人员管理

21.关于机舱资源管理，下列说法错误的是_____。

  A.应结合船舶机舱可能发生或遇到的紧急情况，要求机舱值班人员通过机舱组织和程序的执行

  B.应根据应急计划对人为因素进行管理，有效利用船舶机舱现有的各种机械动力设备、安全设备，发挥每个人在团队工作中的作用

  C.搞好人力资源管理，提高人的责任意识，提高人的技术业务能力，调节好人与人之间的关系，是搞好机舱资源管理的关键

  D.机舱资源管理很大程度上是对设备资源的管理

22.搞好机舱资源管理的关键是_____。

①搞好人力资源管理；②提高人的责任意识；③提高人的技术业务能力；④调节好人与人之间的关系

A.①②③④   B.①③④

C.①②④
D.①②③

23.以下_____不是机舱资源管理的目的。

A.机舱可能发生或遇到紧急情况时,机舱值班人员根据工作计划对人为因素的管理

B.保证船舶安全航行

C.减少和避免潜在的人为事故

D.发挥每个人在团队工作中的作用,从而有条不紊地执行与完成相关工作的操作程序

24.下列关于构成团队的几个重要因素,理解错误的是_____。

A.目标是通过人员具体实现的,所以人员的选择是团队中非常重要的一个部分

B.人是构成团队最核心的力量

C.2个(包含2个)以上的人就可以构成团队

D.团队当中领导人的权利大小跟团队的发展阶段相关,一般来说,团队越成熟领导者所拥有的权利相应越小,在团队发展的初期阶段领导权是相对比较集中的

25.下列属于信息资源的是_____。

①机舱的组织和程序;②船舶局域网传递的信息;③船舶广域网传递的信息

A.①②
B.①③

C.②③
D.①②③

26.下列关于机舱资源管理的说法,错误的是_____。

A.在机舱资源管理的体系中人是主体

B.搞好人力资源管理,提高人的责任意识,提高人的技术业务能力,调节好人与人之间的关系

C.机舱资源管理的目的是保证船舶安全航行,减少和避免潜在的人为事故

D.机舱资源管理的目的是"法"

27.选择行动方案包括两方面内容,分别是_____。

①评估备选方案;②选择行动方案;③评估方案的有效性;④情景评估

A.①②
B.③④

C.①④
D.②③

28.行动的发起者,敢于面对困难,并义无反顾地加速前进;敢于独自做决定而不介意别人的反对,他(她)是确保团队快速行动的最有效成员。这些是团队中_____的作用。

A.信息者
B.实干者

C.推进者
D.完美者

29.沟通应具备的基本条件是_____。

①必须有两个或两个以上的人;②必须有一定的沟通客体;③必须有传递信息情报的一定手段,如语言、文字等

A.②③
B.①②③

C.①②
D.①③

30.环境资源包括_____。

①船舶机舱环境;②船舶航行环境;③航运界环境

A.①②
B.②③

C.①②③
D.①③

31.狭义的资源仅指_____。

　　A.非物质资源　　　　　　　　　　　B.非自然资源

　　C.物质资源　　　　　　　　　　　　D.自然资源

32.下列有关团队精神的讲述,错误的是_____。

　　A.良好的团队精神可以充分发挥集体的潜能

　　B.所谓团队精神,简单来说就是大局意识、协作精神和服务精神的集中体现

　　C.团队精神是以牺牲自我为前提的

　　D.团队精神的核心是协同合作,反映的是个体利益和整体利益的统一

33.管理的含义主要包括_____。

　　①管理是一个过程;②管理的核心是达到目标;③管理达到目标的手段是运用组织拥有的各种资源;④管理的本质是协调

　　A.①②③④　　　　　　　　　　　　B.①②③

　　C.①③④　　　　　　　　　　　　　D.①②

34._____不是有效沟通的原则之一。

　　A.能批评:应该直接当面指出沟通对象的毛病

　　B.能变通:解决事情的方案绝对不止一个

　　C.能平心静气:沟通两方应有"平心静心"的心理

　　D.能赞美:沟通对象的话,有道理的地方,应适当予以赞美

35.一般来说,船上安全管理的要点在于"组织-素质-响应",其中"素质"应指_____。

　　A.科学合理的管理文件体系和相关人员组织体系

　　B.人员在安全体系中所处的地位

　　C.与安全有关的道德、身心、技术、能力及语言素质

　　D.依照文件规定和具体情况对安全事务妥善处理的能力

36.船舶机舱资源中信息资源由_____构成。

　　①内部通信和外部通信;②船舶局域网传递的信息;③船舶广域网传递的信息

　　A.①③　　　　　　　　　　　　　　B.②③

　　C.①　　　　　　　　　　　　　　　D.①②③

37.机舱资源管理体系中人是主体,机舱的各项工作都要落实到人,所以机舱管理很大程度上是_____。

　　A.信息管理　　　　　　　　　　　　B.人的责任意识的管理

　　C.设备管理　　　　　　　　　　　　D.人员管理

38.人力资源由_____等部分组成。

　　①组织;②沟通;③激励;④团队合作;⑤情景意识;⑥领导与决策;⑦管理

　　A.①②③④⑤⑥⑦　　　　　　　　　B.②③④⑤⑥⑦

　　C.①②③④⑥⑦　　　　　　　　　　D.①②③④⑤⑥

39.关于机舱资源管理的特点,下列说法错误的是_____。

　　A.机构是由人员组成的,"法"是靠人员制定和执行的

　　B.机舱资源管理的工具是机构

C.管理的手段是"法"

D.设备资源的管理是整个机舱资源的核心

40.机舱资源的范围甚广,其中_____管理是整个机舱资源管理的核心。

A.信息资源　　　　　　　　　B.消耗资源

C.人力资源　　　　　　　　　D.设备资源

41.有关机舱资源管理的目的,下列说法正确的有_____。

①结合船舶机舱可能发生或遇到的紧急情况,要求机舱值班人员通过机舱组织和程序的执行,根据应急计划对人为因素进行管理;②有效利用船舶机舱现有的各种机械动力设备、安全设备,发挥每个人在团队工作中的作用;③严格并有条不紊地执行与完成相关工作的操作程序,以保证船舶的安全航行,减少和避免潜在的人为事故

A.①②　　　　　　　　　　　B.②③

C.①③　　　　　　　　　　　D.①②③

42.高效团队具有的特征主要有_____。

①清晰的目标;②内部支持和外部支持;③相互的信任;④一致的承诺;⑤良好的沟通;⑥有效的领导

A.①②③④⑥　　　　　　　　B.①②④⑤⑥

C.①③④⑤⑥　　　　　　　　D.①②③④⑤⑥

43.高效团队的特征包括_____。

①清晰的目标;②相互信任;③良好沟通;④有效领导;⑤赏罚分明

A.①②③⑤　　　　　　　　　B.①③④⑤

C.②③④⑤　　　　　　　　　D.①②③④

44.从团队成员性格和行为的角度可以将团队成员分成不同的类型,下列有关不同角色的典型特征,描述错误的是_____。

A.实干者的典型特征:有责任感、高效率、守纪律,但比较保守

B.推进者的典型特征:冷静、自信、有控制力

C.创新者的典型特征:有创造力,个人主义,非正统

D.监督者的典型特征:冷静、不易激动、谨慎、精确判断

45.有效沟通是船舶营运关键操作安全的重要保障,为保证沟通的有效性,海事公约对船舶从技术和管理的角度提出了相关要求,包括_____。

①1974年SOLAS公约对驾驶台和机舱的通信装置的要求;②STCW公约为值班过程驾机联系、交接班制定了程序;③STCW公约要求进行资源管理方面的沟通培训

A.①②③　　　　　　　　　　B.①②

C.②③　　　　　　　　　　　D.①③

46.团队精神不包括_____。

A.团队高昂的士气　　　　　　B.团队的凝聚力

C.团队中的个人突出能力　　　D.团队合作的意识

47.团队的功能主要表现在_____。

A.团队能更好地完成组织任务

B.团队能更好地满足个体人员的心理需求

C.制约个体行为

D.两个方面：一是更好地完成组织任务；二是更好地满足个体人员的心理需求

48.团队精神包含的内容有_____。

①团队的凝聚力；②团队合作的意识；③团队高昂的士气；④团队的执行力

A.①②③   B.①②③④

C.①②④   D.②③④

49.团队的功能主要表现在_____。

①更好地完成组织任务；②更好地满足个体人员的心理需求；③更好地完成个体成员的任务；④更好地减少冲突

A.①③④   B.①②

C.①②③   D.②③④

50.根据马尼拉修正案的规定并结合机舱资源的实际情况，机舱资源管理的内容主要有_____。

①机舱组织和程序；②计划与任务分配；③时间管理与优先顺序；④交流与通信；⑤团队建设；⑥情景意识；⑦领导与决策

A.①②③④⑤⑥   B.①③④⑤⑥⑦

C.①②③⑤⑥⑦   D.①②③④⑤⑥⑦

51._____不属于高效团队的特征。

A.设置的目标   B.相互的信任

C.良好的沟通   D.充分的人际技能

52.克服沟通障碍的艺术有_____。

①建立正式、公开的沟通渠道；②克服不良的沟通习惯；③领导者要善于聆听

A.①②   B.①③

C.②③   D.①②③

53.不属于机舱行政管理手段的是_____。

A.规章制度   B.营运效益

C.指令性计划   D.命令

54.在管理的基本职能中，居于首要地位的是_____。

A.计划   B.组织

C.领导   D.控制

55.下列有关"控制"的叙述，错误的是_____。

A.控制职能是指管理者根据既定计划要求，检查组织活动，发现偏差，查明原因，采取措施予以纠正，或者根据新的情况对原计划做必要调整，保证计划与实际运行相适应

B.控制过程包括依据计划制定控制标准，衡量实际业绩，发现偏差，纠正偏差

C.控制是领导职能的一部分，就是领导协调的、对计划进行控制

D.控制工作之所以成为管理的一个基本职能，是因为计划的制订和执行在时空上相对分离，只有依靠控制，才能防止或纠正执行中的偏差，把计划落到实处

266

56.在应对船舶上的应急情况时,部门领导要保持良好的领导力,主要体现在_____。
　　①决断力;②组织、协调能力;③控制力;④监督检查
　　A.①②③④　　　　　　　　　　　　B.①②③
　　C.②③④　　　　　　　　　　　　　D.①③④

57._____有两个意思:一是危险会发生的可能性;二是危险事件的后果。
　　A.危机　　　　　　　　　　　　　　B.事故
　　C.风险　　　　　　　　　　　　　　D.危险

58.轮机员、电子电气员在从事船舶维修保养等重复性工作时存在一些共性问题,下列对于该类问题描述不正确的是_____。
　　A.属于技术性工作任务　　　　　　　B.缺乏警觉性
　　C.消极对待、厌倦　　　　　　　　　D.过分自信、自满

59.下列关于资源管理的说法中,错误的是_____。
　　A.机舱资源管理是一种程序方法,不属于科学方法
　　B.质量管理就是对资源的管理
　　C.没有资源或没有设备的资源就不可能正常进行企业经营运作
　　D.信息也是一种资源

60.关于远洋船舶团队精神的培育,下列做法中错误的是_____。
　　A.加强业务知识的学习和敬业精神的提高
　　B.姿态要高,良好的态度就能解决所有的问题
　　C.要营造一个相互信任的氛围
　　D.要建立合理有效的沟通机制

61._____决定了资源的有限属性。
　　A.人类的需要　　　　　　　　　　　B.时间、空间的约束
　　C.人类的发展　　　　　　　　　　　D.物质的稀缺

62._____是资源管理必要性的基础。
　　A.资源多样性　　　　　　　　　　　B.资源有限性
　　C.资源时空性　　　　　　　　　　　D.资源无限性

63.成员间_____是高绩效团队的显著特征,也就是说,每个成员对其他人的品行和能力都确信不疑。
　　A.一致的承诺　　　　　　　　　　　B.有效的领导
　　C.良好的沟通　　　　　　　　　　　D.相互的信任

64.轮机部团队成员中如果缺少_____,则领导力不强。
　　A.实干者　　　　　　　　　　　　　B.协调者
　　C.凝聚者　　　　　　　　　　　　　D.推进者

65.下列关于"资源是有限的"的说法中,_____是错误的。
　　A.人类能力发展的时空有限性决定了人类资源利用的有限性
　　B.人类认识在一定的时空内是无限的,可以实现资源从有限到无限的过渡
　　C.人的需要在一定的时间和空间范围内是有限的,决定了资源是有限的

D.人类社会的发展在一定的时间和空间范围内是有限的,决定了资源是有限的

66.下列有关机舱资源管理的概念,理解正确的是_____。

①它属于管理科学的范畴;②它是管理科学的一个具体的分支和应用;③轮机人员对机舱现有的各种动力设备、安全设备,进行合理配置和有效使用;④机舱资源管理的目的是减少和避免潜在的人为失误

A.①②④   B.①②③④

C.①③④   D.②③④

67.抵港后,机舱若需检修影响动车的设备,_____应当事先将工作内容和所需时间报告_____,取得同意后方可进行。

A.大管轮;驾驶台   B.轮机长;驾驶台

C.大管轮;船长   D.轮机长;船长

68.下列属于船上的非正式社会结构的有_____。

①同乡;②校友;③轮机部成员;④来自同一国家的人员

A.①②④   B.①②③

C.②③④   D.①③④

69.从加强轮机部团队管理的角度出发,管理者要善于了解团队成员的各方面,其中不包括_____。

A.人的特质   B.需要层次

C.经济层次   D.态度

70.信息的沟通必须具备的一个要素是_____。

A.清晰度、响度、反馈性

B.可懂性、有趣性、针对性

C.声音、语调、内容

D.信息的发送者、信息的接收者以及所传递的信息内容

71.关于领导力发展,下列说法错误的是_____。

A.领导力发展是一个断续的、有效的、相互关联的过程或是一个系统

B.领导力发展应该扩展到个人、群体和组织的能力,开阔领导者的视野

C.领导力发展应该提高整个系统的能力

D.领导力发展应该创造领导者与追随者之间的积极结果

72.目标管理的程序一般包括三个实施阶段,即_____。

A.目标的制定与展开,目标的组织与实施,成果的检查与考核

B.目标的制定,团队的组织,成果的检查与考核

C.团队的组织,目标的制定与实施,成果的检查

D.目标的制定与展开,目标的组织与实施,目标的检查与考核

73.机舱资源中的备件、物料、工具是_____。

A.环境资源   B.设备资源

C.消耗资源   D.信息资源

74.下列关于团队的说法,正确的是_____。

①团队由具有互补技能的一群人组成,他们对共同目标做出承诺,互相依靠和协作;②团队各成员在做好自己工作的同时,也需要支持别的成员并从中获得支持;③团队成员不需要领导者提供额外的资源;④在团队中,成员的实际知识和经验都可以在决策中体现,有利于科学决策

A.①③④
B.①②③
C.①②③④
D.②③④

75.在机舱资源构成分类中,情景意识可划归为_____的范畴。

A.人力资源
B.环境资源
C.信息资源
D.消耗资源

76.组织内由于哪些因素形成许多非正式社会结构组织?_____。

①血缘关系;②地缘关系;③共同兴趣;④工作关系

A.①②③④
B.①②③
C.②③④
D.①③④

77.团队精神的培育不包括_____。

A.船舶管理人员的带头作用

B.加强业务知识的学习和敬业精神的提高

C.团队中领导者的领导力

D.要营造一个相互信任的氛围

78.有关机舱资源管理中情景意识的培养,下列说法错误的是_____。

A.加强轮机管理的关联研究是培养情景意识的关键

B.良好工作态度的形成是培养情景意识的保证

C.加强对轮机管理案例的学习研究是情景意识培养的基础

D.重视注意力的分配是情景意识培养的重要环节

79.机舱资源管理中,"发讯者把信息按照可以理解的方式传递给收讯者,达到相互了解和协调一致的效果,以确保组织目标的实现"被定义为_____。

A.沟通
B.激励
C.调解
D.通信

80.关于团队精神在船舶上的体现,下列说法不恰当的是_____。

A.有助于船员之间互相沟通、交流,实现船舶的准班、节能增效目标

B.可以预防事故的发生,有益于安全工作

C.可以健全人格,提高个人素质

D.可以促进团队的发展,而不利于船员个人事业的发展

81.情景意识是人们对事故发生的一种预知和警惕,是指_____。

①在一个特定的时间对影响机器的因素和条件的准确感知;②能敏捷地察觉和了解周围情况的变化及影响;③能正确考虑和计划好即将面临的局面;④能随时知晓与团队任务相关的即将发生的事情;⑤能够识别失误链和在事故发生前将其破断的能力等

A.②⑤
B.①②③④
C.①②③④⑤
D.①③④⑤

82.情景意识的获得包括3个阶段,按顺序分别为_____。

①理解;②感知;③预见

A.①③② B.②①③

C.①②③ D.②③①

83.机舱资源主要包括_____。

①人力资源;②设备资源;③消耗资源;④信息资源;⑤环境资源

A.①②③④ B.①②④⑤

C.①②③⑤ D.①②③④⑤

84.成功的跨文化沟通要考虑环境,而环境影响沟通的属性包括_____。

①物理环境;②时机的选择;③社会环境;④习俗

A.①②③④ B.①②③

C.②③④ D.①②④

85.成功的跨文化沟通要认识你自己,而认识你自己可以从哪几个方面入手?_____。

①认识你的文化;②认识你的态度;③认识你的假设;④认识你的行为

A.①②③④ B.①②③

C.②③④ D.①②④

86.非正式结构对组织有一定的消极作用,包括_____。

①非正式结构的过分整合往往会削弱组织权威系统的有效性,影响组织目标的实现;②有意利用非正式结构拉帮结伙,分裂组织,谋取个人和小团体利益的行为会造成组织精力内耗;③以非正式结构代替正式结构,工作程序发生混乱,会破坏组织的正常运行;④过多的非正式沟通联络容易导致机密泄露、谣言四起,造成人心涣散

A.①②③④ B.①②③

C.②③④ D.①②④

87.下列关于个人情景意识的说法,错误的是_____。

A.情景意识是个人化的、有差异的

B.情景意识是对现实的准确反映

C.情景意识是决策的基础

D.情景意识是对目前身处环境的整体感知和理解

88.下列关于情景意识的说法,正确的有_____。

①情景意识是一种特定的决策能力;②情景意识与身心状况、专业能力有关,与工作态度无关;③个人理解力、操作技能越强,情景意识越高;④情景意识就是对情景的感知

A.①②③④ B.①③④

C.①②④ D.③

89.下列关于机舱管理层干部领导力的说法,正确的是_____。

①轮机长和大管轮作为机舱的管理者,其职责就是指导下属工作和监督下属按照规定完成工作;②管理层干部的态度和决心是领导力的一部分,对下属的行为有很大影响;③轮机长和大管轮是机舱的管理者也是领导者,要鼓励下属提出建议,激励下属积极主动承担责任、解决问题;④管理层干部以身作则是发挥领导力的重要手段

A.①②③④　　　　　　　　　　B.②③④
C.①②④　　　　　　　　　　D.①③④

90.下列关于工作群体的说法,正确的是_____。
①在工作群体中,成员们都由一个领导者指挥,在完成任务的过程中成员之间却没有多少合作的必要;②工作群体中重要的决策和协调工作是领导者要做的事情;③每个成员只专注于自己的工作,服从领导者的指挥;④工作群体的优势是分工明确
A.①③④　　　　　　　　　　B.①②③
C.①②③④　　　　　　　　　　D.②③④

91.团队的类型有_____。
①问题解决型团队;②自我管理型团队;③多功能型团队;④任务交叉型团队
A.①③④　　　　　　　　　　B.①②③
C.①②③④　　　　　　　　　　D.②③④

92.在完成组织任务方面,下列有关团队与传统的部门结构或其他形式的稳定性团队相比所具有的主要优点,说法错误的是_____。
A.它可以由团队成员自我调节、相互约束,促进员工参与决策过程,增强组织的民主气氛,并且削减组织中的某些中层管理职能
B.它可以使不同的职能顺序进行,而不是并行进行,从而大大节省了完成组织任务的时间
C.当完成某项任务需要综合技能、判断力和经验时,团队明显增加个人产出
D.在应对不断变化的环境时,团队要比传统的部门或其他形式的固定工作部门更具弹性,反应速度也更快

93.沟通的特征是_____。
①主要通过语言和非语言渠道进行;②人际沟通涉及双方的动机、目的等特殊需要;③人际沟通不仅传递情报,还包括思想、情感等的交流;④人际沟通过程会出现特殊的沟通障碍,即语言障碍
A.①②③　　　　　　　　　　B.①②③④
C.②③④　　　　　　　　　　D.①③④

94.团队中有效沟通是非常重要的,其作用体现在_____。
①保障团队目标顺利实现;②促进团队成员间的相互了解;③可增强团队凝聚力;④可以健全团队成员人格,提高个人素质
A.①②③　　　　　　　　　　B.②③
C.①②③④　　　　　　　　　　D.③④

95.按照基本属性的不同,资源可分为_____。
①物质资源;②社会资源;③自然资源;④信息资源
A.①②　　　　　　　　　　B.②③
C.②③④　　　　　　　　　　D.①③④

96.机舱资源管理的目标是通过有效管理机舱资源保障船舶安全,机舱资源具体包括_____。
①人员;②设备;③信息;④法规
A.①②③④　　　　　　　　　　B.①②③

C.②③④ 　　　　　　　　　　D.①②④

97.设备信息是机舱信息资源的重要组成部分,轮机部值班人员值班过程中获得的设备信息包括_____。

①通过监控系统和仪表获得的信息,如警报、设备参数等;②通过人员检查获得的信息,如振动、声音、泄漏、烟色、气味等信息;③说明书、系统图提供的信息;④设备的保养维修记录

A.①②③④ 　　　　　　　　　　B.①②③

C.①②④ 　　　　　　　　　　D.①②

98.资源有效分配、分派和优先排序原则,是机舱资源管理原则之一,其中资源优先排序主要针对的资源是_____。

A.人员资源 　　　　　　　　　　B.设备资源

C.信息资源 　　　　　　　　　　D.环境资源

99.在沟通的过程中,确定沟通的目的不是一件容易的事,要注意区分_____。

①主动沟通方;②从属沟通方;③对等沟通方;④被动沟通方

A.①②③④ 　　　　　　　　　　B.①②③

C.②③④ 　　　　　　　　　　D.①③④

100.高效团队的特征之一是充分的人际技能,体现在_____。

①团队成员之间以清晰理解的方式传递信息;②管理者与团队成员之间的健康的信息反馈;③团队每个成员对其他人的品行和能力都确信不疑;④团队成员勇于面对并协调成员之间的差异

A.①② 　　　　　　　　　　B.②③④

C.③④ 　　　　　　　　　　D.④

101."管理者根据既定计划要求,检查组织活动,发现偏差,查明原因,采取措施给予纠正,或根据新情况对原计划进行必要调整,保证计划与实际运行相适应"是指管理基本职能中的_____。

A.组织职能 　　　　　　　　　　B.计划职能

C.领导职能 　　　　　　　　　　D.控制职能

102._____不利于提高沟通技巧。

A.书面沟通做到有层次、有条理,学会运用先"表"后"图"再"文字"的表达方式

B.口语沟通做到简洁、清晰、对事不对人、注重对方感受

C.书面沟通做到有层次、有条理,学会运用先"图"后"表"再"文字"的表达方式

D.书面或口语回复、身体语言反馈、概括重复、表达情感等

103.根据系统的观点,使管理工作_____。

①专业化;②正规化;③程序化;④规范化

A.①②④ 　　　　　　　　　　B.①②③

C.①③④ 　　　　　　　　　　D.②③④

104.船舶事故80%以上是_____因素导致的,机舱资源管理的核心是_____管理。

A.沟通;信息资源 　　　　　　　　　　B.环境;环境资源

C.硬件;设备资源 　　　　　　　　　　D.人为;人为资源

105.在船舶工作中,下列_____做法不能减轻船员的疲劳。
A.适度的娱乐　　　　　　　　B.足够的营养
C.饮酒或服用药物　　　　　　D.必要的休息

106.船舶上进行良好的团队合作的优点在于_____。
①可以预防事故的发生,有利于安全工作;②有助于增进船员之间相互沟通、交流;③可以促进船员个人事业的发展;④可以健全船员人格,提高个人素质
A.①②③④　　　　　　　　　B.①②③
C.①③④　　　　　　　　　　D.②③④

107.情景意识的获得包括 3 个阶段,按顺序依次是_____。
A.理解、学习、预见　　　　　B.理解、感知、预见
C.感知、理解、预见　　　　　D.学习、理解、预见

108.在轮机部团队成员中,_____的优点是随机应变,善于调和各种矛盾,促进团队合作。
A.实干者　　　　　　　　　　B.凝聚者
C.推进者　　　　　　　　　　D.协调者

109.非正式社会结构需要被认可和允许,是因其在一定条件下对正式结构起着一定的补充作用,其作用有_____。
①能缓冲正式结构所带来的压力;②能提供正式结构以外的丰富的控制和沟通形式;③能够增强组织的权威性;④有利于非正式消息的传播
A.①②　　　　　　　　　　　B.①③
C.①②③④　　　　　　　　　D.②③④

110.搞好机舱人力资源管理的关键是_____。
A.提高人的责任意识,提高人的业务技术水平
B.提高人的责任意识,调整好人和人之间的关系
C.提高人的责任意识
D.提高人的责任意识,提高人的业务技术水平,调整好人和人之间的关系

第二节　船上人员管理及训练

1.根据远洋船舶部门分工,_____负责货舱系统和舱外淡水以及压载水和污水系统的使用和处理。
A.事务部　　　　　　　　　　B.电气部
C.轮机部　　　　　　　　　　D.甲板部

2.管理者需要塑造并加强自身人格魅力,关于人格魅力的塑造,下列说法错误的是_____。
A.放弃中收获　　　　　　　　B.从规则中获得权威
C.委屈中求平衡　　　　　　　D.虚怀中充实

3.风险类别决定风险监控计划,_____风险应采取行动降低至可容忍水平,最好能达到可接受水平,但应认真评估成本,不可太高,同时也应在限定时间内采取降低风险的措施。
A.非常低　　　　　　　　　　B.低

C.中度 D.高度

4.船舶在机动状态下，下列关于良好的沟通的说法，错误的是_____。

A.应当使用标准的专业术语和IMO标准航海用语

B.沟通时信息简洁、准确

C.为避免接收者不能充分理解指令，发送者发送指令时尽量详细、全面

D.应当遵守标准的沟通程序，即发出指令、接受指令和确认的闭环沟通程序

5.关于船员组织结构，下列说法正确的是_____。

A.大管轮是操作级 B.驾驶员是管理级

C.二／三管轮是操作级 D.值班机工是操作级

6.领导者要做到以身作则，至少应该包括以下_____方面。

①要遵守规章制度，不搞特殊化；②要身先士卒，冲在最前面；③要言传身教

A.②③ B.①②③

C.①② D.①③

7._____中管理人员的选聘是组织工作的重心。

A.人员配置 B.计划工作

C.组织设计 D.组织变革

8._____主管舱、锚、系缆和装卸设备的一般保养。

A.事务部 B.甲板部

C.轮机部 D.甲板部和轮机部

9.备件的来源主要有_____，所以要严格把好质量关。

①原制造厂生产；②备件厂加工生产；③翻新备件

A.①③ B.②③

C.①②③ D.①②

10.某船舶长期燃用HFO380重油，在美国港口加油时改加IFO180重油，航行后发现燃油滤器频繁脏堵，清洗滤器时发现很多细小坚硬的颗粒，当时轮机长和轮机员认为是因为换油引起混油导致，并未采取措施；后来，主机频繁发生断环事故，才初步确认是燃油质量有问题，经实验室化验确认燃油质量有问题。这个决策失误的主要原因是_____。

A.情景评估阶段没有弄清问题所在

B.情景评估阶段没有评估问题的严重性

C.选择行动方案阶段没有选择最合理的方案

D.评估方案的有效性阶段没有重新评估所选方案的有效性

11.人的不安全行为和物的不安全状态导致事故的发生，二者是失误链的_____。

A.增长期 B.临界期

C.性能降低期 D.常规情况

12.下列属于人员配备原则的是_____。

①经济效益原则；②任人唯贤原则；③因事择人原则；④责任相结合的原则

A.①②③ B.①③④

C.②③④ D.①②③④

13.下列关于人为失误的说法,错误的是_____。

A.极限失误:导致操作失败的一种程序上的失误

B.操作失误:因操作不正确引起工作失败,程序上的失败,包括使用错误的程序、使用不当的工具,也包括动机上的失误

C.人为失误就是工作人员在生产、工作中产生的错误或误差

D.人为失误产生的主要原因是人的主观原因,没有客观原因

14.下列关于人为失误的说法,正确的是_____。

A.操作失误是指导致操作失败的一种程序上的失误

B.各种信息不准是导致人为失误的主要内在因素

C.人为失误产生的主要原因很复杂,既有人的主观原因,也有客观原因

D.人为失误就是工作人员在生产、工作中主观恶意操作产生的错误或误差

15.对新入职三管轮优先培训的内容有_____。

①消防设备的使用;②救生设备的使用;③个人工作职责;④防污染法规及防污染设备操作

A.①②③④　　　　　　　　　　　B.①②③

C.②③④　　　　　　　　　　　　D.①②④

16.传统的船员考评方法,往往是由直接上司来考评当事人,对此说法正确的是_____。

①上级人员考评,主要是考评下属的理解能力和执行力;②直接上司考评主要是由于上司对下属比较了解;③直接上司在考评时往往打分过宽;④上级人员考评,主要是考评下属的协作精神

A.②③④　　　　　　　　　　　　B.①③④

C.①②③④　　　　　　　　　　　D.①②③

17.新上船的船员,应首先_____。

①接受安全教育;②熟悉船舶工作特点和注意事项;③熟知应变部署;④知道各种应变器材的放置地点;⑤熟悉上次船舶修理情况

A.①②③⑤　　　　　　　　　　　B.①④⑤

C.①②③④　　　　　　　　　　　D.①②③

18.属于轮机部门实施的培训项目是_____。

①新入职机工培训;②见习三管轮提职三管轮培训;③见习大管轮换证培训;④公司安全管理系统要求的月度培训;⑤紧急逃生呼吸装置的使用培训

A.①②③④⑤　　　　　　　　　　B.①②③④

C.②③④⑤　　　　　　　　　　　D.①③④⑤

19.船上的部门是按照_____的不同进行划分的。

A.岗位职能　　　　　　　　　　　B.工作流程

C.人员结构　　　　　　　　　　　D.法规要求

20.下述船舶部门之间的协调的有关做法,错误的是_____。

A.轮机部、甲板部应互相支持、互相协助、互相谅解、互相配合

B.大副需要更换压载水,因为主管人员正在进行其他工作,轮机长直接拒绝

C.轮机部、甲板部协商安排好船舶航行、停泊、装卸、修理时的各项工作

D.以船舶整体利益、公司整体利益为重克服小团体主义倾向

21.影响人类行为的_____主要是指客观存在的社会环境和自然环境的影响。

    A.个人因素　　　　　　　　　　B.社会因素

    C.外在因素　　　　　　　　　　D.内在因素

22.下列关于多组螺栓的上紧顺序和上紧度，说法错误的是_____。

    A.按先两边，后中间，对角，顺时针方向依次、分阶段紧固

    B.每根螺栓都拧紧得力后，应检查法兰是否歪斜

    C.上紧后检查法兰间隙，其间隙应一致保持在 2 mm 以上

    D.不要拧得过紧，以免压坏垫片，一般以拧到不漏为准

23.船上培训通常采用的方法是_____。

    ①理论讲授；②实际训练；③演习

    A.①③　　　　　　　　　　　　B.①②③

    C.①②　　　　　　　　　　　　D.②③

24.下列船上培训中属于知识培训的有_____。

    ①应急演习；②轮机长对新任二管轮调节发电柴油机气阀间隙的现场培训；③熟悉公司安全管理体系的培训；④熟悉新生效国际海事公约的培训

    A.③④　　　　　　　　　　　　B.①②③④

    C.①②　　　　　　　　　　　　D.①③④

25.轮机长对轮机人员实施的管理手段是_____。

    ①依靠行政机构及领导权力，通过行政命令直接对轮机人员发生影响；②依靠轮机长的地位对轮机人员实施技术管理；③在行政管理和技术管理的同时还须辅之以经济手段

    A.①③　　　　　　　　　　　　B.①②

    C.①②③　　　　　　　　　　　D.③

26.机舱应急设备应由_____负责管理。

    A.轮机长　　　　　　　　　　　B.大管轮

    C.值班轮机员　　　　　　　　　D.检修分工明细表规定的专人

27.下述_____不属于船上人员培训与训练的效果评价机制。

    A.根据评价标准形成客观公正的评价结果

    B.组建评价专家库

    C.将评价结果文件化

    D.评价标准的制定

28.当船舶在航行途中，设备出现故障影响船舶安全，需要公司提供技术支持时，为保证沟通的及时有效，轮机长与公司机务主管进行沟通时采用的合适的渠道是_____。

    A.卫星电话沟通

    B.故障报告，发电子邮件

    C.既要发邮件进行报告，也要打电话

    D.或者卫星电话沟通或者发邮件进行报告

29.船上培训可以采用的方法有_____。

①提供相关信息;②室内讲授;③现场培训;④电脑课程培训

A.①②③　　　　　　　　　　　　B.①②③④

C.①③④　　　　　　　　　　　　D.②③④

30.船上培训的程序按顺序排列,正确的是_____。

①制订计划;②明确需求;③培训考核;④实施培训

A.①→②→③→④　　　　　　　　　B.②→①→④→③

C.①→②→④→③　　　　　　　　　D.②→①→③→④

第三节　运用任务和工作量管理的能力

1.关于疲劳的影响,下列表述正确的是_____。

A.判断力和决断力不受影响　　　　B.情绪稳定

C.感知能力不降低　　　　　　　　D.工作标准降低

2.关于疲劳的影响,下列表述错误的是_____。

A.疲劳会使船员不安全行为增加

B.紧张有利于船员集中注意力,从而减少错误判断

C.船员在船舶航行中处于不良的心理状态时,容易造成感知错误,甚至导致操作失误

D.船员的疲劳包括生理疲劳和心理疲劳两个方面

3.下列_____不是人员配备的原则。

A.物色合适的人选　　　　　　　　B.因事择人原则

C.量才使用原则　　　　　　　　　D.任人唯贤原则

4.过大的船员工作量会使船员产生压力,关于压力的影响,下列说法错误的是_____。

A.压力只对人们心理和生理健康状况产生消极的影响

B.压力对工作的影响主要表现在:旷工、事故、工作表现不稳定、注意力不能集中等

C.人对压力的短期反应,生理方面有:头痛、偏头痛、背痛、眼睛问题

D.人对压力的长期反应,个体而言是指:消化器官溃疡、哮喘、糖尿病等

5.疲劳产生的原因从船员自身方面讲,主要包括_____。

①睡眠和休息不足;②生物钟或生理节律不规律;③心理和感情因素;④服用药物;⑤工作量大

A.①②③④　　　　　　　　　　　B.①②③④⑤

C.①②③⑤　　　　　　　　　　　D.②③④⑤

6.对船员而言,公认的疲劳原因有_____。

①睡眠不足或睡眠质量不高;②休息不够或休息质量不高;③噪声或振动;④与岸上沟通的缺乏;⑤船舶设备复杂性的提高

A.①②③④⑤　　　　　　　　　　B.①②③④

C.①②③　　　　　　　　　　　　D.①②⑤

7.对船员而言,公认的疲劳原因有可能是_____。

①睡眠不足或睡眠质量不高;②休息不够或休息质量不高;③紧张或不安;④噪声或振动;⑤船舶移动;⑥饮食不当,疾病或服用药物;⑦超负荷工作

A.⑤⑥⑦
B.①②③④⑦

C.①②③④⑥
D.①②③④⑤⑥⑦

8.管理的四大基本职能是_____。

A.计划、组织、领导和控制
B.计划、组织、领导和协调

C.计划、领导、决策和控制
D.计划、领导、决策和协调

9.船舶进出港机动航行与船舶定速航行比较，船员工作量_____。

A.更大
B.差不多

C.更小
D.不好比较

10.下列关于工作量的理解中，正确的是_____。

①工作量是相对于每个个体而言的；②同样的工作分配给不同的人去做，工作量是相同的；③同样的任务在不同的时间分配给同一个人去做也会产生不同的工作量；④工作量是指操作人员在执行任务时要付出的精力

A.①③④
B.①②③

C.②③④
D.①②④

11.下列关于工作量的理解中，正确的是_____。

A.工作量就是分配给人员的工作时间累积

B.同样的工作分配给不同的人去做，工作量是相同的

C.对同一个人而言，工作量仅取决于工作本身的难易程度

D.工作量是指操作人员在执行任务时要付出的精力

12.为重要的船上活动设计任务和进行工作量分配时，应考虑_____。

①人的局限性；②个人能力；③时间和资源限制；④优先级；⑤工作量；⑥休息和疲劳

A.①②③④⑤
B.①②③④⑤⑥

C.②③④⑤⑥
D.①②④⑤⑥

13.为防止船员疲劳工作，STCW 公约要求船上制定值班安排表，值班安排表的编制语言为_____。

A.船上工作语言和英语
B.船上工作语言

C.船上工作语言或英语
D.英语

14.为减小船舶进出港机动航行期间轮机部人员的工作量，可以采取的措施有_____。

①减少不必要的非紧急的保养工作；②对轮机部值班人员合理分工、明确个人职责；③所有轮机部人员下机舱；④按船舶抵离港检查表准备各项工作

A.①②④
B.①②③④

C.②③④
D.①③④

15.船舶轮机部协调工作主要有_____。

①机舱值班人员的协调；②机舱与驾驶台的协调；③轮机部与公司职能部门的协调；④轮机部与码头工作人员的协调

A.①②③
B.①②③④

C.②③④
D.①③④

16._____是指由于身体、精神或情绪上的消耗，导致体力和/或思维能力上的降低。

A.疲劳　　　　　　　　　　　B.厌倦

C.疏忽　　　　　　　　　　　D.压力

17.下列_____是由于工作原因导致船员产生压力。

①工作环境;②分配的工作量及难易程度;③工作所要求完成时限长短;④家庭生活是否美满和谐

A.②③④　　　　　　　　　　B.①②③

C.①②③④　　　　　　　　　D.①③④

18.在船舶工作中,应对体力工作造成的疲劳,最有效的方法是_____。

A.从事其他工作　　　　　　　B.适度的休息

C.饮用含酒精饮品　　　　　　D.服用药物

19.以下_____可以判定团队工作属于缺乏激励。

A.不准时上班,经常旷工　　　B.愿意承担责任

C.在困难面前具有好的合作精神　D.能够容纳改变

20.计划的组织实施行之有效的方法主要有_____。

A.目标管理和PDCA循环

B.目标管理和自我控制

C.PDCA循环和自我控制

D.目标管理、PDCA循环和自我控制

21.计划的组织实施行之有效的方法主要有目标管理和PDCA循环等,其中PDCA是指_____。

A.计划—设计—循环—处理　　B.策划—实施—检查—改进

C.计划—组织—循环—管理　　D.策划—管理—改进—检查

22._____是对时机的把握,是完成任务所需的时间跨度,是船舶的重要资源之一。

A.物质资源　　　　　　　　　B.信息资源

C.时间资源　　　　　　　　　D.技术资源

23.领导协调的种类是_____。

A.向上协调和向下协调　　　　B.内部协调和外部协调

C.上下协调和平行协调　　　　D.纵向协调和横向协调

24.载运谷物的货船应符合_____。

A.《谷物规则》　　　　　　　B.《国际危险货物规则》

C.《国际散装谷物安全运输规则》　D.《危险货物规则》

25.下列关于任务小组的说法,正确的是_____。

①任务小组有一个清楚而明确的目标;②任务小组成员无须彼此完全了解;③任务小组的每个人始终了解整体的工作;④任务小组的具体任务是经常变动的

A.①②③　　　　　　　　　　B.①②③④

C.②③④　　　　　　　　　　D.①③④

26.下列关于非正式社会结构的说法,正确的是_____。

①非正式社会结构是人员因工作关系而形成的社会关系网;②非正式社会结构是依据法定程

序建立的;③非正式社会结构是组织内自发形成的非正式群体;④非正式社会结构对组织既有积极也有消极作用

A.①② B.③
C.①③ D.③④

27.关于领导素质,下列说法错误的是_____。
①领导素质仅包括领导者的生理、心理素质;②领导素质包括其内在的思想、政治、道德、文化、组织能力等各种素质;③就情商角度而言,自我意识是领导素质之一;④领导素质就是领导特质

A.②③ B.①③④
C.①④ D.③④

28.保持良好的情景意识是预防和控制事故发生的有效措施,良好情景意识的保持表现在_____。
①良好的身体和心理状况;②丰富的经验与训练;③很强的理解力与操作技能;④良好的适应性与对轮机工况的熟悉;⑤良好的注意力与判断力;⑥良好的轮机部领导与管理技能

A.①②③④⑤⑥ B.①②③
C.④⑤⑥ D.①③⑤

29.关于疲劳,下列说法正确的是_____。
①疲劳是造成人为失误的主要原因之一;②疲劳能降低人的工作能力和判断能力,使人反应迟钝;③疲劳是航行安全的危险因素,需要管理;④管理好船员的休息时间,就能管理好疲劳问题

A.①②④ B.①②③④
C.①②③ D.①③④

30.成功的领导者运用的领导技巧包括_____。
①以身作则;②制定愿景;③授权;④监督;⑤信任

A.①②③④ B.①②③⑤
C.②③④⑤ D.①③④⑤

31.计划是 PDCA 循环的起点,包括四方面内容,按顺序排列为_____。
①明确目标;②确定责任;③预估风险;④制定程序

A.④①③② B.①④②③
C.④②①③ D.①②③④

32.PDCA 循环检查确认阶段是对作业过程进行的,包括_____。
①过程的检查;②结果的确认;③检查风险;④如出现不符合,查找原因

A.①②③ B.①②④
C.②③④ D.①③④

33.关于协调的含义,下列说法正确的是_____。
①协调是管理的重要职能;②协调是管理过程中引导组织之间、人员之间建立相互协作和主动配合的良好关系,有效利用各种资源,以实现共同预期目标的活动;③从一定意义上讲,管理者的任务就是协调关系;④协调是管理者的首要职能

A.①②③　　　　　　　　　　　　B.①②③④

C.②③④　　　　　　　　　　　　D.①③④

34.协调的对象包括_____。

①群体中的个人;②组织中的群体;③不同的组织;④不同的组织任务

A.①②③　　　　　　　　　　　　B.①②③④

C.②③④　　　　　　　　　　　　D.①③④

35.沟通的分类主要有_____。

①正式沟通与非正式沟通;②上行沟通、下行沟通和平行沟通;③单向沟通和双向沟通;④口头沟通和书面沟通

A.①②③　　　　　　　　　　　　B.①②④

C.②③④　　　　　　　　　　　　D.①②③④

36.对于通常在个人一生的工作中只经历一次的伤害,在风险评估中属于_____伤害的类别。

A.可能　　　　　　　　　　　　B.非常不可能

C.非常可能　　　　　　　　　　D.不可能

37.有些领导在决策时搞"家长制""一言堂",这违反了决策者应遵循的_____。

A.可行性原则　　　　　　　　　B.分层次多系统决策原则

C.系统原则　　　　　　　　　　D.集体决策原则

38.PDCA循环是一种通用管理模型,目前被广泛应用在企业管理中,同时适用于个体管理、团队管理、项目管理等,PDCA循环分别是_____。

A.建议、执行、检查、行动　　　B.计划、执行、纠正、行动

C.计划、执行、检查、纠正　　　D.建议、执行、纠正、行动

39.下列关于工作量对人的影响中,错误的是_____。

A.工作量过高使人行为能力下降,容易出现人为失误

B.过低的工作量不会使人行为能力下降

C.过低的工作量会使人厌倦,情景意识及警惕性下降

D.工作量过高和过低对人都不利

40.研究表明,有效的睡眠必须有合适的持续时间,每个人所需的时间不尽相同,通常认为平均_____h是合适的。

A.8~9　　　　　　　　　　　　B.7~8

C.9~10　　　　　　　　　　　　D.5~6

41.在应对船舶上的应急情况时,轮机长采取一定的措施消除分歧,协调相互之间的关系和活动,使机舱各设备安全有效地运行,这体现了轮机长良好领导力的_____的能力。

A.决断力　　　　　　　　　　　B.控制力

C.组织、协调　　　　　　　　　D.监督检查

42.在设备的维修维护中,下列有关进行安全风险评估的目的说法错误的是_____。

A.实现科学安全管理　　　　　　B.量化评估风险等级

C.查找设备安全隐患　　　　　　D.杜绝安全风险发生

43._____有助于保持职权的连续性和不受损坏。

A.集权与分权相结合的原则　　　　　　B.统一指挥原则

C.责权利相结合的原则　　　　　　　　D.权力制衡原则

44.实施有效的领导力和团队工作所需的自身能力,包括的要素有_____。

①沟通能力;②决断能力;③决策素质;④团队建设能力;⑤远见卓识

A.①②④⑤　　　　　　　　　　　　B.①③④⑤

C.①②③④⑤　　　　　　　　　　　D.②③④⑤

45.下述机舱工作中体现了人员合理指派的有_____。

①安排一名经验丰富的机工和新任三管轮组成值班班组;②大管轮安排刚刚接班不久的机工独立拆装主海底滤器;③船舶靠港机动航行期间,发现一台副机单缸排烟温度高,立即安排二管轮拆检喷油器;④安排大管轮现场指导新任二管轮拆装分油机

A.①②③④　　　　　　　　　　　　B.①③

C.①④　　　　　　　　　　　　　　D.①③④

第四节　运用有效资源管理的知识和能力

1.开航前,轮机长应向船长报告的主要项目是_____。

①机电设备情况;②燃油存量;③炉水存量;④润滑油存量;⑤柴油机冷却水存量;⑥备件数量

A.①②③④　　　　　　　　　　　　B.①②④

C.③④⑤　　　　　　　　　　　　　D.②④⑥

2.根据马斯洛的需要层次理论,人类的需要分为_____。

A.生理的需要、安全的需要、社交的需要、自尊的需要

B.生理的需要、安全的需要、社交的需要、自尊的需要,以及自我实现的需要

C.生理的需要、安全的需要、自尊的需要,以及自我实现的需要

D.生理的需要、安全的需要、社交的需要,以及自我实现的需要

3.风险类别决定风险监控计划,_____类风险除非以极低成本(以时间、金钱和劳力计算)执行,否则无须额外的措施。

A.高度　　　　　　　　　　　　　　B.低

C.非常低　　　　　　　　　　　　　D.中度

4.船舶在港期间,甲板需要使用大功率甲板设备,跟机舱沟通后,下列工作安排合理的是_____。

A.检查电网功率储备,储备功率不足时,通知当班机工启动备用电网后通知甲板部使用

B.通知轮机长,由轮机长酌情安排

C.直接通知甲板部,有关设备可以随时使用

D.直接通知当班机工合闸送电

5.通过风险评价,可以确定事故风险管理的_____。

A.控制重点　　　　　　　　　　　　B.危险原因

C.控制原理　　　　　　　　　　　　D.控制顺序

6.命令链的两个基本原则是_____。

A.统一指挥,阶梯原理　　　　　　　　B.统一指挥,连续原理

C.直线指挥,等级原理　　　　　　　　D.直线指挥,连续原理

7.对有利因素和不利因素、主观条件和客观条件做出周密而细致的分析,属于决策者应遵循的_____。

A.可行性原则　　　　　　　　　　　　B.集体决策原则

C.信息准确原则　　　　　　　　　　　D.系统性原则

8.任何决策应从整体出发,以整体利益为重,局部利益应服从全局利益,全局利益又寓于局部利益之中,才能使决策促进全局和局部协调发展,这属于决策者应遵循的_____。

A.集体决策原则　　　　　　　　　　　B.系统性原则

C.可行性原则　　　　　　　　　　　　D.信息准确原则

9.轮机部向公司主管部门送报_____。

①各种机务报表和维修保养计划执行情况报告;②机舱备件、物料的申领、入库、消耗和库存报表;③机电动力设备事故报告;④有关船机状态的报告;⑤有关设备安全和性能的特殊情况报告;⑥轮机日志

A.①③④⑤　　　　　　　　　　　　　B.①②③④

C.①②③④⑤　　　　　　　　　　　　D.①②③④⑤⑥

10.工作量是指操作人员在执行任务时_____。

A.要完成的工作量　　　　　　　　　　B.承受的负荷

C.承受的压力　　　　　　　　　　　　D.要付出的精力

11.为保证轮机值班交接班人员的充分沟通,STCW 公约要求交班人员记录班内的重要操作,并与接班人员进行交接,体现的沟通方式为_____。

①文字沟通;②口头沟通;③内部沟通;④面对面沟通

A.①②　　　　　　　　　　　　　　　B.③④

C.②④　　　　　　　　　　　　　　　D.①③

12.船舶机动操作时,以下_____不符合闭环沟通要求。

A.船舶信息发送者应当注意表达方式,尽量使用标准航海用语

B.船舶信息发送者对其发送的信息的背景、依据等反复强调

C.船舶信息发送者必须目的明确、思路清晰

D.船舶信息发送者的信息应当简洁、明确,不要使用容易产生歧义的语言

13.正确的激励应遵循的原则不包括_____。

A.组织目标与个人目标相结合的原则

B.按团队需要激励的原则

C.正激励与负激励相结合的原则

D.坚持民主公正的原则

14.采取激励的措施,_____是行之有效的激励方法。

①目标激励;②奖罚激励;③评比、竞赛、竞争激励;④榜样激励;⑤正激励与负激励相结合;⑥参与激励;⑦感情激励

A.①②③⑦　　　　　　　　　　　　　B.①②③④⑥⑦

C.①②③④⑤   D.①②③④⑤⑥⑦

15.尊重和激励是成功领导者必备的素质之一,包括_____。

①信任;②尊重;③爱护;④支持

A.②③④   B.①②③

C.①②③④   D.①②④

16.在船上生活和工作,掌握一些小窍门会为时间管理带来意想不到的效果。这些小窍门包括_____。

①不要超负荷工作;②对所有没有意义的事情采用有意忽略的技巧;③不要想成为完美主义者;④学会说"不"

A.①②③   B.①②③④

C.②③④   D.①③④

17.工作量过高,会导致操作人员_____。

①行为能力下降;②产生厌倦情绪;③警惕性下降;④容易出现人为失误

A.①②③④   B.①④

C.①②③   D.②③④

18.船员考评程序之一是选择考评者,对此说法错误的是_____。

A.船员考评是公司人事部门的任务,由人事部门填写考评表

B.传统的考评方法往往是由直接上司来考评各级人员

C.由关系部门考评,可以考评当事人的协作精神

D.由下属考评,侧重于领导能力和影响力

19.确定考评内容是船员考评工作的基础,对此说法正确的是_____。

①考评内容应侧重于技能和能力;②涉及考评管理能力时,最好使用"决策能力""沟通能力"等抽象概念;③为了尽可能得到客观的评价意见,考评问题应力求设计成是非判断题的形式;④设计考评表时,要用具体、明确、简洁的语言提出反映船员能力或素质的问题

A.①②③④   B.①②④

C.②③④   D.①③④

20.关于船员考评程序,按顺序排列为_____。

①根据考评结论,建立船员人事档案;②分析考评结果;③传达考评结果;④选择考评者;⑤确定考评内容

A.④⑤②③①   B.⑤④②③①

C.①④⑤②③   D.①②③④⑤

21.对船员进行工作绩效考核的作用有_____。

①为船员配备、调整提供依据;②为船员的培训提供依据;③有利于促进组织内部的沟通;④有利于提高船员的技能和潜力

A.①②③④   B.①②③

C.②③④   D.①③④

22.管理者在进行识别和选择时,决策的首要原则是_____。

A.选准目标原则   B.可行性原则

C.系统性原则　　　　　　　　　　　　D.信息准确原则

23.航行中值班轮机员若发现重要机件严重损坏,威胁主机安全,情况危急时可_____。

①先停车后报告驾驶台;②先报告船长后停车;③先报告轮机长后停车

A.①　　　　　　　　　　　　　　　　B.②

C.①②　　　　　　　　　　　　　　　D.②③

24.从实践来看,领导决策应遵循以下哪些基本原则?_____

①选准目标原则;②信息准确原则;③可行性原则;④系统性原则;⑤集体决策原则;⑥分层次多系统决策原则

A.②③　　　　　　　　　　　　　　　B.①②④⑤

C.①③④⑥　　　　　　　　　　　　　D.①②③④⑤⑥

25.下列有关计划的说法,错误的是_____。

A.计划是管理的首要职能

B.计划工作有广义和狭义之分

C.广义的计划工作是指制订计划、执行计划和检查计划三个阶段的工作过程

D.计划的主要内容是:① What——做什么? ② Why——为什么做? ③ Who——谁去做? ④Where——何地做? ⑤When——何时做?

26._____是决策的灵魂,任何决策都应从整体出发,以整体利益为重。

A.系统性原则　　　　　　　　　　　　B.选准目标原则

C.分层次多系统决策原则　　　　　　　D.信息准确原则

27.激励是一门科学,正确的激励应遵循_____。

①组织目标与个人目标相结合的原则;②外在激励与内在激励相结合的原则;③正激励与负激励相结合的原则;④按员工需要激励的原则;⑤坚持民主公正的原则;⑥按团队需要激励的原则;⑦物质激励与精神激励相结合的原则

A.①②③⑤⑥⑦　　　　　　　　　　　B.①②③④⑦

C.①②③④⑤⑦　　　　　　　　　　　D.①②③⑥

28._____是按照一定的标准,采用科学的方法,检查和评定船舶团队成员对职位所规定的职责的履行程度,以确定其工作成绩的管理方法。

A.工作绩效的评估　　　　　　　　　　B.协调

C.团队工作　　　　　　　　　　　　　D.激励

第五节　运用决策技能的知识和能力

1.在系统风险评估中,设备运行管理制度属于_____。

A.设备运行风险　　　　　　　　　　　B.意识风险

C.外界条件对设备影响的风险　　　　　D.设备本身的风险

2.科学决策的正确步骤是_____。

①发现问题,确定目标;②分析价值,拟订方案;③专家评估,选定方案;④实验试行,检验效果;⑤修改方案,普遍实施

A.①→②→③→④→⑤ B.①→③→②→④→⑤

C.①→②→⑤→③→④ D.①→③→⑤→②→④

3.在决策的情景评估阶段,对问题进行风险评估的目的是_____。

A.便于制定更多的备选方案

B.识别和定义问题

C.对识别的问题进行清楚的说明

D.评估发现的问题是否可能引起事故及事故的严重程度

4.检验科学决策正确与否的唯一方法是_____。

A.决策修订 B.决策完善

C.决策实施 D.决策总结

5.关于风险评估,下列说法错误的是_____。

A.经常使用的风险评估途径包括基线评估、详细评估及模型评估

B.风险评估是风险管理的基础

C.风险评估中基于知识的分析法又称为经验方法,适合一般的信息安全社团

D.推荐风险消减对策属于风险评估任务之一

6.决策过程包括五个阶段,按顺序为_____。

①制定备选方案;②评估方案的有效性;③选择行动方案;④情景评估;⑤实施行动方案

A.①④③②⑤ B.④①⑤②③

C.④①③⑤② D.①②③④⑤

7.决策过程最重要的阶段是_____,因为此阶段决定了触发决策,并决定了决策的方向。

A.情景评估 B.制定备选方案

C.选择行动方案 D.评估方案的有效期

8.下列关于决策的说法,正确的是_____。

①广义的决策是把决策理解为一个过程;②狭义的决策是对行动方案的最后选择;③狭义的决策就是拍板;④决策的好坏取决于情景意识

A.①②③④ B.①②③

C.②③④ D.①③④

9.下列关于风险的说法,正确的是_____。

①风险是事故发生的可能性及其后果的乘积;②风险是危险源危险程度的衡量;③风险用来衡量事故后果的严重性;④风险用来衡量事故发生的可能性

A.①②③④ B.①②

C.②③④ D.③④

10.对事故风险进行评价以确定危险的程度,可以采用的分析手段有_____。

①定性分析;②定量分析;③系统分析;④事前分析

A.①②③④ B.①②③

C.①② D.②③④

11.下列关于制定备选方案的说法,正确的是_____。

①制定尽可能多的方案;②制定方案时不要评估方案;③尽量制定合理的方案;④尽可能早地

制定备选方案

A.①②③　　　　　　　　　　　B.①②④
C.①③④　　　　　　　　　　　D.②③④

12.实施行动方案后,要评估方案的_____。

A.有效性　　　　　　　　　　　B.风险
C.优点和风险　　　　　　　　　D.适合性

参考答案

第一节　机舱资源管理

1.B	2.C	3.D	4.D	5.B	6.A	7.C	8.B	9.C	10.C
11.C	12.A	13.D	14.C	15.D	16.C	17.B	18.B	19.C	20.B
21.D	22.A	23.A	24.C	25.D	26.D	27.A	28.C	29.B	30.C
31.D	32.C	33.A	34.A	35.C	36.D	37.D	38.D	39.D	40.C
41.D	42.D	43.D	44.B	45.A	46.C	47.D	48.A	49.C	50.D
51.A	52.D	53.B	54.A	55.B	56.A	57.C	58.A	59.A	60.B
61.D	62.B	63.D	64.B	65.C	66.B	67.D	68.A	69.D	70.D
71.A	72.A	73.C	74.A	75.B	76.A	77.C	78.C	79.A	80.D
81.C	82.B	83.D	84.D	85.B	86.A	87.B	88.D	89.B	90.B
91.B	92.B	93.A	94.A	95.B	96.B	97.D	98.B	99.D	100.D
101.D	102.A	103.A	104.D	105.C	106.A	107.B	108.B	109.A	110.D

第二节　船上人员管理及训练

1.D	2.C	3.C	4.C	5.C	6.B	7.A	8.B	9.C	10.A
11.B	12.A	13.D	14.C	15.A	16.D	17.C	18.B	19.A	20.B
21.C	22.A	23.B	24.A	25.C	26.D	27.B	28.C	29.B	30.B

第三节　运用任务和工作量管理的能力

1.D	2.B	3.A	4.A	5.B	6.C	7.D	8.A	9.D	10.A
11.D	12.B	13.A	14.A	15.A	16.D	17.B	18.B	19.A	20.A
21.B	22.C	23.D	24.C	25.B	26.D	27.C	28.A	29.C	30.A
31.B	32.B	33.A	34.A	35.D	36.C	37.D	38.C	39.B	40.B
41.C	42.A	43.C	44.C	45.C					

第四节　运用有效资源管理的知识和能力

1.A　　2.B　　3.B　　4.A　　5.A　　6.A　　7.A　　8.B　　9.C　　10.D
11.A　　12.B　　13.B　　14.B　　15.D　　16.C　　17.B　　18.A　　19.D　　20.B
21.B　　22.A　　23.A　　24.D　　25.D　　26.B　　27.C　　28.A

第五节　运用决策技能的知识和能力

1.C　　2.A　　3.D　　4.C　　5.A　　6.C　　7.A　　8.B　　9.B　　10.C
11.B　　12.A